요한계시록 · 천국과 낙원 · 천년왕국 · 신천신지 · 성령론
재림과 부활 · 아홉 가지 은사 · 말세 때에 징조들 · 마귀
지옥과 음부 · 이단과 사이비 · 거짓 선지자 · 사단 · 귀신

그 때가 이때라

전 사 옥 지음

진실로 진실로 너희에게 이르노니 죽은 자들이 하나님의 아들의 음성을
들을 때가 오나니 곧 이때라 듣는 자는 살아나리라. (요 5:25)

도서출판 조은

저자의 글

기독교안에 이단과 사이비종교 단체들이 우후죽순(雨後竹筍) 처럼 생겨나서 미혹의 영으로 하나님 백성들의 마음을 혼란스럽게 하고 또한 세상의 지혜와 지식과 학문에 하나님의 백성들과 지도자들이 미혹당하고 특히 공산주의(사회주의) 같은 거짓된 것들이 진짜인양 정치 노동 종교 기타 모든 분야에 스며들어 하나님을 대적하며 이런 것들에 현혹되어서 자기들이 지금 무슨 일을 하고 있는지 알지 못하고 하나님과의 관계가 멀어지고 있는 어지럽고 혼란한 시대에 우리는 살고 있습니다.(사 5장 20절 참조) 예수님 오실 때가 되면 사단마귀는 수단과 방법을 가리지 않고 활동을 하게 됩니다. 그 방법이 사이비 이단 교단 기타 단체들을 만들어서 경쟁해서 싸우게 하고 사람들의 마음속에 사랑을 제하고 욕심을 가지게 하는 것이 사단 마귀 귀신들의 주로 하는 일이 됩니다. 특히 공산주의 주체사상은 제일 먼저 교회를 없애는 작업을 합니다. 특히 북한 공산체제는 김일성이 신이 되어 있습니다. 그런데 우리나라에 하나님을 믿는 분들 그 중에도 개신교 목사 천주교 신부들이 북한 체제를 찬양하고 성도들을 음부로 인도하는 악한시대가 되었습니다. 이런 목사 신부는 하나님의 종이 아니고 사단의 종입니다. 또한 세계 각국 정부들은 성경에 반하는 법률들을 만들어 제정하고 있으며 교회는 하나님의 말씀을 가지고 타협해 나가고 있습니다. 세상 모두가 하나님을 대적하는 이런 현상은 예수님 재림 때가 되었다는 징조인 것입니다. 우리는 예수님께서 재림하실 그 때와 그 시간은 알 수 없으나 이런 악한 징조들을 볼 때 이제 곧 재림하실 예수님을 맞이해야 하는 성도들이 알아야 할 하나님의 말씀인 성경을 깨닫지 못하고 있기 때문에 사이비 이단들에게 미혹 당하며 또한 사이비. 이단 보다 더 무서운 지식과 학문을 앞세우는 지도자들의 거짓말에 속고 있는 것이 늘 안타까워하던 중에 성도들이 꼭 알아야 할 말씀들을 성경 말씀에 근거하여 부족하나마 기록하여 전하게 되었습니다. 성령 받은 성도들이 꼭 알아야만 하는 기본적인 성경 말씀들을 설명했으며 **요한계시록, 성령, 천국, 낙원, 9가지은사, 말세지말, 사단, 마귀, 귀신, 재림, 부활 지옥, 음부, 말세의 징조, 천년왕국, 신천신지, 이단, 사이비, 삯군목자, 거짓선지자, 백보좌 심판 유황불못** 기타 (차례참조) 우리들이 꼭 알아야 할 말씀과 지켜야 할 일들을 간단하게 기록하였습니다. 도움이 되시길 바랍니다.(고전 1장, 2장, 3장, 참조)

> 이 책을 읽으시는 모든 분들에게 계 2장과 3장의 복을 다 받으시기를 축복하며 기도합니다.

지은이 전사옥 목사

서 문

말세 중에서도 말세지말이고 말세 지말 중에서도 맨 끝인 이 시대에 살고 있는 많은 신자들이 하나님의 말씀에서 떠나있으며 물질 만능주의로 인해서 하나님의 진리와 사랑에서 점점 멀어져 가고 있는 안타까운 시대에 우리는 살고 있습니다. 자기들 마음에 들지 않으면 자기들 마음대로 해서 자기들의 욕망을 충족시키려고 자기들의 생각으로 자기들에게 유익하게 만들어 놓은 법의 규정에 얽매여서 이것을 무기로 삼는 그리스도교 지도자들이 속출하는 영적으로 어지러운 이 세상에 닥쳐 올 사건들을 예수님께서는 사도 요한을 통해 계시로 기록해 놓은 요한계시록 말씀을 멀리 하고 또한 잘못 해석하여, 어지럽히고 보혜사(保惠師) (보혜사란 = 주님의 백성을 보호하고 은혜 주시고 가르친다는 뜻) 성령님의 사역을 거부하며 성령님을 잘못 알고 성령님의 은사가 어떤 것인지도 분별할 줄도 모르고 성령, 사단, 마귀, 귀신을 제대로 구분하지 못하며 천국이 어디 있는지 낙원이 어디에 있으며 낙원이 무엇이며 어찌해야 천국에 들어가는지 음부와 지옥이 무엇인지 또한 음부와 지옥이 어디에 있으며, 둘째사망이 무엇인지 음부와 지옥을 분별 하지도 못할 뿐 아니라 알려 하지도 않고 자기들의 학식과 사람의 지혜를 앞세워서 성경 말씀을 여기 저기 한 구절씩 인용하여 끼워 맞추어서 설교를 하며 해석을 하고 있습니다. 이것을 보고 말씀을 잘 쪼개 먹인다고 합니다. 하나님의 말씀은 인간의 지식으로 배워서 알게 되는 것보다는 보혜사 성령님의 도움으로 생각나게 하시고 깨닫게 하셔야 비로소 하나님 진리의 말씀을 제대로 알게 되는 것입니다.

요 14:26

보혜사 성령 곧 아버지께서 내 이름으로 보내실 성령 그가 너희에게 모든 것을 가르치고 내가 너희에게 말한 모든 것을 생각나게 하시리라.

많은 목회자들과 교계지도자들과 신도들이 자신들도 모르는 사이에 성경말씀을 세상과 타협함으로 세속화 되어 타락되어 가고 있습니다. 이것이 오늘날의 많은 교회들과 교계의 현실입니다.

계 1:3

이 예언의 말씀을 읽는 자와 듣는 자들과 그 가운데 기록한 것을 지키는 자들이 복이 있나니 때가 가까움이라.

계 22장 10~12절 말씀에는 이렇게 말씀하고 있습니다.

10절 또 내가 말하되 이 책의 예언의 말씀을 인봉하지 말라.
때가 가까 우니라.
11절 불의를 하는 자는 그대로 불의를 하고 더러운 자는 그대로

더럽고 의로운 자는 그대로 의를 행하고 거룩한 자는 그대
로 거룩 되게 하라.
12절 보라 내가 속히 오리니 내가 줄 상이 내게 있어 각 사람에
게 그의 일한 대로 갚아 주리라.

예수님께서는 하나님의 모든 비밀들을 보혜사 성령님을 통해서 알려 주십니다. 사회적으로나 교계에서 유명한 분들과 목회 성공했다는 사람들이 택함을 받아서 하나님 말씀을 올바르게 전해야 하는데 일부 이들은 영적으로 하나님의 택함을 받을 확률이 극히 적습니다. 사회나 교계에서 유명한 사람들은 자아도취에 빠져서 자기도 모르는 사이에 예수님 자리에 버젓이 앉아서 세상의 방법으로 하나님을 알려 하고 가르치며 세상의 학문과 학벌을 의지하며 성령님을 의지하지 않기 때문에 선택될 수가 없는 것입니다. 이런 사람들은 구약성경에 서기관 바리새인 사두개인 사울과 비슷한 사람들이며, 발람 선지자와 니골라당의 교훈을 자신들도 모르게 따르는 사람들입니다.

마 23:13~15

화 있을진저 외식하는 서기관들과 바리세인들이여 너희는 천국문을 사람들 앞에서 닫고 너희도 들어가지 않고 들어가려 하는 사람들도 들어가지 못하게 하는 도다 화 있을진저 외식하는 서기관들과 바리세인들이여 너희는 교인 하나를 얻기 위하여 바다와 육지를 두루 다니다가 생기면 너희보다 배나 더 지옥 자식이 되게 하는 도다 화 있을 진저 소경된 인도자여

★ 서기관 = 교육과 법관의 직책을 겸한 유대교 최고 권위의 사람들 모세를 대신 한다고 자처하는 사람들이다.

★ 바리새인 = 성전 질서를 유지하는 높은 직책을 가진 자이다.

★ 사두 개인 = 정치적인 힘을 가지고 있고 부활이 없다고 하는 사람들이다.

고전 2:14

육에 속한 사람은 하나님의 성령의 일을 받지 아니하나니 저희에게는 미련하게 보임이요 또 깨닫지도 못하나니 이런 일은 영적으로라야 분변함이니라.

성령님의 사역을 거부하고 불같은 보혜사 성령님을 받아드리지 않는 사람은 육에 속해 있는 사람입니다. 마 13장 10~15절, 마 25장 열 처녀, 달란트, 양과 염소의 비유에 이들은 피할 길이 없을 것입니다. 일부 목회자들이 자기들이 선지자 또는 의인, 제사장이라고 생각하나 성령 충만하여 성령님과 동행하지 못하는 목회자들과 신도들은 선지자나 의인이 아니라 자기 학문으로서 하나님의 말씀을 좀 아는 것에 불과합니다. 진리인 하나님의 말씀이 세상 지식층의 사람들로부터 외면당하고 빛을 발하지 못하는 것도 이 시대의 현실입니다. 성경 말씀에서 떠난 생활을 하면서 시대가 변하였으니. 라고 말합니다. 시대가 변하면 사람도 변하지만 하나님은 변하지 않습니다. 하나님 말씀도 변하지 않습니다. 우리 하나님이 구식 하나님입니까? 그래서 신식 하나님을 원하는 것입니까? 하나님은 처음이나 나중이나 영원하십니다. 초림 예수님 시대에도 예수님을 그리스도로 알아보지 못하여 이단시하고 결국 십자가에 못 박아 돌아가시게 한 장본인들이 당시 막강한 권력자들인 대제사장, 유대교 지도자들이듯이 예수님 재림을 맞이할 준비 시대에도 하나님을 믿는다고 하는 지도자들이 하나님의 말씀인 성경을 제대로 깨닫지 못하고 진리의 말씀에서 멀어져서 말씀대로 살려고 노력하는 하나님의 자녀들과 하늘나라의 백성들과 또는 목회자와 하나님의 신령한 종들과 성령 충만한 사람들을 무시하며 예수님의 재림과 부활의 믿음을 하나의 전설처럼 취급하며 성경 말씀이 그들에게는 멀리 있으며, 세상의 학문과 학벌이 우선시되어 많은 책들을 소지하고 이것들을 책장에 진열하여 과시하는 이 시대에서는 그것이 하나님의 진리인 것처럼 되어 버렸습니다. 말로는 부활의 믿음 예수님 재림의 믿음 성령 충만 이런 말씀을 잘 인용 하지만 마음속에는 부활 재림의 믿음 성령의 사역이 없거나 또는 확신이 없고 기다림도 없습니다. 그러나 그래야만 성경말씀이 이루어지는 것입니다. 성령 받은 성도들은 이런 부류에 내가 속해 있지는 않나 자신들을 항상 살펴 봐야 합니다. 예수님 재림 때 살아 있으면 나는 반드시 들림 받는다는(휴거) 말씀에 대한 확신과 믿음이 있어야 하고 또한 내가 죽으면 낙원에서 쉬다가 또는 낙원에서 잠자다가 예수님 공중 재림 때에 이리 올라오라고 부르는 예수님의 음성을 듣고(요 5장 25~29절) 1차 육신의 부활에 참여하여 주를 영접하며 예수님과 같이 새 하늘과 새 땅에 들어간다는 믿음의 확신이 없으면 예수님을 잘못 믿고 있는 것이며 이것이 바로 쭉정이 믿음입니다.

살전 4:16~17

16절 절주께서 호령과 천사장의 소리와 하나님의 나팔로 친히
하늘로 좇아 강림하시리니 그리스도 안에서 죽은 자들이
먼저 일어나고
17절 그 후에 우리 살아남은 자도 저희와 함께 구름 속으로 끌
어올려 공중에서 주를 영접하게 하시리니 그리하여 우리가
항상 주와 함께 있으리라

그러므로 주님 맞을 준비를 하기 위해서는 이단단체 사이비종교 또는 학문을 앞세우는 지도자들을 잘 분별하여서 대하여야 합니다. 우리들은 하나님께 속해있는 교회를 선택하고 하나님의 말씀을 바로 전하며 하나님께 속해있는 성령 충만한 사람을(지도자) 찾아서 영적으로 인도 받으며 동행할 권리가 있는 것입니다. 그러나 학문이나 자기들의 지식과 사람의 지혜로 목회하는 목회자들은 성도들의 이런 권리를 싫어하고 있습니다. 그러나 우리는 선택해야 합니다. 그러기위해서는 우리가 성령님의 도움을 받아서 성경말씀에 근거하여 분별할 줄 알아야 하는 것입니다. 이단단체와 사이비단체들은 밖으로 드러나기 때문에 조금만 자세히 생각해보면 분별하기 쉬우나 세상의 학문이나 세상의 지식과 사람의 지혜로 목회하는 목회자들은 분별하기가 어렵습니다. 이 책에서는 이런 여러 가지 것들을 분별할 수 있도록하고 알 것은 알고 버릴 것은 버려야 하는 방법들을 제시하고 있습니다.

차 례

1부

서론 • 성령에 대하여

예수님께서 병을 고처주시고 귀신을 물리치시고 죽은 자가 살아나게 하는 여러 가지 기적을 행하시니 많은 군중들이 예수님을 따라 다녔지만 예수님은 성령 세례를 누구에게도 주시지 아니하셨습니다. 단지 병 고치는 능력 귀신 쫓아내는 능력만 제자들에게 주어서 사역하게 하였습니다. 아직 제자들이 보혜사 성령을 받지 못하였습니다. (그렇다고 성령의 역사가 없는 것은 아님) 예수님께서 십자가에 달려서 죽으신 후 부활해서 승천하셔야 보혜사 성령님을 보내신다 하셨으므로 보혜사 성령 세례를 받지 못한 그 결과 예수님께서 로마병정에게 둘러 싸여 잡히시니 수제자 베드로를 비롯하여 제자 전부가 예수님을 배반하고 도망가게 되었던 것입니다.(마 26:56) 그것은 보혜사 성령님의 도움을 받지 못했으므로 강하고 담대함이 없고 하나님 나라에 대한 확신과 믿음이 없었기 때문입니다. 직접 예수님과 몇 년을 동행하였는데도 예수님이 누구인지 알아보지 못한 것입니다. 보혜사 성령님께서 오셔서 생각나게 하시고 인도하시며 가르치시는 것이 없었기 때문입니다. 오늘날도 성령 받지 못하면 예수님을 부인하는 제자들과 똑 같습니다.(마 26:31~35, 69~75) 그저 적당히 교회 다니다가 천국에나 가겠다는 욕심입니다. 그러나 그렇게 되지 않습니다. 성령님께서 도우시지 않으면 하늘나라의 소망과 확신이 없고 재림의 예수님을 믿지 못하고 1차 부활을 확신하지 못하며 성령의 사역을 믿지 못하여 삼위일체 하나님을 담대히 증거할 수 없는 것입니다. 예수님께서 말씀하시길 내가 아버지께로 가야만 보혜사 성령님을 우리에게 보내셔서 우리를 담대하게 하시고 이끌어 주신다고 말씀하셨습니다.

요 16:7~15

7절 그러하나 내가 너희에게 실상을 말하노니 내가 떠나가는 것이 너희에게 유익이라 내가 떠나가지 아니하면 보혜사가 너희에게로 오시지 아니 할 것이요. 가면 내가 너희에게로 보내리니
8절 그가 와서 죄에 대하여, 의에 대하여, 심판에 대하여 세상을 책망하시리라.
9절 죄에 대하여라 함은 저희가 나를 믿지 아니함이요.
10절 의에 대하여라 함은 내가 아버지께로 가니 너희가 다시 나를 보지 못함이요
11절 심판에 대하여라 함은 이 세상임금이 심판을 받았음이라.
12절 내가 아직도 너희에게 이를 것이 많으나 지금은 너희가 감당치 못하리라
13절 그러하나 진리의 성령이 오시면 그가 너희를 모든 진리 가운데로 인도하시리니 그가 자의로 말하지 않고 오직 듣는 것을 말하시며 장래 일을 너희에게 알리시리라
14절 그가 내 영광을 나타내리니 내 것을 가지고 너희에게 알리겠음이니라.

> 15절 무릇 아버지께 있는 것은 다 내 것이라 그러므로 내가 말하기를 그가 내 것을 가지고 너희에게 알리리라 하였노라

그러므로 예수님께서 부활하셔서 승천하신 후에 비로소 보혜사 성령님께서 오셔서 우리에게 불같은 성령으로 세례를 주셨던 것입니다.

보혜사 성령님을 보내 주시기 이전 시대에는 특별히 하나님께서 택한 자에게(선지자, 제사장) 성신으로서 역사하셨으나 예수님께서 부활 승천하신 이후로는 누구나 마음의 문을 열고 성령님을 받아들이기만 하면 이방인 우리에게도 물 붇듯이 불같은 보혜사 성령으로 성령의 세례를 주시는 것입니다. 이것은 예수님께서 십자가에 달려 죽으심으로 모든 사람의 죄의 대가를 피로서(생명) 치렀기 때문에 이루어진 것입니다. 이 모두가 아담의 범죄 이후 하나님의 예정에 있었던 것입니다. 다시 말해서 하나님의 뜻으로 예정된 것입니다. 하나님의 예정은 그 어떤 특정인을 구원하시려는 것이 아니라 하나님의 백성인 세상 모두를 구원하여 하나님 나라의 백성을 삼으시려고 예수님을 십자가에 못 박혀 죽게 하고 그 피의(생명) 값으로 세상 모든 사람을 구원하시려고 예정하신 것입니다.(**요한복음** 3:16~21, 34~36)

그런데 일부 신학자나 일부 목회자들은 **에베소서 1장 4절, 5절** 말씀을 가지고 예수님을 믿는 것은 창세전에 정하여 졌다고 주장하지만 이것은 자기들의 지식 학문적으로 그 부분만 성경을 보기 때문에 그런 말을 하는 것입니다. 성경 그 한 구절만 생각하여 말하기 때문입니다. 엡 1장 2장 전체를 살펴보면 여기서 창세란 아담과 하와

가 범죄하므로 영과 육신이 전부 죽는 것입니다. 사단은 곧 죽음이니까요. 죽은 육신들과 영혼을 살려야 하기 때문에 여기서 창세란 말을 사도바울은 쓴 것입니다. 그러므로 예정론이란 아담과 하와가 사단의 종이 되어 범죄하므로 그 생명이 죽은 그 시점으로 해서 창세란 말을 쓴 것이고 그 어떤 사람만 구원하시려고 예정한 것이 아닙니다.

사단의 종이 된 하나님의 백성들을 구원해서 하늘나라의 백성 삼으시려고 예정하신 것이며 그 구원의 계획을 이루시려고 일꾼으로 택함을 받은 사람들이 주의 일꾼들이 된 것입니다. 그 예가 사도바울입니다.(롬 8:29~30) 그러므로 지금 예수님을 믿는 모든 분들은 구원이 개인적으로 예정된 것이 아니고 하나님께서는 사단의 백성이 되어버린 세상 모든 사람들을 하나님의 나라 백성으로 만들려고 계획하신 그 중에 속하는 것입니다. 그러므로 하나님께서는 누구나 다 오라 하시지만 예수님을 믿고 보혜사 성령님을 받아드려서 하나님의 나라 백성이 되든 사단을 추종하여 사단의 백성이 되어 멸망을 하든 그 선택권은 자신에게 있는 것입니다.(신 30:15~20) 예수님을 믿는 사람 중에서 복음을 전하기 위하여 선택함을 받아서 어떤 분은 목사, 전도사 또는 장로, 집사, 권사가 되어서 하나님의 일을 하는 것입니다. 하늘나라의 복음을 전하고 하나님의 일을 하는데 목사 장로 권사 집사라는 직분 그런 것이 중요한 것이 아닙니다. 예수님께서 십자가에서 피(생명을 버려서) 흘려서 이방인인 우리들까지도 구원의 길을 열어 주셨기 때문에 예수님의 복음을 누구나 전해야 하며 이것이 예수님을 믿어야 되는 증거인 것입니다. 그러므로 우리가 예수님을 구원의 주로 섬기기를 결심하고 성령받기를 사모하여서 성령 받으면 선물로 불같은 보혜사 성령 세례를 물 붙듯이 부어 주셔서 하나님의 뜻으로 하나님의 예정하신 것을 이루는 것입니다. 그러므로 보혜사 성령님을 꼭 받아야 진정, 예수님을 믿는 것이라고 말 할 수 있습니다. 행 2장 38절에서 이렇게 말씀하십니다. 너희가 회개하여 각각 예수 그리스도의 이름으로 세례를 받고(물세례) 죄 사함을 얻으라. 그리하면 성령을 선물로 받으리라. 그러므로 성령 받은 것은 구원받은 것과 죄 사함 받았다는 확실한 증거입니다. 그럼 성령 받기가 어렵다고 생각들하지만 그것 또한 간단합니다.

성령님을 사모하고 마음의 문을 열고 받아들이면 되는 것입니다.

예수님께서 승천하신 이후로는 보혜사 성령님께서 이미 우리 곁에 항상 계시지만 우리가 마음의 문을 열지 아니하고 성령님을 받아들이지 않고 있기 때문에 못 받는 것입니다. 누구든지 마음의 문을 열고 성령 받기를 사모하면 물 붙듯이 부어 주신다는 예수님의 약속의 말씀을 우리는 믿기만 하면 성령님께서 내 속에 오셔서(요 16: 13~14, 요 14:26, 요일 2:27) 인도하시고 생각나게 하시며 가르치시는데 무엇이 더 필요하겠습니까? 복잡하게 무슨 자범죄를 회개 하고 무엇을 고백하고 금식을 하고 해야 성령을 받는다고 말하는 모든 사람들은 불같은 성령의 체험이 없는 사람들의 학설입니다. 또한 요 3장 5절 말씀에는 물과(육의 깨끗한 행실) 성령으로 나지 아니하면 하나님 나라에 들어 갈 수 없다는 것입니다. 오늘날 점점 성령의 역사가 멀어져 가고 있는 이 시대에 우리는 어찌해야 하는가? 이것을 간단하게 설명을 하려고 합니다. 보혜사 성령님에 대해서는 신약성경 말씀 전체가 성령의 증거 말씀이며(구약에는 하나님의신) 성령론이라고 굳이 말할 필요가 없는 것입니다. 신약성경 전체가 성령의 사역 그 자체이며 예수님 출생부터가 성령의 신비로서(신령함, 신기함) 시작되며, 모든 일들이 성령의 신비함과 신령함으로 되어 있습니다. 그러나 보혜사 성령님에 대해서 많은 사람들이 너무 모르는 것도 이시대의 현실입니다. 그래서 좀 더 알기 쉽게 성령님에 대해서 설명하려 합니다. 먼저 성령님의 사역을 부인하고는 주의 일을 열심히 해도 주님께서는 모른다고 하신다는 사실입니다. 성령의 사역을 훼방하는 것과 성령을 거역하면 이 세상과 오는 세상에서도 사하심을 얻지 못한다고 말씀하고 있습니다.(마 12:31~32, 기타 히브리서) 예수님 부활승천 이후로는 보혜사 성령님의 인도함이 없이 사람의 지혜와 지식으로 주의 일을 하는 사람들은 결국 성령의 음성을 듣지 못하여 1차 부활과 또는 예수님 재림 때에 들림 받는 반열에 들지 못하고 육신이 2차 부활 때 부활하여서 심판을 받아야 하는 것입니다.(요 5:25~29) 그 이유로는 마 3장~4장, 롬 7장, 8장, 요 14장, 16장 또한 신약 성경 전체 말씀을 잘 보시고 깨달음을 얻으시면 이해가 될 것입니다. 또한 예수님께서 사역을 시작하시는 순서를 살펴보면 성령 체험과 충만 없이는 안 된다는 것을 알 수 있습니다. 예수님께서는 먼저 사람의 의식인 물세례를 받으시고 그 다음에 성령의 세례를 받으십니다.

<u>**물세례-성령세례-마귀시험-전도시작-병 고침-교훈(설교)**</u>(마 3장 4장) 이와 같이 예수님께서도 이 순서를 거쳐서 사역하셨습니다. 예수님께서도 성령세례를 받고나서 사역을 본격적으로 시작하셨던 것입니다.(예수님은 탄생부터 성령으로 시작하셨습니다)

사람의 지식과 지혜로 신앙생활을 하는 사람은 요한의 물세례 받은

그 수준입니다. 그래서 물세례 그 이후의 신령한 체험과 하나님의 무궁무진한 크신 약속과 은혜를 잘 모르는 것입니다. 또는 성령님의 인도함 가르침 등 약속된 특권을 받지 못하는 것입니다. 물론 그런 사람도 성령으로 기도한다고 하고 성령으로 사역한다고 말은 잘 합니다. 그러나 자세히 살펴보면 실제로는 성령이 무엇인지도 모르고 있습니다. 그저 그들은 사람들이 세상의 학식으로 만든 책속에서 지식을 얻어서 이것으로 신앙생활을 하려고 합니다.(행 8:14~20 참조) 그것이 성령의 사역이라고 그들은 말합니다. 고전 2장 14절에는 이렇게 말씀하고 있습니다.

> **육에 속한 사람은 하나님의 성령의 일을 받지 아니하나니 저희에게는 미련하게 보임이요 또 깨닫지도 못하나니 이런 일은 영적으로라야 분변함이니라.**

세상의 지식과 학문으로 하나님의 말씀을 알려고 하는 그들에게는 성경책은 그저 참고서에 불과합니다. 성령받은 사람은 성령받은 표적이 있어야 합니다.(고 12장, 행 2장 기타 신약 전체) 성령받은 표적이(은사 즉 선물) 없이는 성령받았다고 할 수 없습니다. 불같은 성령을 체험하면 이적과 은사가 따르기 마련입니다. 고전 12장에 9가지 은사 중 특히 방언의 은사는 본인에게 절대적으로 유익합니다. 본인이 원하기만 하면 주시는 은사입니다.(체험적인 방언은 사도행전에 기록되어 있으며 은사의 방언은 고린도서에 기록되어 있습니다) 다른 여덟 가지 은사는 본인의 의도대로 주시지 않고 하나님의 뜻대로 주십니다. 불같은 성령의 체험없이는 주의 일을 하면서 성령으로 한다고 말하지 말아야합니다. 교인의 수가 아무리 많이 모이는 교회라도 목회자가 성령의 체험과 거듭남없이 목회하는 목회자는 그 많은 하나님의 자녀와 백성을 환난과 마귀의 흉계에서 온전하게 그들의 영혼을 지켜주지 못하고 그 귀한 영혼들을 결국은 마귀에게 내어 주고 마는 것입니다.(요 10:12~13) (예수님을 따르던 제자들도 예수님께서 행하시는 능력은 보았지만 성령을 받지 못했기 때문에 예수님께서 잡혀서 십자가에 못 박히는 시험이 오니까 예수님을 부인하며 흩어집니다. 복음서 참조) 그 이유는 성령님의 도움을 받지 못하니 그러합니다. 그 책임을 어찌 감당할는지? 그 죄의 대가는 유다서와 성경 여러 곳에 기록되어 있습니다.

그 외에도 성령의 사역을 훼방하거나 부인하는 죄는 사하심을 얻지 못한다고 말씀하십니다.(마 12:31~32, 막 3:28~29, 계 22:11) 그런데 왜 그것을 깨닫지 못할까요? 그것은 고전 2장 14절, 계 22장 11절(기타 여러 곳) 말씀과 같이 깨닫지 못하게 하는 미혹의 영이 그들에게 가득하기 때문에 그렇습니다. 신약성경 전체가 성령의 역사로 이루어져 있는데 성경을 계속 읽으면서도 보혜사 성령님을 깨닫지 못하는 그것이 신기합니다. 기도 찬송 말씀 봉사생활 모든 것이 성령님의 인도함 없이는 실패인 것입니다. 또한 밖으로 뚜렷하게 나타나는 이단, 사이비 집단은 두렵지 않은 단체들이고. 실제 무서운 것은 거룩한 척하며 불같은 성령님의 사역을 거부하거나 훼방하는 목회자 지도자들과 그들을 따르는 신자들과 성령을 잘못 받아서(미혹의영) 양신 역사하는 그들이 무서운 사람들인 것입니다. 그들은 성경말씀을 전부 믿지 않고 자기들의 지식, 학문과 자기들의 지혜로 해석하고 가르치는 지도자들이고 삼위일체 하나님의 사역을 간접적으로 부인하고 보혜사 성령님의 사역을 부인하며 훼방하는 그 사람들은 대단히 잘못된 사람들입니다. 여기서 잘못된 사람이라 함은 교단의 교리에 어긋난다고 잘못된 것이라고 말하는 것이 아니고 하나님의 말씀인 성경을 잘못 해석해서 하나님의 말씀에서 어긋나는 이론과 행동을 하는 사람들을 잘못된 사람이라 합니다. 보혜사 성령님의 사역을 거부하거나 훼방하는 것과 기타 여러 방법으로 성령님을 부인하는 행동을 말합니다. 성령님께서 하시는 일은 무궁무진하고 또 성령 충만하면 주 안에서 모든 것을 성령님께서 가르치고 인도하시기 때문에 보혜사 성령님의 사역을 거부하는 이 시대에서는 성령 받은 성도들은 더욱 성령 충만 받아서 기름준비하는 지혜를 깨닫고 실천해야 합니다. 많은 사람들이 성령 충만 하기를 거부하는 이유는 사람의 지식이 더해지므로 물질문명 기계과학이 발달하고 그것들로 인해서 하나님과 영적인 교제가 멀어지고 그것들을 하나님보다 더 사랑하기 때문에 그것이 우상이 되어서 그것들에게 지배를 받으므로 성령을 거부하게 되니 성령의 음성을 들을 수 없습니다, 성령은 처음과(예수님탄생) 나중이고(예수님 재림) 모든 것이 성령님의 사역으로 시작해서 성령님의 사역으로 끝나는 것입니다. 예수님을 믿는 우리들은 예수님 재림 직전 들림의 역사가 있을 때까지 무엇을 하든지 성령님에게 맡기고 의지함으로 보혜사 성령님께서 인도함으로 생활하는 삶이라야 합니다. 이것이 예수님을 믿는 것이고 우리를 구원하는 능력은 오직 예수님을 믿음으로 성령님의 도움을 받아서 구원받는 것이고 이 믿음 안에 이 모두가 존재하는 것입니다. 그러므로 믿음으로 성령 충만 받은 사람은 신령한(신기한) 사람입니다. 그리고 선지자입니다. 또는 왕 같은 제사장입니다. 의인입니다.(벧전 2장 9~10절) 교회 목사나 지도자들이 선지자 또는 의인이 아니고 오직 성령 충만하여 성령님과 동행하는 사람들이 선지자이고 의인인 것입니다. 고전 2장 15절에는 이렇게 말씀합니다.

신령한 사람은 모든 것을 판단하나 자기는 아무에게도 판단 받지 아니 하느니라. (요 14:26, 16:13, 고전 2:13)

보혜사 성령 충만하면 모든 것이 주님께 맞추어지는 것입니다. 모든 것을 성령님께서 가르치고 해결하시고 인도하시기 때문입니다. 전도하는 것과 주님의 어떠한 일들도 성령 충만하면 성령님께서 하십니다. 사람이 한다고 생각하지 말아야 합니다. 성령 충만한 사람은 전도하지 말래도 전도합니다. 교회에서는 교인들에게 전도하라고 학문적으로나 지식으로 가르치지 말고 성령 충만하게 인도하면 성령님의 인도함에 따라 전도하게 됩니다.(물론 지식 학문 + 성령 충만 이면 더욱 좋은 것이고요…) 성령 충만한 사람이 전도한 영혼은 알곡인 것입니다. 사람의 방법으로 하는 전도는 생명력이 없는 전도인 것입니다. 전도하는 방법은 배워서 하는 것이 아닙니다. 성경말씀 특히 사도행전 어디를 보아도 사도나 제자들은(일곱 집사) 오직 성령 충만하여 성령으로 예수님을 증거하고 천국복음을 전하였습니다. 이것이 생명력이 있는 진정한 전도입니다. 성경을 많이 배워서 유식한 것은 사람을 교만하게 만듭니다.(고전 1장, 2장) 오히려 성령님을 받아들이는데 장애만 될 뿐입니다. 그런데 이젠 마지막 말세지말의 마지막 때가 되어서 보혜사 성령 충만 받기를 말하면 오히려 신비주의니 또한 이단이라고까지 몰아 세웁니다, 성령체험 반대세력들 그들의 숫자가 워낙 많기 때문에 그들의 세력은 막강합니다, 그들의 머릿속에는 성령 대신 자기들의 학문으로 가득 차 있고 그 학문으로 교인들을 가르칩니다. 교인들은 그렇게 하는 것이 진짜인 줄 잘 못 알고 그렇게 따라 갑니다. 흔히들 예수만 믿으면 천국 간다고 합니다. 맞는 말입니다. 그럼 예수를 믿는 것이 어떤 것인지 그것도 모르고 예수를 믿으면서 천국 간다고 말합니다. 예수님을 믿으면 예수님 말씀을(성경) 그대로 믿고 그대로 따라야 하는 것입니다. 분명히 예수님께서 승천 하시기 전에 내가 아버지께로 가면 다른 보혜사 성령을 보내리니 보혜사 성령님께서 오셔서 우리를 가르치고 인도하신다고 하셨는데(요 16장 13~14절) 왜 보혜사 성령님의 사역을 거부하는 것일까요? 그것은 예수님을 온전히 믿는 것이 아닙니다. 그것은 예수님을 믿는 것이 아니라 예수님을 조금 아는 정도입니다. 조금 아는 것과 전적으로 믿는 것은 다릅니다. 불같은 성령을 체험하고도 성령님의 인도함을 따르지 않고 자기들의 학문이나 지식 지혜로 가르치며 오히려 예수님 자리에 버젓이 앉아있는 그 오만함은 예수님을 더욱 모르는 것입니다. 그러므로 불같은 보혜사 성령님의 사역을 거부하는 모든 분들은 빨리 회개하고 온전히 성경말씀 그대로 예수님을 믿어야 하는 것입니다. 불같은 보혜사 성령을 체험하지 못하고 또는 거부하는 분들은 예수님을 온전히 믿는 것이 아닙니다. 이것이 잘못된 것입니다. 기독교인들이 불같은 성령을 체험하지 못하고 신앙생활하다가 이단이나 사이비 집단들의 사설에 미혹 당하여 이런 여러 종류의 거짓 단체에 빠져드는 것은 전적으로 지도자들 책임입니다. 성경 말씀에 성령을 체험해도 좋고 안 해도 좋고 이런 말씀은 어디에도 없습니다. 값없이 ('값없이' 라는 말은 예수님께서 십자가에서 피 흘려 생명으로 값을 치렀기 때문에) 또는 선물로 누구나 보혜사 성령님을 받으라고 말씀 하고 있습니다. 교회를 몇 십년 출석하고 섬겨도 불같은 성령 세례가 있는 것을 알지도 못하고 또는 무관심한 사람들을 볼 때 그가 섬기는 교회 교역자가 어떤 교역자인지를 알 수 있습니다. 행 8장을 보면 빌립 집사를 통해서 예수님의 이름으로 신유와 능력이 나타나서 기뻐하지만 빌립 집사는 지식으로 가르칠 뿐이지 보혜사 성령을 받게 하는 은사가 없어서 베드로, 요한 사도가 와서 안수해서 보혜사 성령을 받게 합니다. 행 8장과 복음서를 보면 신유를 행하고 귀신을 쫓아내어도 성령을 받게 하는 은사 자는 따로 있다는 것입니다. 그러므로 예수님을 구주로 믿고 예수님을 믿음으로 구원받는다는 우리들은 꼭 보혜사 성령 충만한 신앙생활을 해야 합니다. 또한 과거에 한번 성령 체험했다고 계속 성령이 충만한 것은 아닙니다. 처음 성령을 체험할 때에 표적으로 방언을 말하나 계속 기도하지 아니하면 소멸됩니다.(사도행전에 기록된 방언은 성령 받을 때 표적의 방언) 은사 방언은 소멸 되지 아니 하고 계속 방언 기도를 할 수 있습니다. 아무리 배우고 지식이 많아도 결국은 삼위일체이신 성령님과 함께 해야 한다는 것입니다.(고린도서에 소개된 방언은 은사의 방언) 그래서 열심히 기도하여 보혜사 성령 충만을 받아야 되는 것입니다. 성령 충만할 때에 성령님께서 모든 것을 인도하시는 것입니다. 보혜사 성령님께서 하시는 일을 다 말 할 순 없지만 몇 가지만 예를 들어서 설명하겠습니다.

2부

성령님께서 하시는 일

(요 16:7~15, 14:26, 15:26)

요 16:7~15

7절 그러하나 내가 너희에게 실상을 말하노니 내가 떠나가는
것이 너희에게 유익이라 내가 떠나가지 아니하면 보혜사가
너희에게로 오시지 아니할 것이요 가면 내가 그를 너희에
게로 보내리니
8절 그가 와서 죄에 대하여, 의에 대하여, 심판에 대하여 세상
을 책망하시리라.
9절 죄에 대하여라 함은 저희가 나를 믿지 아니함이요.
10절 의에 대하여라 함은 내가 아버지께로 가니 너희가 다시 나
를 보지 못함이요
11절 심판에 대하여라 함은 이 세상 임금이 심판을 받았음이니라.
12절 내가 아직도 너희에게 이를 것이 많으나 지금은 너희가 감
당치 못하리라
13절 그러하나 진리의 성령이 오시면 그가 너희를 모든 진리 가
운데로 인도하시리니 그가 자의로 말하지 않고 오직 듣는
것을 말하시며 장래 일을 너희에게 알리시리라.
14절 그가 내 영광을 나타내리니 내 것을 가지고 너희에게 알리

겠음이니라
15절 무릇 아버지께 있는 것은 다 내 것이라 그러므로 내가 말하기를 그가 내 것을 가지고 너희에게 알리리라 하였노라.

요 14:26

보혜사 곧 아버지께서 내 이름으로 보내실 성령 그가 너희에게 모든 것을 가르치고 내가 너희에게 말한 모든 것을 생각나게 하시리라.

요 15:26

내가 아버지께로서 너희에게 보낼 보혜사 곧 아버지께로서 나오시는 진리의 성령이 오실 때에 그가 나를 증거하실 것이요.

① 예수님의 성령 세례와 사역

(성령 세례 받으시고 본격적인 사역을 시작하심. 마 3장, 4장, 5장)

② 성령 세례 받는 방법(행 2:38, 8:15, 8:18, 행 19:1~7)

③ 성령님의 사역과 사명(요 14:26, 16:7~15, 고전 2:13)

④ 성령님께서는 언제까지 역사하시나?(계 4:5, 계 5:6)

⑤ 성령 충만 받은 사람의 모습과 그 열매(갈 5장)

⑥ 성령은 인간의 지식이나 지혜로는 이해가 아니된다. 다만 성령 받으므로 깨닫게 되고 그 체험으로 이해하게 되는 것이다.(행 2장)

⑦ 성령님은 탄식하신다.(롬 8:26)

⑧ 성령님께서는 우리를 마귀에게 시험받게 하신다. (마 4:1)

⑨ 성령 훼방 부인의 죄 (마 12:31~32, 막 3:29)

⑩ 성령의 9가지 은사(고전 12장)

1. 예수님의 성령 세례와 사역

(예수님께서도 성령님이 비둘기같이 내려오시고 난후 본격적 사역을 시작하십니다. 마 3장~5장)

① 예수님께서 물세례를 받으시고 올라오실쌔 하늘이 열리고 성령이 비둘기처럼 임하십니다.(눅 3:22, 마 3:16, 막 1:10, 요 1:32)

우리는 생각 해 볼 필요가 있습니다.

- 예수님은 능력 권능 그 자체이신데 왜 성령님이 임하셔야 했는가?
- 예수님은 성령 받기 전에 능력을 행하지 못하셨는가?
- 성령님은 왜 비둘기같이 예수님에게 임하였는가?

예수님은 인성을 가지고 이 땅에 오셨기에 우리의 표본이 되어야 했기 때문에 성령 세례를 받으신 것입니다. 성령 받는 것을 우리에게 보여 주시기 위해서 행한 것이며 성령을 받으면 그 이후에 될 일들을 친히 보여 주신 것입니다. 예수님께서는 물세례 받으실 때 성령님께서 비둘기같이 오시기 전에도 성령님께서 함께 하셔서 역사하셨습니다. 그러므로 물세례 받기 전에도 능력을 행하실 수 있었던 것입니다. 성령님께서는 비둘기같이 온유하고 부드러움을 나타내시기 위해서 비둘기 형체로 비둘기같이 임하였다고 말 할 수 있습니다. 성령님이 임하시는 모습을 영안으로 보면 하얀 형체로 또는 불의 모습으로 여러 모습으로 비둘기가 내려앉는 것처럼 자연스럽게 임하시는 것을 볼 수 있습니다.

② 성령에게 이끌리어 마귀에게 시험을 받으려 광야로 가사(마 4:1)

불같은 보혜사 성령님을 받으면 우리는 마귀가 무서워서 꼼짝 못할 것이라고 생각을 합니다. 그러나 그것이 아니고 오히려 반대로 성령님께서 마귀에게로 인도하여 마귀의 시험을 받게 하십니다. 시험을 받기 전에 기도를 충분히 하게 하여 무장시키시고 그 다음에 마귀시험에 맡기는 것을 마 4장 2~3절에서 알 수 있습니다. 마귀의 시험을 이겨 승리해야만 하나님의 일을 맡기십니다. 능력과 권능이 임하는 것입니다. 독수리가 자기 새끼를 강하게 키우기 위해서 높은 나무 위에서 떨어 뜨려서 살아남는 새끼만 강하게 키우는 것처럼 우리들도 보혜사 성령 받고 마귀의 시험에서 이기는 그 사람은 크게 쓰시지만 마귀의 시험에서 진 사람은 주님께서 크게 쓰지 아니할 뿐더러 계속 마귀의 시험을 당하기도 하고 아예 마귀의 종노릇하는 사람도 많이 있습니다. 이기고 승리하면 더 큰 능력이 주어집니다. 이때부터 비로소 마귀 귀신이 무서워 합니다. 하나님께서 아담을 흙으로 지으시고 하나님의 생기를 코에 불어 넣으시니 생령(生靈)이 된지라.(창 2:7) 이때부터 시작하여 선악과를 먹어서 죄를 범하기 전까지는 사람 속에는 사단의 영인 마귀가 없기 때문에 사람의 영혼인 생령뿐이어서(살아있는 넋 영혼) 하나님의 음성만 들었습니다. 아담이 선악과를 먹어 범죄하므로 사람 속에 사단의 영 · 마귀가 들어와서 사람을 지배합니다.(원죄=육신의 정욕) 이때부터 예수님이 오셔서 피의 대가로 우리를 사시기 전까지는 행위의 의로움으로 구원을 받았으며 모세 이후로는 율법을 지키므로 하나님께 거룩하다 함을 받았습니다. 예수님 이후로는 오직 보혜사 성령님을 받아들임으로 사람 속에 보혜사 성령님께서 거하셔서 우리를 하나님께로 인도하십니다.(요 14:26) 그러므로 우리에게는 우리의 육신의 생각과 사단의 영인 마귀와 나의 영과(생령) 보혜사 성령님 이렇게 세 영과 육신의 생각이 항상 저울질 합니다. 나의 육신의 생각이 사망의 영인 마귀의 음성을 듣느냐 보혜사 성령님의 음성을 듣느냐 에 따라서 모든 것이 결정되는 것입니다.(롬 7장 8장) (선택의 자유의지 = 신 30:15~20) 그러므로 육신은 마귀의 음성을 듣고 행하려 하고 나의 영은 성령의 음성을 듣고 행 하려고 합니다. 이것은 선악과를 따먹음은 육신의 정욕에 의해서 행해 졌기때문입니다. 마귀는 사람의 육신은 지배했으나 하나님의 호흡인 생령은 지배하지 못한 것입니다. 성령님께서 예수님을 40일 금식기도를 하도록 인도하셔서 무장시킨 후 영적으론 성령 충만하고 육적으론 심히 힘들 때 마귀가 나타나서 시험을 받게 하셨습니다. 마귀의 시험에서 예수님께서 마귀에게 지셨다면 우리는 지금 예수님을 통해서 구원 받지 못했을 것입니다. 그러므로 마귀의 시험에 진 지도자나 이 시험을 거치지 못한 지도자를 통해서는 성령 받기가 어려운 것입니다. 그러나 마귀의 시험에 이기지도 시험을 거치지도 못한 이런 지도자가 우리 주위에 너무도 많이 있습니다. 성령님께서는(하나님) 우리를 마귀의 시험을 받게 마귀에게 인도는 하지만 직접 시험하시지는 않습니다.(약 1:13) 이것은 우리를 영적으로 성장시키시기 위한 것입니다. 그리고는 성령님께서는 우리가 마귀의 시험을 이기게 우리를 보호하십니다. 마치 어린아이를 걸음마 연습을 시킬 때 넘어 질 까봐 마음 조이며 보호하듯이 성령님께서도 그렇게 하십니다.

③ 성령님께서 광야로 인도하여 기도하게 하여 무장시킨 다음 마귀가 시험하고(마 4:3~11) **마귀시험을 이겨 승리하고 나서 비로소 전도를 시작하십니다.**(마 4:12~17)

여기서 우리는 자세히 살펴 보아야 합니다. 분명히 저 사람이 성령을 체험하는 것을 보았는데 얼마의 시일이 지난 후 보니 성령의 역사는 없고 마귀의 종노릇 하는 사람들을 종종 볼 수 있습니다. 이런 사람들은 성령 체험하고 나서 거쳐야 하는 마귀의 시험을 이기지 못하여서 성령 대신 사단의 영이(마귀) 그 심령을 지배하고 있기 때문입니다. 그러므로 성령받았다고 하면서 잘못된 점쟁이 노릇하고 병 고친다고 예언한다고 다니는 사람들을 자세히 살펴보면 그 속에는 성령님은 없고 미혹의 영이 지배하고 있는 것을 볼 수 있습니다. 심지어는 방언 말함을 받고 하루에 10시간 이상으로 수 십 년을 방언을 했지만 방언은 거짓이고 마귀 역사라고 떠들어 대는 목사도 있습니다. 이런 사람들은 하나님 말씀을 부분적으로 이용하여 사람들을 미혹합니다. 사단의 능력도 나타납니다. 이것에 속는 것입니다 성령받으면 반드시 하나님의 말씀이 깨달아지고 무엇이든지 하나님 말씀 속에서 답을 얻으려 하며 전도하려고 힘을 쓰는 것은 성령님께서 한 심령이라도 구원의 길로 인도하려 하심으로 전도하려는 마음을 주셔서 전도 안하고는 못 견디는 그 사람은 성경 말씀대로 성령 충만 받은 사람입니다. 성령 충만 받은 사람은 자기를 잘 나타내지 아니 하며 성령님과 깊은 교제하기를 항상 즐겨 합니다. 남의 집 가게 장사가 잘 되질 않으며 또는 사업에 문제가 있다고, 남의 집 자녀가 문제 있다고 등등 여러 가지 남의 집 문제에 대신 금식하며 기도해서 해결

한다고 부산을 떠는 이런 사람은 위험한 사람입니다. 착각 속에 빠진 잘못된 사람들입니다. 이런 문제들은 목회자가 분별해야 할 일들입니다. 또한 그 집안의 문제는 그 집안사람들의 문제이기 때문에 그 사람들이 회개하고 기도하며 하나님께 간구하도록 인도해야 하는 것입니다. 이런 사람들의 과거를 보면 그 주위에 무당의 영향이 있다든지 이혼하고 재혼한 경험이 있다든지(고전 7:10~11, 7:39, 롬 7:2~3) 자기의 가정이나 주위가 온전하지 못한 사람들이 많습니다.(이런 경험이 있다고 해서 다 그런 것은 아닙니다.) 그러나 이런 사람에게 의지하는 사람들은 더 한심한 사람들입니다. 성령 체험한 사람이 성령 체험도 없는 설교 말씀이 성경을 잘 쪼개서 설교하니 달고 좋다고 하는 이런 사람들은 성령을 체험한 경험은 있으나 문제가 있는 사람들입니다. 또한 하나님께서는 이혼을 미워하십니다.(말 2:16, 마 19:1~12, 막 10:1~12, 고전 7:1~16, 롬 7:1~6) 남편이나 아내가 죽기 전에는 재혼을 기뻐하시질 않습니다. 성경 말씀으로 볼 때 전부 그런 것은 아니지만 이런 사람에게 악령이 역사하여 예언 신유를 행한다고 많은 사람들을 유혹하고 교회를 어지럽히고 있습니다. 이런 사람을 통해서 병이 낫고 문제가 해결되기도 합니다. 사단 마귀 귀신도 할 수 있는 것입니다 허나 악령의 역사와 성령의 역사는 다릅니다. 이것을 분별할 수 있는 것이 영분별 은사이며 능력입니다. 이러한 것에 미혹 당하지 말아야 합니다. 꼭 조심하고 유념해야 할 것은 사단과 마귀 귀신도 병 낫게 하고 예언해서 맞추고 한다는 것을 잊지 말아야 합니다. 이혼과 재혼의 사유는 3가지로 말 할 수 있습니다. 상대가 사별했을 때와 상대가 간음했을 때와 상대가 하나님을 믿지 않으며 하나님 믿는 것을 반대

할 때입니다. (고전 7:15)

④ 능력은 자연스럽게 임합니다.

성령 받고 무장하고 마귀의 시험을 이기고 전도를 시작하면 전도하고 싶은 마음이 솟구칩니다. 이 마음이 없다면 다시 생각해 봐야 합니다. 병 고치는 것과 능력 행하는 것이 자연스럽게 역사하십니다. 이런 은사들은 복음을 전하기 위하여 그 표적으로 주시는 것입니다. 그런데 이 과정을 거치지 않고 성령 받았다고 영안이 열려 마귀가 보인다고 귀신이 보인다고 거기에 집착하다보면 잘못된 예수점쟁이로 변하여서 미혹의 영들에게 사로 잡히게 됨으로 조심해야 합니다. 물론 잘못된 예수점쟁이들도 능력이 나타납니다. 예언도 맞고 병도 고칩니다. 그래야 마귀들도 사단의 사업을 하니까요?(마 24:24) 하나님의 능력과 권능이 임하는 것은 하나님께서 어떤 특별한 예정이나 계획이 있으실 때에 그 필요에 따라서 주시는 것입니다. 먼저 믿음의 은사를 받아서 하나님의 말씀을 믿고 지킬 때에 더욱 크신 능력을 더하여 주시는 것입니다. 이 믿음의 은사야 말로 능력의 은사이고 그 다음은 그 사람의 그릇에 따라서 나누어 주시는 것입니다. 사람의 욕심으로 이것 달라 저것 달라 하여도 하나님의 뜻에 합당하지 않으면 주시지 아니 하시는 것입니다. 그러므로 능력을 받는 방법은 먼저 성령님을 전적으로 믿고 의지하고 온전히 나갈 때에 능력을 주십니다. 능력이라 함은 무슨 예언을 하고 병을 고치고 하는 것만이 능력이 아니고 여러 가지가 있습니다만 특별히 우리에게 주신 제일 크신 능력은(고전 1:18, **십자가의 도를 통하여 구원을 얻는 우리에게는 능력이**

라 하십니다) 예수를 믿음으로 영혼과 육신을 구원받을 우리가 바로 제일 큰 능력을 받은 것입니다. 영혼과 육신의 구원은 반드시 예수 믿음으로 성령님께서 우리를 새롭게 하므로 이루어지는 것입니다.(딛 3:5~7)

⑤ **예수님은 물세례 – 성령님이 비둘기같이 임하시고**(마 3:16~17) **– 기도무장**(40일 금식) **– 마귀시험**(마 4:3~10) **– 말씀으로 물리치고 –** (사람을 모음) **과정을 거치고 난 다음에 설교를 시작하십니다.**

물세례 받고(의식) 불같은 보혜사 성령 세례 받고(성령 하나님이 함께하심 거듭남) 기도로 무장하고(능력) 마귀와 대적하여 이기고 나서야 하나님의 말씀으로 설교할 수 있는 능력이 주어지는 것입니다. 불같은 성령의 역사하심을 체험하지 못하고 또는 보혜사 성령님이 함께하지 않고는 하나님의 깊은 뜻을 깨닫지 못하기 때문에 결국은 마귀에게 노출되어 있습니다.**(고전 1장, 2장, 3장 참조)** 지금이라도 깨닫고 이 과정을 거치고 지도자의 길을 가야 한 심령이라도 제대로 하나님나라로 인도할 수 있습니다. 이것은 성경적입니다. 또한 이것이 진리입니다. **(마 2장, 3장 기타 성경 여러 곳)** 이 과정을 거치지 못하면 사람의 지식 지혜 세상의 초등 학문으로 지도할 수밖에 없습니다. 사람의 지식으로 설교하고 지도하는 분들이 하나님의 말씀에서 떠난 잘못된 사람들이며 성령체험이 없는 지도자인 것입니다. 물론 학식이 풍부하고 불같은 성령의 체험이 충만하면 더 이상의 이상적인 지도자는 없을 것입니다. (바울식 지도자) 하나님의 말씀을 제하여 버리고 또는 더하고 성령의 사역함은 온데 간데 없고 자기지식이나 학문, 지혜로 전하기만 하는 지도자, 이런 분들이 오늘날 교회의 큰 문제점들입니다. 이런 분들은 하나님의 진리의 말씀을 깨닫지 못하기 때문에 하나님의 깊고 크신 뜻을 모르고 항상 나도 배울 만치 배웠다는 교만이 가득해서 수박 겉핥기식의 증거만 하는 것입니다.

2. 성령 세례 받는 방법 (행 2:1~4, 2:38, 8:17)

예수님께선 물세례를 받으실 때 성령님이 임하셨지만 우리들은 성령 세례 받는 방법이 여러 가지입니다. 행 2장 1절~4절 다같이 모여서 기도할 때 성령을 받고 방언 말하기를 시작합니다. 행 2장 38절 회개하여 예수님의 이름으로 세례를 받고 죄 사함을 얻으면 보혜사 성령을 선물로 주신다고 하시며, 행 8장 17절 사도들이 안수할 때 성령을 받으며 누구나 성령 받기를 사모하고 갈망하면 성령님께서 오셔서 우리들을 인도하시는 것입니다. 그러므로 보혜사 성령 받는 방법은 그냥 성령님을 받으면 되는 것입니다. 성령님께서는 이미 우리 곁에 오셔서 계시므로 우리가 마음 문을 열고 받아 드리기만을 기다리고 계신다는 것입니다. 마음 문을 열고 성령 받기를 원하기만 하면 보혜사 성령님께서 우리 속에 들어오셔서 인도하시고 가르치시는 것입니다. 어떤 조건을 내세워서 주시는 것이 아닙니다. 그냥 값없이 주시는 것입니다. 그 값은 이미 예수님의 피 흘림과(생명) 고난을 받으므로(채찍에 맞고, 창에 찔리고, 십자가에 매달려 못 박히시고) 값을 치러 주셨기 때문에 그냥 받기만 하면 됩니다. 무슨 자범죄를 회개해야 준다느니 무슨 고백을 해야 주느니 믿어야 준다느니 하며 조건을 제시 하는 말들은 다 잘못 알고 있는 분들의 말이거나 성령의 체험이 없는 사람들의 말입니다. 보혜사 성령 받기를 원하는 이에게는 조건 없이 성령을 부어 주시는 것이 주님의 큰 은혜와 사랑인 것입니다. 성령 충만함 그 다음에는 보혜사 성령님께서 인도함에 따라 기도할 때라든지 회개할 수 있는 영을 주셔서 회개할 수 있게 합니다. 이때는 이미 성령님께서 임하셨기 때문에 통회하며 회개하게 되는 것 입니다. 회개기도가 시작될 때는 성령님이 이미 임하였다는 것입니다. 또는 사역자들을 통해서 성령을 체험하게 하시며 여러 가지 방법으로 그 사람의 성격과 인격에 따라서 주시는 것입니다. 성령님의 인도함에 따라서 성령 세례를 받는 방법은 여러 가지가 있겠지만 몇 가지만 예를 들어 보겠습니다.

① 안수할 때 성령을 받으며(행 8:12~17, 행 19:1~7)

성령님의 인도함에 따라서 안수할 때에 보혜사 성령을 받는 것이 확실하나 아무나 안수하면 성령을 받게 되는 것은 아닙니다. 하나님께서 택하신 사람이 안수해야 합니다. 보혜사 성령 받게 하는 은사를 가진 사역자가 따로 있습니다.

많은 사역자가 있지만 사역자 전부가 성령을 체험하게 사역을 하는 것은 아닙니다. 사도시대나 지금 시대나 마찬 가지입니다. 아볼로 와 빌립은 하나님과 예수님을 증거는 하나 보혜사 성령 받게 하지 못하여 베드로와 요한이 가서 안수하여 성령을 받게 합니다.(행 8장 참조) 오늘날 많은 지도자들은 신학을 해서 목사 안수를 받은 자기들만이 말씀을 전 할 수 있고 하나님께서 자기들만 통해서 역사하시고 자기들만이 제사장이고 선지자라고 은근히 자신을 내세우는 사람도 있습니다. 그러나 이런 주장은 성경말씀에 위배되며 자기들의 욕심에 불과합니다. 목사란 교회 감독이나 지도자이지 자기들이 하나님의 사역을 독점하라는 것은 아닙니다.(사도행전 전체를 참고 하시길) 성경말씀에는 누구나 성령 충만하면 선지자이며 안수할 수 있습니다.(교단이나 사람의 법은 그렇지 않습니다. 질서를 유지하기 위해 만들어짐) 안수하는 것이 목사들만이 독점하는 사명이 아닙니다. 안수란 전달하는 것이기 때문에 성령 충만한 사람이 안수하면 성령을 전달하는 것이 되는 것입니다. 그렇기 때문에 성령체험과 충만함도 없는 목회자들이 자기들만이 안수 할 수 있다고 주장하는 것은 잘못된 것입니다.(구약시대 때 기름 부음과 다름) 이런 분들에게는 안수를 받지 말아야 합니다.

안수기도를 받을 때는 조심해야 합니다. 마귀에게 미혹된 영을 가진 사람이 안수하면 그 미혹된 영을 그대로 전달받기 때문입니다. 그래서 잘못된 예수점쟁이들이 자꾸 생겨나는 것입니다. 예언한다고 병 고친다고 무슨 능력 행한다고 몰려다니지 말고 먼저 하나님께 기도하고 오직 성령 받기를 간구하며 사모해야 합니다. 특히 예언한다고 또 예언이 맞는다고 몰려다니는 사람들을 조심해야 합니다. 물론 때에 따라서 성령님께서 사람의 입을 통해서 또는 성경말씀으로 예언하십니다. 그러나 어떤 사람이 직업적으로나 상습적으로 예언하는 것은 잘못된 것이며, 그들은 미혹의 영을 가지고 사단의 사역을 하는 자들인 것입니다. 그런 미혹의 영을 가진 사람들에게 유혹당하지 말고 그냥 쉽게 성령 받기를 사모하고 성령님만 받아드리시면 성령님께서 모든 것을 인도하시므로 염려할 필요가 없습니다. 다른 사람들이 가르치는 것과 이적과 능력을 행하는 것을 보면서도 나와 함께 하시는 성령님을 못 보는 소경이 되지 말아야 합니다. 내속에 거하시는 성령님을 의지해야 합니다. 결국은 내속에 거하시는 성령님께서 나를 가르치고 인도하시는 것입니다. 그래서 다른 사람보다 내가 먼저 성령 충만해야 한다는 것입니다. 애써 잘못된 예수점쟁이들을 찾아다니지 아니해도 하나님의 신령한 은혜와 보혜사 성령님의 역사를 얼마든지 체험하실 수 있습니다.

② 모여서 기도할 때 (행 2:1~4)

보혜사 성령님의 인도함에 따라서 우리는 모여서 기도하기를 즐겨해야 합니다. 성령으로 하나 되는 성도들이 모여서 기도하는 그곳에 보혜사 성령님께서 강림하시기 때문입니다. 이때에도 우리는 성령님께서 인도하는 대로 기도해야 합니다. 그런데 요즘 교회에서는 이것을 이용해서 무슨 중보기도회니 무슨 성령 대망회니 하면서 기도 제목을 미리 정해 가지고 하나님께 요구하는 기도들을 합니다. 그러면 하나마나 하는 기도입니다. 금요 철야기도들을 합니다. 일부 교회에서는 철야기도가 아니라 무슨 디스코장 같은 기도회를 하는 교회도 있습니다. 기타와 큰 소리 나는 북을 치며 여러 악기로 시끄럽게 사람의 감정을 자극해서 뛰고 흔들고 뒤엉켜서 눈을 맞추고 육체적인 접촉을 하면서 미개인들의 잔치를 방불케 하는 모습들을 봅니다. 그러면서 은혜가 있다고 합니다. 시끄러운 악기와 음악으로 혼란케 하는 행위는 잘못된 행위입니다. 성령님의 사역은 비둘기처럼 온유하며 고요하고 웅장하며 조용합니다.

요 4:24

하나님은 영이시니 예배하는 자가 신령과 진정으로 예배할지니라.

또한 모여서 합심해서 기도하는 것은 시끄러운 행동이 아니고 말 그대로 성령님께서 인도하는 대로 신령과 진정으로 전심으로 기도하는 것입니다. 다윗 왕이 수금을 타며 하나님을 찬양할 때는 시끄러운 것이 아니고 하나님의 은혜로 영안이 열려서 하나님께서 지으신 세상 만물 전부가 금빛 은빛의 빛을 발하며 하나님을 찬양하고 있으니 너무 감격해서 시를 쓰고 수금을 타며 고요하고 웅장하게 간절히 감사함으로 찬양했던 것입니다. 은혜가 충만할 때는 하나님께서 지으신 모든 만물들 식물 풀잎 나뭇잎 길가에 돌멩이까지도 빛을 발하며 하나님께 찬양을 하며 영광을 하나님께 돌리는 환상을 볼 수 있습니다. 그런데 예수님을 믿지 않는 사람들만이 빛을 발하지도 않고 영광을 돌리지도 않는 것을 영안으로 볼 수 있습니다. 이 광경은 황홀해서 감사의 눈물이 절로 나옵니다. 세상의 일들이 잘되어서 감사 눈물이 나오는 것과는 다른 황홀한 감사의 눈물인 것입니다. 이것저것 기도 제목을 정할 필요도 없습니다. 보혜사 성령님의 인도함에 맡기고 기도하면 되는 것입니다. 보혜사 성령님께서는 우리에게 필요한 것을 먼저 알고 계시기 때문입니다. 만일 우리가 꼭 기도제목을 정해야 할 때가 있습니다. 국가가 위급할 때 국가를 위해서 기도할 내용을 정해야 할 것입니다. 하나님 사업을 위해 기도할 때 세상을 위해 기도할 때, 이 때는 기도할 내용을 미리 생각을 해야 할 것입니다.

실은 이런 것들도 성령님께서 생각나게 하시는 것입니다.

행 2:1~4

저희가 다 같이 한 곳에 모였더니 홀연히 하늘로부터 급하고 강한 바람 같은 소리가 있어 저희 앉은 온 집에 가득하며 불의 혀 같이 갈라지는 것이 저희에게 보여 각사람 위에 임하여 있더니 저희가 다 성령의 충만함을 받고 성령이 말하게 하심을 따라 다른 방언으로 말하기를 시작 하니라.

(성령 체험적 방언) 이와 같이 성령 받기를 사모하며 또는 예수님을 사모하며 모여서 기도하기만 하면 우리에게 있어야 할 것을 아시고 성령을 부어 주시는 것입니다.

③ **하나님께서 뜻이 있어 선택 하실 때** (그 예로는 바울) (행 9:17) (의인. 또는 택한 자.)

하나님께서 특별히 도구로 쓰시려고 선택해서 성령을 부어 주시는 때가 있습니다. 이런 분들을 통해서 오늘날까지 성령의 역사가 전해 내려오는 것입니다. '신학을 하지 않으면 주의 종이 아니다' 라고 생각 하지만 하나님의 말씀인 성경에는 신학 공부를 해야 주의 종이 된다는 것은 아닙니다. 다만 교회라는 공동체를 이끌어 가기 위해서 필요한 것들을 가르쳐서 감독으로 또는 지도자로 사역하게 하는 것이지 주의 종 하고는 성격이 다릅니다. 하나님께서 선택하여 사명주셔서 성령님의 인도하심으로 성령으로 거듭나게 해서 쓰시는 그분들이 주의 종이고 사자며 사역자인 것입니다. 오늘날 세상의 지식과 학문으로 목회하는 목회자와 지도자들과 이단과 사이비들이 판치는 교회들이 된 것은 하나님의 선택을 받지 못하고 자기들의 방식으로 하나님의 공동체인 교회를 자기들의 사업장으로 잘못 생각하니 문제가 되는 것입니다. 이들은 성경말씀에서 점점 멀어져 가고 있습니다. 원래 종이란 아무런 권한도 없고 오직 주인이 시키는 대로 따르는 것이 종의 본분이고 해야 할 일인데, 지금은 주의 종 주의 사자하면 무슨 권한을 가진 막강한 권력자인양 행세를 하고 있습니다. 주의 종이란 자기를 낮추는 말입니다. 그것이 이상하게 잘못 인용되어서 어떤 때는 주의 종에게 그렇게 하면 안 된다는 이런 말들을 합니다. 그런 말은 잘못된 말입니다. 하나님의 선택 받은 사람은 반드시 보혜사 성령이 충만한 체험이 있고 성령 충만함을 간직하는 그 사람이 진짜 선택된 하나님의 종이며 또한 선지자입니다. 이런 분들은 반드시 수호천사가 보호하고 있습니다. 우리는 누구나 이 반열에 설 수 있도록 기도하며 보혜사 성령님을 모시고 하나님과 동행해야 합니다. 주의 종은 주님의 은혜로 성령 충만하면 누구나 될 수 있으며 성령 충만하면 선지자입니다. **(디도서 1장 7절에는 감독이란 자기 고집대로 하지 아니하며…)**

④ 회개(기도) 할 때(행 2:38)

> **베드로가 가로되 너희가 회개하여 각각 예수 그리스도의 이름으로 세례를 받고 죄 사함을 얻으라 그리하면 성령을 선물로 받으리니**

회개할 때에 성령님이 임하시는 것을 우리는 잘 알고 있습니다. 그런데 행 2장 33절에는 약속하신 성령을 아버지께 받아서 너희 보고 듣는 이것을 부어 주셨느니라고 하셨습니다. 진정한 회개는 성령을 사모하는 사람에게 이미 보혜사 성령님께서 오셨기에 성령님께서 인도함으로 회개하게 되는 것입니다. 회개할 때도 여러 사람이 모여서 회개기도를 하면 더욱 좋은 것입니다. 그런데 어떤 사람들은 산이나 들에 혹은 교회에서 혼자 기도하다가 성령을 받았다는 사람들이 있습니다. 그럴 수도 있지만 그런 것은 위험합니다. 꼭 그렇다는 것은 아니지만 마귀는 그대로 두지 않기 때문입니다. 물론 하나님의 특별한 섭리가 있어서 택한 사람이라면 모르겠지만 그렇지 아니 할 때는 합심해서 여러 명이 모여서 기도하므로 받는 것이 바람직합니다. 이때에 우리는 회개할 수 있는 영을 보내 달라고 먼저 기도하고 회개의 영이 오시면 회개할 것을 생각나게 하며 회개하게 도우십니다. 회개의 영이 오셔서 회개하게 하심은 이미 성령님께서 오신 것입니다. 성령의 역사를 부인하는 사람들은 이 성령의 역사를 부인합니다. 그러므로 회개도 주님께 의지해서 성령님께서 오셔서 기도를 도우시는 것을 믿고 회개하므로 우리의 죄가 예수님 십자가에서 흘리신 보혈의(생명을 버리신) 능력으로 죄 사함 받고 보혜사 성령을 선물로 부어 주시는 것입니다.

3. 성령님이 하시는 일

(요일 2:27, 요 14:26, 요 16:7~15, 고전 2:13)

성령님께서 하시는 일을 굳이 몇 가지라고 말하는 것은 곤란합니다. 그 이유는 성령님께서 오시면 주 안에서 모든 것을 생각나게 하시고 가르치시고 인도하시기 때문에 그렇습니다.(롬 8장) 신약 성경 전체가 성령님의 사역 그 자체입니다. 이것을 몇 가지라고 설명할 수 없으나 그 중에 몇 가지만 예를 들겠습니다.

① 성령님께서는 우리를 가르치며 생각나게 하시며 인도하십니다.

(요 14:26, 16:13, 고전 2:13, 요일 2:27, 롬 8장)

보혜사 성령 받은 성도들은 주안에서 전적으로 성령님께 맡기고 의존하는 생활이 되도록 노력해야 하며 우리들의 삶의 전부가 되어야 합니다.

예수님 승천 직전에 예수님께서 말씀하시기를 보혜사 성령을 보낼 것이니까 성령을 받으라고 말씀하셨고 보혜사 성령을 받으므로 보혜사 성령님께서 가르치고 생각나게 하시므로 더 바랄 것이 없습니다. 보혜사 성령님이 인도하시는 대로 가르치시는 대로 따라가면 되는 것입니다. 우리가 신앙생활 하는데 복잡할 것도 없고 본인 자신이 기도해서 성령님과 대화하고 동행하면 되는 것입니다. 이 간단한 진리를 깨달으면 분명히 마음의 평화가 오고 기쁨이 함께 할 것입니다. 더 이상 복잡할 것도 없습니다. 왜 내 속에 계신 보혜사 성령님을 무시하고 왜 남에게 있는 성령님을 의존하려고 합니까? 남에게 있는 성령이 진짜 성령이면 다행이지만 사단의 영이 성령으로 가장하고 역사하면 당하고 맙니다. 그러니 나와 함께 하시는 성령님을 무시하지 마시고 내속에 거하시는 성령님께서 사역하시도록 계속 성령님과 대화하며 동행해야 합니다. 성령님은 오늘도 내일도 예수님 공중 재림하실 그때까지(들림 받을 때 또는 1차 부활할 때) 우리들을 보호하시며 인도하십니다. 이 세상에 사는 동안 이보다 더 큰 은혜는 없습니다.

② 성령님께서는 탄식하므로 우리를 위해 간구하신다. (롬 8:26)

롬 8:26

이와 같이 성령도 우리의 연약함을 도우시나니 우리가 마땅히 빌 바를 알지 못하나 오직 성령이 말할 수 없는 탄식으로 우리를 위하여 친히 간구하시느니라.

보혜사 성령님께서 왜 탄식을 하실까요? 이것은 우리 속에 거하시는 성령님을 무시하고 또한 하나님 앞에 빌 바가 너무나 많은데 하나님께 기도할 줄 모르고 그저 자기들의 지식과 학문 학벌에 의존 하여서 마귀의 음성을 들으며 마귀의 종노릇을 하니까 성령님께서 탄식하며 하나님께 간구하시는 것입니다. 보혜사 성령 받은 분들은 이렇게 성령님을 탄식하게 해서는 안 됩니다. 오직 성령님의 인도함에 따라 맡기고 대화를 해야 합니다. 성령님께서 우리 안에 편안하게 계시도록 항상 기도하며 대화를 할 때에 우리는 성령님의 도움으로 예수님의 교훈을 생각나게 하시며 예수님의 도를 가게 인도하시며 예수님을 믿는 믿음이 확고해져서 이 세상 살 때에 마음의 평안함을 누릴 것이며 주님이 예비하시는 그곳에 안전하게 입성할 것입니다. 우리의 목표는 주님께서 예비하신 그곳 신천신지에 가기 위해서 노력하고 있는 것입니다. 사실 우리를 살펴보면 주님을 위해서 이런 말을 하지만 사실은 우리를 위해서 주님을 믿고 따르는 것입니다.

③ 우리가 하나님 자녀인 것을 증거하신다. (롬 8:16)

> **성령이 친히 우리 영으로 더불어 우리가 하나님의 자녀인 것을 증거 하시나니**

우리가 하나님의 자녀인 것을 성령님께서 함께 하시므로 우리에게서 능력과 권능이 나타나게 성령님께서 증거하십니다. 성령님이 우리 안에 거하시면 담대히 하나님을 아버지라고 부르고 예수님을 구세주로 증거할 수 있는 것입니다. 성령 충만하므로 마음을 다하고 뜻을 다하고 힘을 다하여 목숨을 내어 놓고 죽도록 충성할 수 있습니다. 성령 충만하므로 부활과 재림의 예수를 증거하며 성경말씀이 우리 속에 살아서 증거하십니다. 성령님이 우리와 함께 아니하시면 자신이 없고 구원의 확신이 있냐고 물으면 글쎄요 하며 미지근 합니다. 자신이 없습니다. 우리 속에 성령님이 계시지 않으니 나의 영혼과 마귀의 영 뿐이니 확신이 없고 그저 죽어서 영혼만이 천국 간다는 막연한 신앙생활을 하며 모든 일에 미지근 하여 요행만 바라는 신앙으로 일관합니다. 지금 죽으면 바로 천국 간다는 것은 성경말씀을 잘못 알고 있는 믿음입니다. 우리는 지금 죽으면 천국 가는 것이 아닙니다. 물론 특별히 택한 사람은 천국에 간 사람도 있습니다.

요 3:13

하늘에서 내려온 자 곧 인자 외에는 하늘에 올라 간 자가 없느니라.

우리들은 잘못 알고 있는 것입니다. 우리는 지금 죽으면 천국 가는 것이 아닙니다. 지금 죽으면 영혼은 낙원에 가서 쉬다가 또는 잠자다가(**잠자는 것 고전 15장, 살전 4:13~17**) 예수님 공중 재림 때 흙으로 돌아간 육신이 부활해서 낙원에 있는 영혼과 합쳐저서 완전한 영과 육으로 예수님과 같이 천년왕국에 참여하고 난후에 심판 받지 않고 천국에(신천신지) 입성합니다. 예수님 재림 때에 부활하지 못하면 천년왕국이 끝나는 시점에서 육신이 자동 부활해 영혼과 합해져서 백 보좌 심판을 받아야 하는 것입니다.(고전 15장) 이것이 둘째 부활입니다. 1차 부활 때 육신이 부활 못하면 백 보좌 심판을 받아야 합니다. 성령받지 못한 분은 둘째 부활 때 부활하여서 심판을 받아야 합니다. 많은 사람들이 예수님을 잘못 알고 예수님의 가르침에서 멀어져 있기 때문에 죽으면 천국 간다는 그저 막연한 믿음으로 예수님을 믿는 것입니다. 우리들은 성경 말씀을 제대로 깨닫고 우리가 확실하게 예수님을 삼위일체 하나님이라고 부를 수 있게 하는 것은 보혜사 성령님께서 우리에게 믿음을 주심으로 가능하다는 것을 알아야 합니다. 고전 2장 10절 말씀에 성령님은 하나님의 깊은 것이라도 통달하신다고 합니다. 성령님만 우리 속에 거하시면 하나님의 깊은 것이라도 성령님께서 우리에게 알려 주시기 때문에 하나님의 깊은 비밀이라도 그때그때 필요에 따라서 알 수 있는 것입니다. 그래서 성령이 충만한 사람에게는 7년 대 환란을 피하고 백 보좌 심판을 면하고 또는 예수님 재림 그날이 도둑처럼 임하지 아니한다는 것입니다. 살전 5:4 또한 오직 성령이 충만해야 우리가 하나님의 확실한 자녀된 것을 시인할 수 있다는 것을 가르치고 있습니다.

④ 여러 가지 은사를 주신다. (고전 12장)

롬 8장 32절 자기 아들을 아끼지 아니하시고 우리 모든 사람을 위하여 내어 주신 이가 어찌 그 아들과 함께 모든 것을 우리에게 은사로 주지 아니하시겠냐고 하십니다. 그러므로 우리에게 필요하면 어떤 은사라도 필요에 따라서 하나님께서는 주시는 것입니다. 성령의 은사로서 여러 가지 능력을 행할 수 있습니다. 은사를 주심은 물론 선물로 주시는 것이지만 이 은사들을 하나님의 나라와 예수님을 증거 하는데 사용하라고 주시는 것입니다. 9가지 은사 외에도 많은 은사가 있지만 하나님 보시기에 필요한 만큼 주시는 보혜사 성령님께서 우리를 가르치고 인도하시는 그 은사가 제일 좋습니다.(요 14:26) 오늘날 사단의 영인 미혹의 영을 받아서 성령의 은사를 모방하여 방언한다 예언한다 병 고친다고 하며 현혹하는 사람들이 많이 있습니다. 이런 사람들이 교회 안에도 독버섯처럼 자라고 있습니다. 이런 행위를 하는 사람들은 미혹된 영으로 역사하는 사람들이 많습니다. 하나님의 은사는 그런 것이 아니고 조용하고 평화롭게 필요에 따라서 역사하시는 것입니다.(벧후 1:21) 고전 12장에 말씀하신 9가지 능력의 은사를 주시어서 우리가 하나님의 나라를 전하는 데 도움을 주시지만 고전 12장 30절에서 31절에는 이렇게 말씀하십니다.

> **다 병 고치는 은사를 가진 자겠느냐 다 방언을 말하는 자겠느냐 다 통역하는 자겠느냐 너희는 더욱 큰 은사를 사모 하라 내가 또한 제일 좋은 길을 너희에게 보이리라.**

그럼 더욱 큰 은사가 무엇이겠습니까? 고전 13장 1절에는 더욱 큰 은사는 사랑이라는 것을 가르치고 있습니다. 그러므로 고전 13장 13절에서는 믿음 소망 사랑 중에 제일은 사랑이라고 하시는 것입니다. 사랑은 성령님을 우리 속에 모시고 성령님께서 인도하시는 대로 가르치시는 데로 따라 가는 것이 사랑입니다. 성령님께서는 우리의 모든 것을 주관 해주시려고 애를 쓰고 계시나 우리들은 성령님을 무시하고 우리 생각대로 우리 방법대로 행하고 또한 사단의 음성을 듣고 그것을 하나님의 음성이라고 착각하여 성령님을 슬프게 할 때가 많습니다. 이런 생활을 반복하면 성령님께서 떠나십니다. 그러면 그 자리에 마귀가 들어와서 조종을 합니다. 이것을 모르고 성령의 음성이라고 예언하고 병 고친다고 능력 행한다고 기타 여러 가지를 행합니다. 실제로는 마귀의 조종을 당하면서 깨닫지 못하는 사람들이 너무나 많습니다. 우리는 영분별의 은사를 충만이 받아서 이런 미혹의 영을 분별하여 물리치고 성령님의 인도함을 항상 받는 하나님의 귀한 왕 같은 제사장이고 하나님 나라의 백성과 자녀가 됨을 자랑스럽게 생각하는 성도가 되어야 합니다.(벧전 2:9) 보통 우리는 사랑 하면 무조건 남의 잘못을 모른 체 하고 잘못된 길로 가는 데도 하나님이 사랑 하시는 사람이라고 하나님께서 알아서 하시겠지 하여 무관심 합니다. 이런 것은 사랑이 아닙니다. 사랑한다면 하나님의 말씀에서 벗어나서 잘못 되어 가는 것을 말해서 바른 길로 가게 알려 주어야 합니다. 특히 목회자들은 성도들의 잘못을 책망할 수 있는 위치에 있으면서 방관하는 것은 성도로 하여금 더 죄를 범하게 하는 것입니다. 이런 행위는 사랑이 아닙니다. 또한 예수님의 말씀을 따르지 아니 하는 것입니다. 물론 잘못을 볼 수 있는 명철함이 없으면 어쩔 수 없지만 그러므로 모든 것은 성경말씀을 잘 이해하시고 깨달아서 성령님께서 가르쳐 주시고 인도하는 대로 주안에서 행해야 합니다.

4. 성령님께서는 이 세상에서 언제까지 사역하시나?

(휴거 들림 역사가 있기 까지 계 4:5, 5:6)

① 보혜사 성령님께서 이 세상에서 언제까지 우리를 도우시며 역사할 것인가를 우리는 알아야 합니다. 그러기 위해서는 요한계시록을 살펴보아야 합니다. 계 3:22절 귀 있는 자는 성령이 교회들에게 하시는 말씀을 들을지어다. 이 말씀을 끝으로 이 땅에서 성령이 사역의 말은 없습니다. 계 4:2, 14:13, 17:3, 21:10, 22:17에 성령이란 말씀이 나오나 이것은 요한 사도가 계시를 받을 때 인용한 말씀이고 우리에게 성령으로 역사하시는 말씀은 한 군데도 없습니다. 그 이유는 7년 대환난전에 교회가 휴거하고 우리가 들림 받을 때 성령님

께서 우리를 인도해서 하나님의 보좌가 있는 곳으로 같이 올라가시기 때문입니다.(계 4:5, 계 5:6) 여기까지 성령님의 사역은 사실상 끝이 났습니다.(계 14:13) 그러므로 7년 환란 중에는 성령님의 사역이 없기 때문에 들림 못 받은 신도들은 성령님의 도움 없이 신앙생활을 해야 합니다. 자기 스스로 어려움을 헤쳐 나가야 하며 행위로 순교해야 합니다. 물론 지금도 성령님의 도움없이 기도하면 마귀가 공중에서 잘라 버리고 그 기도가 하나님 보좌에 상달 되지 못하게 합니다. 예수님 승천 이후로는 보혜사 성령님의 도움으로 기도가 상달되도록 되어 있습니다. 예수님 사역 이전 시대에는 천사가 기도를 상달시켰습니다. 지금 성령 체험하고 성령님의 도움으로 응답받고 하는 성도들도 들림 못 받으면 7년 환난 시대에는 성령 체험 못한 사람과 같이 됩니다. 그러므로 지금 성령 받으신 분들은 더욱 기도에 힘써서 지금 예수님의 재림이 이루어진다면 꼭 들림을 받으시고 성령 못 받으신 분들은 지금 이때 전력을 다해서 보혜사 성령을 받아야 합니다. 지금은 늦은 비 역사가 끝날 시점에서 성령의 인을 치고 계십니다. 늦은 비란 곡식을 거두어 들이기 위해서 곡식이 여물게 하는 비입니다. 지금 이 세상에는 많은 교회가 세상의 방법으로 세속화되어 예수 믿는 사람들이 세상과 짝하여 미혹되어 가고 있으며 하나님의 말씀에서 멀어져 가고 있습니다. 하나님의 뜻과는 거리가 먼 교회생활과 신앙생활을 하고 있으며 또한 세상의 방법으로 미혹될 수밖에 없는 진퇴양난의 때가 진짜 말세지말이며 예수님 공중 재림하실 직전 그 때가 된 것입니다. 그 때가 지금 이 때인 것입니다.(마 24, 25장, 눅 21장) 요즘(2003년) 성령의 역사가 점점 사라져가는 것을 알 수 있습니다. 많은 사람이 성령님을 잊어버린 신앙생활을 하며 또한 과거에 성령 체험했던 사역자들과 신도님들이 성령 받았던 것이 하나의 추억으로 되어 가고 오히려 성령 충만 받아야 한다고 하면 신비주의니 이단이니 거침없이 말하는 지도자들과 신앙인이 많이 있습니다. 이제 늦은 비 역사로 마무리 격인 성령님의 사역 뿐입니다. 이른 비는 10월에서 2월 사이에 오는 비로써 보리 밀 곡식이 싹이 나고 자라게 하며 늦은 비는 3월 4월에 오는 비로써 보리 밀 곡식들을 추수하기 위해서 마지막으로 이삭이 무르익게 하는 비입니다. 그러나 이 사람들도 성령 받지 못하고 세상 초등 학문으로 목회하는 목회자들에게 이단이라는 소리를 들을 각오를 해야 합니다. 이런 목회자들의 세력이 워낙 강해서 교회를 장악하고 있기 때문에 그러 합니다. 이 시대에서는 이단들은 물론이지만 세상 초등 학문으로 목회하는 목회자들을 더 경계해야 하며 멀리 해야 하는데 이것을 알지도 못하고 또 안다고 해도 어쩌지를 못하니 실로 안타까운 일입니다.

5. 성령 충만 받은 사람의 모습과 그 열매

(갈 5:22~24, 마 7:16~23)

① 열매로 안다

보혜사 성령 충만한 사람들은 사랑, 희락(기쁨), 화평, 오래 참음, 자비, 양선(친절), 온유, 충성, 절제 갈 5장의 말씀대로 자연스럽게 성령의 인도함과 가르침에 따라 그 열매를 맺습니다. 또한 얼마만큼 충만하느냐에 따라서 모든 생활과 모습이 달라집니다. 종종 이런 설교를 하는 사람들을 볼 수 있습니다. 보혜사 성령님을 받지도 체험하지도 못했으면서 성령의 열매를 맺어야 한다고 설교합니다. 성령을 받지도 않고 어찌 성령의 열매를 맺을 수가 있습니까? 이들은 그냥 교회 나가면 보혜사 성령 받았다고 잘못 생각하고 있습니다. 성경말씀을 잘못 알고 있는 것입니다. 혹시 성령의 체험이 없고 성령의 사역을 부인하는 사람이 사랑이 있고 기쁨이 있고 이웃과 화평을 유지하고 모든 것을 오래 참고, 친절하며 하나님께 충성한다면 이것은 성령의 열매가 아니고 그 사람의 도덕성이며 그 사람의 인격적인 행위의 열매인 것입니다.

요 3:5

진실로 진실로 네게 이르노니 사람이 물과 성령으로 나지 아니하면 하나님 나라에 들어갈 수 없느니라.

성령을 충만히 받으면 반드시 성령의 역사하심에 따라서 이적과 기적이 따릅니다. 보혜사 불같은 성령의 사역을 부인하는 사람은 성령을 말할 자격도 없고 이것은 예수님을 믿는 것이 아니고 자기 지식, 학문으로 조금 아는 정도입니다. 삼위일체 하나님을 부인하는 잘못된 신앙입니다. 삼위일체를 부인하는 것은 적그리스도입니다. 성령의 충만함에 따라서 우리의 믿음의 분량이 다르게 나타날 수 있습니다. 따라서 사역이 분량에 따라서 다르겠지만 또한 성령은 항상 충만한 것이 아닙니다. 쉬지 않고 기도할 때 더욱 충만해질 것이고 기도하지 않으면 떠나십니다. 운동하는 사람이 계속 단련을 하지 않으면 잊어버리는 것과 같습니다. 성령을 충만하게 체험할 수록 겸손해집니다. 고개를 숙입니다. 자기를 나타내려고 안 해도 하나님께서 때를 따라서 나타내 주십니다. 필요함에 따라서 하나님의 능력이 나타납니다. 하나님께서 주위를 깨끗하게 정리해 주십니다. 생활과 주위가 정리되지 못하고, 남의 돈을 빌려 쓰고는 갚지 않는 사람, 거짓말을 잘하는 사람 남에게 피해를 주는 사람 말을 많이 해서 남에게 불쾌감을 주는 사람 주위가 산만한 사람, 신용이 없는 사람, 시간을 지키지 않는 사람, 가정은 둘째이고 교회 목사님을 해결사로 하고 집안에서 남편 말이나 아내의 말은 우습게 알고 집안에서 의논하여 해결할 문제를 교회 목사님과 의논 하려는 이런 분들께서는 잘못하는 것입니다. 혹시 성령을 받은 분이 이런 점이 있다면 빨리 회개하고 성령님께서 인도하시고 해결해 주시길 열심히 기도해서 이런 늪에서 탈출해야 합니다. 특히 성격상으로나 물질 환경 여러 가지 사유로 이혼하고 재혼한(사별한 사람과 상대의 간음으로 인해 이혼하고 혼자 있는 사람 제외) 사람들은 목회나 남의 앞에 나서서 가르치려고 하지 마시고 조용히 하나님 앞에 회개하며 조용히 하나님께 감사하며 살아야 합니다. 이런 분들에게는 하나님의 백성들의 영혼을 맡기지 아니 하십니다. 육신의 정욕에 굴복하고 승리하지 못했기 때문에 그렇습니다. 그러나 이런 분들이 능력 받았다고 예언한다고 남을 위해서 중보기도 한다고 병 낫게 한다고 나서는 것을 많이 볼 수 있습니다. 이런 분들에게 현혹되지 말아야 합니다. 물론 가정생활과 부부 생활을 하면서 이혼하고 싶을 때가 많이 있는 것도 사실입니다. 또 부부 싸움을 할 수도 있습니다. 그러나 그때를 힘겹게 넘어 극복한 사람들이 승리한 사람인 것입니다. 성경 말씀 어디를 보아도 이혼은 용납이 되지 않습니다. 다만 상대가 죽었을 때만 자유합니다. 또한 상대가 다른 사람과 간통하여 집을 나갔을 때는 오래 참고 기다리든지 혼자 있든지 해야 합니다. 이혼하는 것을 하나님께서는 기뻐하지 않는다는 것입니다.(마 19:3~12, 막 10:2~12, 말 2:16, 고전 7:10~11, 7:39~40, 롬 7:2~3) 또한 기업을 하든지 장사를 하든지 무엇을 하든지 하나님의 말씀에서 멀어진 방법으로 행하고 하나님께서 역사 하셔서 복 받았다고 말하지 말 것이며,(창 2:3) 좀 잘되면 하나님께서 복주셨다 하고 잘 안되면 하나님께서 거두어 가셨다고 하는 사람들이 많습니다, 이것은 아주 잘못된 생각입니다. 하나님 말씀에서 떠난 방법으로 하면 하나님께서 내버려 둡니다.(주일을 범하고 십일조 떼먹고 술 팔고 거짓말하고 착취하고 기타 등등) 그러니 하나님의 말씀에서 떠난 방법으로는 잘되든 못되든 간에 하나님과는 무관한 것입니다.

② 평온한 생활을 한다.

보혜사 성령님이 충만하면 재산이 있고 없고를 떠나서 생활 자체가 평온하며 교회와 가정을 중요시 합니다. 교회 목사님을 자기 가정에 가장으로 생각하여 무엇이든지 목사님과 의논하는 것은 잘못입니다. 교회 목사는 교회의 영적지도자일 뿐입니다. 육신의 문제 세상의 문제로 목사님을 곤란하게 하지 말아야 합니다. 교회에 계시는 성령님은 가정에도 계신다는 것을 아시고 항상 집안에서는 집안 가장을 중심으로 항상 소망을 하늘나라에 맞추며, 이 세상에 의존하지 않으며 사람의 지혜 학문으로 쓴 책을 가까이하지 말고 보혜사 성령님께서 인도하실 것을 고대하며 의존합니다. 세상의 초등학문과 과학 물질 문명에 의존하지 않고 부활의 믿음을 가지며 주님 재림의 날을 기다리며 성경 말씀에 의존하고 때에 따라서 성령님께서 말씀과 지혜를 주심을 따라 평온하게 생활합니다. 그러나 전혀 풍파가 없는 것은 아닙니다. 마귀는 항상 괴롭히니까요… 풍파가 있을 때마다 기도와 인내로 성령님의 인도하심을 따라서 극복해 나아갑니다. 그리고 세상 일에 얽매지 않습니다. 또한 세상의 일을 근심 걱정하지 않고 항상 위기에서 벗어나도록 성령님께서 인도하십니다.

③ 주님 재림의 믿음을 가진다.

예수님 재림의 믿음을 확실히 가지고 주님 오실 날을 기다려야 합니다.

말세론자라고 소외 될 수도 있습니다. 이단이라는 소리도 들을 수 있습니다. 그러나 안심 하십시오. 이단이라고 말하는 그 사람이 이단입니다. 또는 영적 소경입니다. 예수님 재림의 확신이 없고 천국에 대해서 잘 알지도 못하고 설마 재림 예수님이 오실까 하는 막연한 생각으로 신앙생활하는 사람은 성령을 받았든지 아니 받았든지 모두 위험한 믿음 생활입니다. 이런 사람들에게는 예수님 재림의 그날이 도적 같이 찾아올 것입니다.(살전 5:1~3) 죽더라도 예수님 재림을 기다리다가 죽어야 예수님 오시는 그날 육신의 1차 부활 때에 참여 합니다. 그런 기다림이 없이 신앙 생활하다가 죽으면 예수님 재림 때에 육신의 1차 부활에 참여하지 못합니다. 이들은 천년 왕국이 끝나고 백 보좌 심판(계 20:11~15)을 받기 위해 육신의 2차 부활 때 육신이 부활하지만 그들을 기다리는 것은 백 보좌 심판입니다. 또한 육신이 부활해서 영혼과 합쳐 져야 만 천국에 들어갈 수 있습니다. 예수님 재림 때에 살아 있어서 예수님 맞이하면 죽음 없이 신령한 몸으로 변하되어 예수님께서 준비하신 그곳으로 올라가지만 우리에게 있어서 예수님 탄생(성탄일)과 예수님의 부활을(부활절) 감사하고 이제 우리에게 다가올 그날 예수님 재림의 그날이 소망이 되어야 합니다. 우리가 살아 생전에 예수님께서 재림할 것을 소망으로 삼아야 한다는 것입니다. 이 소망이 없는 신앙은 생명이 없는 신앙입니다. 성경 말씀으로 본다면 천국에 간다 해도 우리가 바라보는 상급의 보장이 없습니다. 예수님 재림을 기다리며 기름 준비하는 지혜로움을 가지고 기다려야 합니다. 이 믿음은 복 받은 능력의 믿음입니다.

④ 들림 받을 것이라는 믿음을 가진다.

우리가 살아 있을 때에 예수님 재림하시면 영육이 들림 받는다는 굳건한 믿음을 가지고 신앙생활을 한다면 예수님 재림의 음성을 들을 것이며 결국은 들림 받을 것입니다. 예수님 재림 전에 죽으면 혼인잔치에 (환영 잔치) 참석하기 위해 육신이 1차 부활에 참여할 것입니다. 하나님의 말씀은 예수님 안에서 믿음대로 된다는 것을 꼭 명심해야 합니다. 죽은 자는 육신의 부활을 통해서만이 천국에 갈 수 있다는(계 20:5~6) 믿음과 소망을 가지고, 하나님의 말씀이고 예언인 성경 말씀을 멀리 하지 않고 성령님의 음성을 들으려고 열심히 기도해야 합니다. 그러나 들림 받지 못할 사람들과 육신이 1차 부활 때 부활하지 못할 사람들의 시기 질투를 삽니다. 그렇지만 7년 대 환난을 통과하지 않고 들림 받는 반열에 설 것이며 신부와 같은 자격으로 예수님 곁에서 영원히 왕같은 생활을 할 것입니다. 들림 받은 사람들의 일부는 마지막 백 보좌 심판 때에 심판 받는 것이 아니라 예수님을 대신하여 대리 심판관으로 많은 사람을 심판하는 자리에 있게 됩니다.**(계 20:4) (계 2장 3장 참조)** 말세지말에 살고 있는 우리는 복 있는 시대에 살고 있는 것입니다. 그 이유는 예수님 재림을 맞이할 수 있는 가능성이 있는 시대에 살기 때문입니다. 초림 예수님 시대에는 12사도들이 최고의 복 받은 사람들이 되었듯이 재림 예수님 시대에는 성령 충만하여 예수님을 맞이하여 들림 받는 그 사람들이 최고의 복을 누리게 되는 것입니다. 그런데도 이 복을 버리고 세상의 허황된 것들에게 마음을 빼앗기고 살고 있지는 않은지 자신을 항상 살펴보아야 합니다. 지금 이 세상은 과학의 만능 마술에 걸려 있습니다. 이 세상은 과학의 만능 때문에 멸망의 길로 더 빨리 가고 있습니다. 이제 깨어서 세상의 허황된 만능의 물건들과 세상 초등 학문으로 가르치는 목회자들과 사이비 이단들에게 더 이상 속지 말고 부활과 예수님 재림의 믿음을 가지고 성령님께 전적으로 의지하고 전진해야 할 때입니다. 또한 예수님 재림 때 꼭 들림 받는다고 믿고 준비해야 합니다. 이 믿음이 없으면 예수님을 믿는다 말해도 헛되이 믿는 것입니다. 그러므로 예수님께서 곧 재림하실 것같은 말세지말에 살고 있는 우리는 재림과 들림 받는다는 확신 없이 교회만 들락거리면 그것은 손해보는 신앙입니다. 또한 사이비단체, 이단들과 세상 초등학문으로 가르치는 자들에게 속고 있는 것입니다.

6. 성령님은 사람의 지식이나 지혜로는 해석할 수 없다. 오직 성령 받으므로 깨닫게 되고 그 체험으로 이해하게 되는 것이다.(요 14:26)

① 세상의 학문으로 가르치면서 성령님의 사역을 부인하고 훼방하는 이 들이 적그리스도며 이들은 멀리 있지 않고 우리 가까이에 있다.

불같은 보혜사 성령을 체험하지 못한 사람과 성령님의 사역과 은사 받기를 거부하는 사람은 성령을 거론할 자격이 없는 적그리스도입니다. 성령의 사역을 비방하거나 훼방하는 사람은 잘못된 영을 가진 사람들입니다. 삼위일체 하나님을 부인하는 것이기 때문이며 성경 말씀을 제하여 버리고 성경 말씀을 너무나 모르는 사람들이며 경계해야 할 대상들입니다. 성령의 은사를 부인하는 단체나 사람들은 더욱 잘못된 무서운 적그리스도입니다.(막 3:28~30) 다만 성령 받기를 사모하며 갈망하는 사람은 잘못된 사람이 아니며 계속 성령님을 사모해야 합니다. 잘못된 그 이유로는 성경 말씀을 그대로 믿지 않고 보혜사 성령님을 받아야 한다는 예수님의 말씀을 제하여 버리고 자기들에게 합당하게 이용하기 때문입니다. 또는 삼위일체 하나님을 부인하는 과오를 범하고 있기 때문입니다. 성경에 기록된 그 말씀을 그대로 믿지 아니하면 예수님의 뜻에 위배되므로 잘못된 사람들인 것입니다. 그러므로 예수님을 온전히 믿는 것이 아닙니다.(요 8:51) (계 22:18~19 참조) 자기 자신을 믿으며 지식과 학문으로 예수님을 조금 아는 정도입니다. 이미 나타나 있는 이단과 사이비 단체는 두렵지가 않지만 거룩한 척하며 우리 가까이에서 인간의 지식이나 지혜 학문으로 하나님의 말씀을 해석하는 그 사람들이 잘못된 무서운 적그리스도입니다. 이들은 예수님의 말씀을 온전히 따르지 아니하고 제하여 버리고 자기들의 잘못된 학식과 지식, 지혜로 성경 말씀과 성령을 논하기 때문에 예수님의 뜻과 교훈에 위배되며 어긋나기 때문에 하나님 앞에서 잘못된 사람들입니다. 이들은 하나님의 비밀과 깊은 뜻을 알지 못하며 그들 속에는 육신의 부활을 통해서 천국에 들어간다는 것과 재림예수님과 들림의 역사의 확실한 믿음은 실제로 없고 오직 그들의 잘못된 지식과 지혜 학식만 가득하며 이것들로 예수님을 이해하려 합니다. 예수님을 아는 것과 믿는 것은 많이 다릅니다. 이들의 주장은 본인들의 노력으로 예수님을 믿어야 한다는 것입니다. 예수님은 오직 보혜사 성령님의 인도함으로 성령님의 도움으로 믿는 것입니다. 그러므로 보혜사 성령님을 받아야 하는 이유로는 (고전 2:12~13) 하나님께서 우리에게 은혜로 주신 것들을 알게 하시려고 성령을 주시므로 꼭 받아야 하는 것입니다.

요 14:26

보혜사 곧 아버지께서 내 이름으로 보내실 성령 그가 너희에게 모든 것을 가르치고 내가 너희에게 말한 모든 것을 생각나게 하시리라

② 사람의 학문과 지혜 지식으로는 성령을 알 수 없다.

보혜사 성령 체험이 없거나 확실하지 못한 사람은 자꾸 세상의 학문과 자기의 지식에 의존하려고 해서 사람의 지식으로 쓴 책을 많이 보며 그런 책들의 주인공들을 인용합니다. 이들은 오히려 성령 충만한 사람을 우습게 봅니다.

고전 2:14

육에 속한 사람은 하나님의 성령의 일을 받지 아니하나니 저희에게는 미련하게 보임이요 또 깨 닫지도 못 하나니 이런 일은 영적으로라야 분변함이니라.

뿐만 아니라 요즘은 중보기도를 배워서 기도를 청산유수로 읊어 댑니다. 성경 어디에도 기도를 배워서 한다고 말씀하지 않았습니다. 기도는 성령님께서 인도하는 것이 진짜 기도이며 좀 더 나가면 하나님께서 중보기도자로 세우십니다. 전도, 복음 전하는 것, 중보기도, 배워서 지식으로 하는 것보다는 성령님께서 인도하는 대로 하면 제일 좋은 것입니다. 중보기도 팀이니 중보기도자 교육이네 하며 배워서 읊어 대는 사람들 무슨 제자훈련이니 특별 교육이니 이런데 돈을 써가면서 다니니까, 예수를 믿지 않는 남편이나 아내가 더욱 싫어할 수밖에요. 그러면서 예수 믿지 않는 남편이나 아내를 마귀 취급하니 더욱 멀어져서 결국 다투고 심하면 이혼까지 할 수밖에 더 있겠습니까? 모든 것을 하나님께 맡기시고 부부가 일치되는 믿음으로 믿음생활하는 가정은 하나님의 복 받은 가정입니다. 중보기도는 성령님을 모시어 들이고 성령님께서 인도하시는 대로 기도하면 제일 정확합니다. 중보기도 한다고 자기를 앞세우며 자기의 지혜와 지식을 앞세우며 실제로는 주님은 없고 자기만 있는 것이며 지식으로 기도하며 지식으로 예수 믿으려는 것입니다. 바리새인과 서기관들과 다를 것이 없습니다. 오직 바르게 성령을 체험해 보고 이야기해야 하며, 물론 잘못된 영을 받아서 잘못된 역사를 하는 사람도 많습니다. 성령이 충만한 사람을 보면 무식해 보이는 데가 있습니다. 모든 것을 성령님에게 의존하다 보니 그러합니다. 그러나 지식으로 믿는 사람은 내가 무슨 대학을 나왔느니 성경을 몇 번 읽었느니 이런 것들을 앞세웁니다. 또한 이들은 세상 것에 유식합니다. 유명 인사들의 경력을 보노라면 무슨 경력들이 그렇게도 거창하고 화려한지요. 요새는 박사 목사가 어찌나 많은지 왜 설교할 때 박사 가운을 입어야 하는지 정말 안타깝습니다. 현시대의 목회자들이 일반 서적은 눈에 핏발이 서도록 책을 읽고 설교준비를 하면서 과연 하나님 앞에 어느 정도 무릎을 꿇어 엎드려 하나님의 지혜를 구하는지? 가슴에 손을 얹고 양심에 물어보아야 할 것입니다. 내가 과연 성령의 음성을 들으며 순종하며 영생의 양식을 준비하고 있는지 남의 지식, 남의 체험에서 인용하여 곰팡이 나고 썩어서 먹으면 죽게 만드는 꿀을 제조하고 있지는 않은지 물량주의, 실적주의, 세속주의에 영생의 복음을 다 도둑맞았는지? 박사(博士) 가운을 입고 설교하는 목사님들께서는 하나님 앞에서 자신이 박사라고 할 수 있는지? 정말 존경받는 박사인지? 박사 학위가 백 개라도 성령 충만한 무식한 한사람 보다 더 초라하게 보입니다. 그 이유는 성령 충만해서 박사된 "성령 충만 박사"는 없으니까요. 차라리 성령 충만 하자는 표시로 성부 성자 성령의 세 줄이 있는 가운을 입으면 이해가 될 것 같으나 자기들이 공부를 많이 했다는 표시로 세줄 있는 가운을 입고 설교하는 것은 정말 보기가 좋지 않습니다. 박사 가운보다는 그냥 순수한 가운이면 얼마나 보기에도 좋습니까? 또한 박사가 왜 필요합니까? 하나님의 명령으로 심부름하고 성령님께서 가르치는 대로 따르는 사람들이 진짜 박사가 아니겠습니까? 성경 말씀에 하나님께서 나의 복음을 전하는 종들을 박사라고 칭하노라 이들은 자기들이 노력해서 아는 것도 많고 학식이 풍부하니 목사 박사니라 이런 말씀은 어디에도 없습니다. (博士란 넓을 박, 선비사 : 대학에서 수여하는 가장 높은 학위. 비슷한말 = 많이 배운 사람. 많이 아는 사람)

③ 성령의 은사를 무시하거나 훼방하면 잘못된 신앙이다.

예수님께서 승천하시기 직전에 하신 말씀이 내가가면 보혜사 성령님을 우리에게 보내시어 우리를 가르치고 인도 하실 것이라고 하셨는데(**요 14:26, 고전 2: 12~13**) 왜 성령을 거부하는 것인지? 성령의 사역을(은사) 거부하거나 부인하는 것은 말씀을 제하는 것이며 잘못된 것입니다.(**고전 2:14**) 어떤 분의 이야기입니다. 신대원을 졸업하고 부교역자로 사역을 하려고 좀 큰 교회에 면접을 보러가니 그 담임목사님이 방언기도를 하냐고 질문을 해서 한다고 하니 우리 교회는 방언기도 하는 사람은 쓰질 않는다고 해서 돌아왔다고 하는 이야기를 들었습니다. 성령의 역사를 부인하는 이런 목회자들은 세상의 초등 학문으로 목회하는 목회자이거나 아직 하나님의 말씀을 깨닫지 못한 설익은 목회자들일 것입니다. 아무리 큰 교회 아무리 큰 교단 아무리 큰 단체일지라도 성경 말씀을 변절시키고 세상의 학문과 지식의 방법으로 하나님을 섬기려 하는 것은 매우 잘못된 것입니다. 또한 말씀을 적어서 땅에 묻거나 회개한다고 회개 할 내용을 적어서 불에 태우고 하는 방법들은 귀신들이 하는 방법입니다. 대단히 잘못된 행동들입니다. 하나님의 말씀에서 제하거나 더하거나 하는 것은 잘못 전하는 사람들입니다. 그 죄의 대가는 엄청납니다. 성령 부인 죄와 성령 훼방 기타 등등(막 3:28~29, 계 22:18~19) 신약 성경 전체에 위배되는 사람들입니다. 또한 마 23장에 기록된 서기관이나 바리세인에 해당되는 사람들입니다. 어떤 이유에서 라도 성령님의 역사인 은사를 부인하거나 귀신의 방법으로 모방하면 잘못된 것입니다. 신약성경 말씀 전체에 위배되며 그런 사람들은 거룩한 척하며 자기들의 학식으로 유혹하기 때문에 드러난 이단 집단보다 더 무서운 사람들입니다. 물론 은사받았다고 하며 예언한다. 병 고친다 능력 행한다 하는 사람들 중에 사단의 영을 받아서 잘못된 사람들도 많이 있습니다만 전부는 아닙니다. 일부 사람들이 마귀와 귀신의 미혹을 받아서 그러는 것입니다. 그것을 가지고 전체를 잘 못된 것처럼 생각하거나 말하는 것은 옳지 않습니다.

7. 성령님의 음성을 들어라. 그리고 분별하라.

① 성령 받은 우리는 성령의 음성과 마귀의 음성을 분별 할 줄 알아야 한다.

성령을 체험해도 마귀의 음성은 성령의 음성인양 계속 들려 옵니다. 성령 받은 사람들이 분별력이 없어서 마귀의 음성을 듣고 성령의 음성인 줄 알고 많이 속고 있습니다. 확실한 영분별의 은사를 받아야 합니다. 분명 성령님을 받아 드리고 성령의 역사도 있었는데 얼마 후 보니 성령의 역사가 아니고 마귀에게 미혹 당해서 마귀의 종노릇 하고 있는 사람들을 우리 주위에서 얼마든지 볼 수 있습니다. 그러니 성령님께서는 탄식하십니다. 성령님이 내 속에 충만해지면 마귀는 약해지고 마귀의 세력이 강해지면 성령님의 사역이 적어집니다. 성령의 음성을 듣던 지 마귀의 음성을 듣던 지 선택할 권리는 본인에게 있습니다.(신 30:15, 19) 이 경우는 성령 받은 사람의 예입니다.(롬 7:20~25) 성령의 음성과 마귀의 음성을 분별하는 방법은 여러 가지가 있겠으나 몇 가지만 예를 든다면 먼저 성령의 은사로 확실한 영분별의 은사가 있어서 영들을 분별하면 제일 좋은 방법이며 성령의 음성이 내속에서 들려옵니다. 어떤 때는 밖에서 우아하게 평화롭게 기쁨으로 들려옵니다. 타산적이거나 계산적이질 않습니다. 기쁨이 넘칩니다. 예를 들면 아브라함에게 이삭을 제물로 바치라고 할 때 이삭 대신 양이 예비되었다고 말씀하지 않았습니다. 이와 같습니다. 그 외에도 여러 가지 방법으로 혹은 꿈에서나, 또는 환상으로 말씀으로 사람을 통해서 역사하십니다. 또는 기도 중에 성령님과 대화하는 것이 제일 확실합니다. 그러나 마귀는 그렇지 않습니다. 마귀의 음성은 아주 다정하며 솔깃하고 음침합니다. 계산적이고 타산적이고 목표와 방법을 뚜렷하게 제시하며 말합니다. 예를 들면 이러이러 하니까 이러 하다고 귓전에서 속삭입니다. 명목이 뚜렷하며 계산적인 답이 제시됩니다. 뱀이 하와를 유혹할 때와 꼭 같은 방법을 사용합니다. 마귀는 하와에게 선악과를 먹으면 눈이 밝아져서 하나님처럼 된다고. 뚜렷하게 결과를 말하고 거짓 답을 가르쳐 줍니다.(창 3:4~7)

이 방법에 많은 사람들이 미혹되지만 그것을 깨닫지 못하고 계속 미혹당하며 마귀에게 속아서 마귀의 음성이 성령의 음성이라고 착각하기 때문에 깨닫지 못합니다. 이런 사람들이 마귀의 음성을 들어서 예언한다고 병 고친다고 하는 잘못된 예수 점쟁이 노릇을 합니다. 마귀가 저 사람을 넘어뜨려야 겠다고 정하면 당할 수밖에 없습니다. 그러므로 마귀의 표적이 되지 않도록 깨어서 쉬지 말고 기도해야 합니다. 오늘날 제일 문제되는 것은 성령님의 가르침을 무시하고 사람의 학문으로 하나님의 말씀인 성경을 대하며 또한 은사받았다고 분별없이 예언하고 심지어는 살찐 사람을 안수해서 살을 빼준다는 이런 사람은 잘못된 경우입니다. 너무 잘 먹어서 살이 찐 것을 말입니다. 성경 어디를 봐도 예수님께서 살찐 것을 빼 준 기록은 없습니다. 예수님을 바로 알지 못하는 사람들입니다. 살 빼는 것은 적게 먹으면 치료되는 것입니다. 하나님께서 성령의 은사를 우리에게 주시는 것은 복음인 하나님의 말씀을 전하라고 주시는 것이지 엉뚱한 점쟁이 노릇하고 병 고치는 의사 노릇하라고 성령을 주시지는 아니 합니다. 그러므로 하나님의 말씀으로 돌아가야 합니다. 성경 말씀을 깨닫고 성령의 음성을 들으며 성경 말씀에 순종하여야 하나님의 뜻에 합당한 것입니다.

8. 성령님께서는 우리를 마귀에게 시험 받게 한다.
(마 4:1~11)

① 예수님께서도 보혜사 성령을 받으시고 마귀의 시험을 받습니다.

예수님께서 인성을 가지시고 이 땅에 오셔서 우리가 해야 할 일 들을 하나하나 모범을 보이셨습니다. 가난한 목수 가정에서 목수를 하면서 생활했고 또한 예수님께서 세상의 지식이나 학문이나 세상의 지혜가 많았다고 하는 말씀은 없습니다. 우리들의 본이 되시려고 가난한 생활을 하시며 평민으로 이 땅에 오셔서 우리들의 신앙생활은 오직 성령의 사역으로 이루어진다는 것을 직접 보여 주신 것입니다.

예수님께서는 ① **물세례를 받고** ② **성령을 받고** ③ **마귀의 시험을 받으나 하나님의 말씀으로 물리치시고** ④ **병을 고치시고** ⑤ **복음을 전하시고** ⑥ **성령의 역사하심을 보이시고 우리의 본이 되신 것입니다.**

예수님은 성령님께서 비둘기같이 임하시는 것을 사람들에게 보여 주시고 나서 복음을 전하시고 사역을 시작하십니다. 마귀를 이길 수 있는 방법은 하나님의 말씀과 기도와 성령 충만하는 방법뿐이기 때문에 그렇게 하셨으며 성령받고 나면 성령님께서 기도하도록 인도하십니다. 그 단계까지는 가야 합니다. 보혜사 성령님께서 인도하시는 기도는 기도의 능력이 나타납니다.

② 보혜사 성령님께서는 우리를 마귀에게 시험받도록 인도하십니다. (마 4장 마귀가 예수님시험)

독수리가 새끼를 강하게 키우는 방법과 비슷한 원리입니다. 우리를 주님의 군병 용사로 키우려면 마귀들과 대적해야 경험과 실전으로 인해서 강한 하나님의 일꾼, 용사가 되고 환난과 고통 속에서 견디어 내기 때문입니다. 보이는 마귀나 귀신들을 물리치고 나면 기분이 아주 상쾌해지고 시원합니다. 그러나 은사받았다고 하며 잘못된 점쟁이 노릇하는 사람들 대부분이 성령받고 나서 마귀의 시험을 이기지 못하고 마귀의 음성을 듣고 마귀와 타협해 버립니다. 이것은 성경말씀을 잘 모르기 때문에 마귀에게 속는 것이며 전적으로 성령님에게 의존하지 못하기 때문이기도 합니다. 성경 말씀 위에 굳게 서면 마귀의 어떤 시험도 이길 수 있습니다. 성경 말씀 위에 굳게 선다는 것은 두 가지가 있습니다.

첫째는 지혜의 말씀 은사를 받아서 성령님의 인도함을 항상 받는 것이고 둘째는 성경말씀을 열심히 보거나 성경공부 연구를 많이 해서 성경말씀의 지식을 터득 하는 것입니다.

③ 적을 알고 나를 알면 백전백승이라는 말이 있듯이 우리도 마귀의 정체나 미혹하는 방법을 알면 물리치기가 쉽습니다. 사단 마귀는 어리석고 멍청합니다. 수천 년 전에 아담과 하와에게 쓰던 방법을 지금도 쓰고 있으니까요. 물론 사람은 마귀보다 더 어리석지만…, 마귀가 똑같은 방법으로 미혹하는 그 방법에 속아 넘어 가고 있습니다. 또한 마귀의 시험 중에 가장 고통스러운 것은 제일 가까운 사람인 집안사람 들을 통해서 역사 하는 것이 제일 무섭습니다. 마귀가 역사하는 것을 알면서도 어찌지를 못하고 당할 때가 많습니다. 또는 교회 임직자나 목회자를 통해서 마귀가 역사하는 것 또한 고통 스럽습니

다. 그래서 보혜사 성령님의 도움을 받아야 마귀를 이길 수 있는 것입니다. 성령님께서는 우리가 마귀에게 이길 수 있도록 인도하고 가르치고 이기는 방법이 생각나게 하십니다. 또는 적절한 성경 말씀이 생각나게 하셔서 말씀으로 물리치게 하십니다.

9. 성령 훼방 부인의 죄

(마 12:31~32, 막 3:28~29, 히 10:29)

① 불같은 보혜사 성령받기를 부인하며 훼방하는 것은 삼위일체인 하나님과 예수님 성령님을 부인하는 것입니다. 이는 적그리스도 입니다. 또한 성령님의 신성을 모독(훼방) 하는 것입니다.

막 3:28~29

사람의 모든 죄와 모든 모독하는 일은 사하심을 얻되 누구든지 성령을 모독하는 자는 사하심을 영원히 얻지 못하고 영원한 죄에 처하느니라.

보혜사 성령님을 부인하면 예수님께서 성령으로 잉태하여 이 땅에 오신 것을 부인하는 것이 됩니다. 또한 예수님께서 승천하실 때에 보혜사 (요 14:16, 요 14:26, 요 15:26, 요 16:7) 성령님이 오셔서 모든 것을 가르치고 예수님을 증거하실 것이라고 말씀하시고 예수님께서 승천하시므로 보혜사 성령님께서 오셔서 죄와 의에 대하여 판단하고 책망하시고 가르치고 인도하시고 도우시고 마귀와 싸우도록 능력 주시고 영안을 열어서 보게 하시고 귀를 열어 성령의 음성을 듣게 하시며 모든 것을 인도하시고 생각나게 하시고 계시는데 이것을 거절하는 것이 됩니다.

요 16:13

진리의 성령이 오시면 그가 너희를 모든 진리 가운데로 인도하신다 하고 장래 일을 너희에게 알린다고 하십니다.

보혜사 성령의 은사와 성령의 사역을 부인하는 지도자나 신자들은 자기들이 불같은 보혜사 성령의 체험이 없고 자기들의 학문이나 지식으로 하나님을 이해하고 보혜사 성령을 해석하기 때문에 교회 나가면 그냥 성령받았다고 합니다. 이런 사람들은 **행 18장 24절~19장 6절**과 아볼로에 대한 말씀과 **행 8장 12절~17절** 빌립에 대한 말씀과 또한 사도들도 3년 동안 직접 예수님을 따라 다녔지만 성령은 알지 못하고 육신적인 것만 알았던 것과 같은 수준입니다. 예수님을 믿으면 예수님의 말씀을 그대로 받아드려야 하는데 어찌된 것인지 사람들은 제일 중요한 보혜사 성령 세례와 보혜사 성령의 사역을 실제로는 부인합니다. 이것은 예수님을 믿는 것이 아니라 자기들의 학문 지식을 믿는 것이고 그 학문 지식으로 마치 예수님 전부를 아는 것처럼 행동하기 때문에 이것은 사단에게 유익되게 하는 것이며 예수님의 말씀 을 무시하는 행위입니다. 우리들은 예수 믿음으로 구원을 받는다고 믿고 있습니다. 맞습니다. 오직 예수 믿음으로 영혼 구원을 받습니다. 육신의 구원은 예수 믿고 행함으로 구원을 받습니다. 이 두 가지가 일치됨으로서 완전한 구원입니다. 그럼 예수 믿는 것이 무엇입니까? 예수님의 말씀하신 것을 믿고 지키고 따라야 예수를 믿는다고 할 수가 있지 않습니까? 예수님의 말씀을 무시하면 예수 믿는 것이 아닙니다. 성령을 체험하고도 충만하지 못하여 성령을 부인하는 사람들과 같이 행동하며 모든 것을 하나님에게 맡기지 못하여 세상의 학문이나 자기 지식과 지혜로 목회하는 사람도 많은 시대입니다. 이런 사람들 전부가 다 성령 부인이나 훼방죄에 해당됩니다. 그래서 함부로 목회자가 되려고 하지 않는 것이 본인에게 이롭습니다.

10. 성령의 9가지 은사 (고전 12:4~11)

4절 은사는 여러 가지나 성령은 같고
5절 직임은 여러 가지나 주는 같으며
6절 또 역사는 여러 가지나 모든 것을 모든 사람 가운데서 역사하시는 하나님은 같으니
7절 각 사람에게 성령의 나타남을 주심은 유익하게 하려 하심이라
8절 어떤 이에게는 성령으로 말미암아 지혜의 말씀을 어떤 이에게는 같은 성령을 따라 지식의 말씀을
9절 다른 이에게는 같은 성령으로 믿음을 어떤 이에게는 한 성령으로 병 고치는 은사를,
10절 어떤 이에게는 능력 행함을 어떤 이에게는 예언함을 어떤 이에게는 영들 분별함을, 다른 이에게는 각종 방언 말함을 어떤 이에게는 방언들 통역함을 주시나니
11절 이 모든 일은 같은 한 성령이 행하사 그 뜻대로 각 사람에게 나눠 주시느니라

성령의 9가지 은사에 대해서는 여러 가지 의견들이 있습니다. 특히 9가지 은사를 부인하는 사람들이 많습니다. 이런 사람들은 세상의 초등학문과 자기들의 지식 지혜로 예수님을 믿겠다는 잘못된 믿음의 소유자들이며 은사의 체험이 없거나 있어도 소멸하고 미혹의 영으로 인해서 잘못 받은 사람들입니다. 하나님께서 주시는 은사를(선물) 거부하는 사람은 누구든지 잘못된 사람들입니다. 이들이 세상의 학문 지식으로 예수님을 믿으려는 사람들이며 하나님의 말씀을 잘못 이해하는 사람들입니다. 하나님의 말씀을 이해하는데 있어서는 단순해야 합니다. 그래서 세상 적으로 무식한 사람들이 말씀을 잘 깨닫습니다. 단순하고 순진해서 성령님의 사역을 의지하니까요. 학문이나 지식이 많은 이들은 성경 말씀을 제하거나 더하는 사람이 되기 쉽습니다. 또한 성경말씀을 무시하는 사람이 될 수 있고 자신도 모르는 사이 삼위일체 하나님을 부인하는 믿음을 가질 수 있습니다. 그러나 이 귀중한 선물인 은사를 받고도 잘못 사용해서 마귀의 일을 하는 사람도 많습니다. 은사는 복음인 하나님의 말씀 전할 때와 사람을 깨우치는 데와 예수님 증거를 위해서 사용을 해야 하는 데도 자기의 어떤 욕심을 채우려 하고 자기의 권위를 세우는데 잘못 사용할 때가 있습니다. 하나님께로부터 거저 받았으면 거저 주어야 하는데 하나님의 말씀에서 떠나서 하나님이 주신 은사를 이용해서 물질을 탐하는 자도 있고 의사처럼 병 고친다고 나서는 사람, 점쟁이처럼 예언 한다고 나서는 사람, 귀신 쫓아 낸다고 나서는 사람 별의별 사람들이 다 있습니다. 이런 사람들 중에 일부는 이미 보혜사 성령님은 떠나고 그 속에 미혹의 영이 가득 차 있습니다. 은사들은 복음 전하는데 사용해야 하며 복음을 위해 필요한 때를 따라서 성령이 충만할 때 역사하는 것입니다. 그러므로 은사에 너무 집착하지 않는 것이 유익하며 필요에 따라서 주실 때에만 하나님 은혜로 기쁨으로 받아서 행하시면 됩니다. 어떤 때는 은사의 나타남의 충동을 느낍니다. 이 은사들은 사람의 마음대로 24시간 계속 역사하는 것이 아닙니다. 어떤 사람들은 하루에 몇 명에게만 예언한다고 정해 놓고 예언을 하는 사람도 있고, 병 낫게 한다고 사람을 모아서 점쟁이처럼 행동하는 이런 사람들은 주의 깊게 살펴보아야 하며 대부분 잘못된 위험한 사람들입니다. 또한 자기에게 어떤 은사가 주어져서 역사하는지도 잘 모르고 있는 사람도 많습니다. 음성으로 성령님께서 직접 알려 주시는 경우도 있지만 그렇지 않은 분들도 있습니다. 이런 분들은 귀신들린 자를 보면 붙들고 기도하면 귀신이 나갈 것 같은 충동을 느끼고 병자를 보면 붙들고 기도하고 싶은 분 방언을 말할 때 한국말로 들리든지 해석이 되는 사람 성경을 보면 깨달아지는 사람 성경 말씀에 어디에 어떤 말씀이 있는지 자꾸 생각나는 사람 예언하고 싶은 사람 등등 이런 사람은 그 분야의 은사가 임했다고 봐야 하나 마귀도 이때를 노리기 때문에 조심해야 합니다. 9가지 은사보다 먼저 알아야 할 것은 하나님의 말씀인 성경입니다. 많은 사람들이 은사를 받으면 성경 말씀은 제쳐놓고 그 은사에 집착하다 보니 마귀가 그것을 노려서 결국 마귀에게 잡혀 버리는 예가 많습니다. 모든 은혜와 은사는 성경 말씀에 준해서 행해져야 합니다. 하나님의 은사는 성령 받으므로 하나님께서 하나님의 자녀 또는 백성 됨을 증표로서 선물로 주시는 것입니다. 그러므로 예수님 승천 이후로는 성령 받지 못한 사람은 예수님의 제자 또는 하나님의 사자 종의 자격이 없는 것입니다. 성령의 거듭남이 없는 사람들은 예수님을 지식으로 조금 아는 정도에 불과합니다.(아볼로, 빌립, 성령 받기 전 사도들 기타 많은 사람들)

① 지혜의 말씀 은사(고전 12:8)

(성령님께서 지혜를 주시므로 말씀을 빨리 깨닫고 말씀을 정확하게 이해하는 능력)

> **8절 어떤 이에게는 성령으로 말미암아 지혜의 말씀을**

지혜의 말씀을 누구나 다 주신다는 것이 아닙니다. 9가지 은사 중 방언의 은사 외에는 다 그렇습니다.(방언의 은사는 원하는 모두에게 주심. 하나님과 대화의 통로이기 때문) 특히 지혜의 말씀의 은사를 받는 사람은 많지 않습니다. 지식의 말씀의 은사와 함께 받으면 좋으나 그렇게 받는 경우도 매우 적습니다. 지혜의 말씀의 은사를 받고 나면 어떤 변화가 오는가를 많은 사람들은 잘 모릅니다. 지혜의 말씀의 은사를 받고 나면 성경 말씀이 깨달아집니다. 성경 어느 곳을 보아도 이 말씀은 무슨 뜻에서 이렇게 기록이 되었구나! 깨달아 집니다. 그런데 어떤 분들은 지혜의 말씀의 은사가 세상 생활하는데 지혜를 주는 것이라고 합니다. 잘못 알고 있는 것입니다. 그것은 지혜의 은혜이며(솔로몬에게 주셨던 은혜) 지혜의 말씀 은사가 아닙니다. 지혜의 말씀 은사를 못 받은 사람의 생각인 것입니다. 일상생활에 지혜를 주시는 것은 우리가 성령 충만하면 성령님께서 그때그때 인도하고 가르치기 때문에 지혜롭게 행할 수 있습니다. 그것과 지혜의 말씀은 다른 것입니다.

그래서 지혜의 말씀 은사는 하나님 말씀을 지혜롭게 깨닫게 하는 은사인 것입니다. 지혜의 말씀 은사를 받은 분들의 설교나 말씀증거를 들어보면 잘 알 수 있습니다. 성경해석이 시원하고 성경 말씀에 근거해서 말씀을 전하며 능력과 진리가 나타납니다. 그 이유는 보혜사 성령님께서 인도하시기 때문입니다 그러므로 솔로몬에게 주신 지혜와 지혜의 말씀 은사는 다른 것입니다. 지혜의 말씀 은사를 받으면 하나님의 말씀이 너무 좋아서 성경책을 항상 가까이 하며 모든 것을 하나님 말씀에서 찾으려고 하며 하나님 말씀으로 남에게 유익을 주며 깨닫게 합니다. 하나님과 사람 사이에서 성경 말씀으로 다리가 되게 합니다. 세상 것에 흔들리지 아니 합니다. 무슨 일이든지 보혜사 성령님께서 생각나게 하므로 성경 말씀에서 답을 찾습니다. 말씀을 그대로 믿고 따르기 때문에 마귀들이 무서워 하는 것입니다. 예수님께서도 마귀의 시험을 말씀으로 물리치신 것입니다. 그러므로 너무 좋은 은사입니다. 지혜의 말씀의 은사를 받은 분은 하나님의 특별한 사명이 있는 사람입니다. 또한 성령님의 인도함을 받는 사람이고 사람과 예수님 사이에 다리의 역할을 할 수 있는 중요한 사명 자입니다. 하나님께서 선택하여 세운 신령한 자입니다. 지식의 말씀 은사와 함께 받으면 더욱 좋습니다. 그러나 두 가지 은사를 함께 받은 은사자는 극히 드문 일입니다. 그리고 성경 말씀을 학식으로 또는 잘못 전하는 사람을 당장 알아 볼 수도 있는 중요한 은사입니다. 또한, 지혜의 말씀의 은사자는 성경만 가지면 원고 없이 어느 때에라도 그 이치에 합당한 말씀을 전할 수 있습니다. 성령님께서 생각나게 해주시니까 그러합니다. 목회하시는 목사들에게 꼭 필요한 은사이지만…, 지혜의 말씀 은사는 은사 중에서 최고의 은사입니다.

② 지식의 말씀 은사(고전 12:8)

(성령의 지식으로 성경 말씀의 지식을 줍니다. 성경 말씀을 많이 압니다.)

> 8절 어떤 이에게는 같은 성령을 따라 지식의 말씀을

지식의 말씀 은사도 지혜의 말씀 은사와 비슷합니다.

지혜의 말씀 은사는 성경 말씀을 깨닫게 하는 은사지만 지식의 말씀 은사는 성경지식을 더하여 줍니다. 우리 주위에서 지식의 말씀 은사를 받은 분은 많으나 이분들의 말씀을 들으면 성경지식은 있으나 성경을 해석하는 지혜가 없어서 잘못하면 엉뚱한 해석을 하며 성경 몇 장 몇 절에 무슨 말씀이 있고 이런 식으로 성경 찾다가 시간 다 보내 버립니다. 지식의 은사를 적절하게 사용 못해서 그런 것입니다. 그러나 마귀를 상대하는 대는 많은 도움이 됩니다. 지식의 말씀 은사도 마귀가 두려워 합니다. 마귀의 시험 때 성경 말씀으로 물리칠 수 있는 은사이기 때문입니다. 아홉 가지 은사 중에서도 하나님의 말씀이 우선이기 때문에 지혜의 말씀 지식의 말씀 은사를 먼저 두시는 것입니다. 그러므로 모든 은사가 말씀에 의해서 이루어져야 합니다. 지혜의 말씀 은사와 함께 받으면 더욱더 좋습니다. 말씀의 지혜 지식 이 두가지 은사자는 하나님의 말씀을 전할 큰 사명이 있는 사명자입니다. 말씀을 적당히 배워서 조금 아는 그들과는 비교할 수 없는 은사입니다. 이 두가지 은사가 있는 분들은 많은 일을 하게 됩니다.

③ 믿음의 은사

(성령의 은혜로 믿는 마음이 강렬 하여서 보통 믿음과 달리 무조건적인 믿음을 소유함)

9절 다른 이에게는 같은 성령으로 믿음을

믿음의 은사는 초능력의 은사입니다. 믿음의 은사를 받고 나면 하나님의 말씀이 그대로 믿어지며 다른 은사를 받는데 기초가 되며 믿음의 은사를 받은 그 날부터 육신이 연약하여 죄를 범하여도 오로지 하나님만을 의지하게 됩니다. 우리가 보통 예수님을 믿는 그런 정도가 아닙니다. 상상할 수 없는 큰 기적이 나타납니다. 이 믿음의 은사는 기적의 은사입니다. 믿음의 은사는 능력 행함, 영들 분별함, 예언함, 병 고침, 모든 은사의 기본이 되는 것입니다. 다른 은사도 좋지만 이 믿음의 은사를 받으면 다른 은사를 받을 때와 능력 행하는데 많은 도움이 됩니다. 신령한 은사가 다 이 믿음의 은사로서 시작됩니다. 믿음의 은사는 투시와 영분별, 능력 행함, 예언, 병 고치는 은사의 기초가 되는 것입니다. 성령의 은사를 체험하고도 그 은사를 살리지 못하고 은사를 부인하는 사람들과 어울리는 신도들은 대부분이 믿음의 은사가 없고 사람의 능력으로 예수님을 믿으려 하기 때문입니다. 믿음의 은사야 말로 우리들의 신앙생활에 기초가 되며 권능과 능력의 은사를 받는대 아주 중요한 은사입니다. 그러므로 꼭 받아야 할 은사입니다. 그리고 믿음의 은사자는 하나님께서 세우신 영적 기도자입니다. 또한 우리가 예수님을 믿는 모든 기본은 믿음 안에서 시작되는 것입니다. 구원 소망 행실 모든 것은 믿음으로 되는 것이지 그 어떤 것으로도 되는 것이 아닙니다.

④ 병 고치는 은사 (신유)

(성령님께서 함께 하시므로 병을 물리 칠 수 있는 능력을 가짐)

> 9절 어떤 이에게는 한 성령으로 병 고치는 은사를

병 고치는 은사를 받으면 먼저 영분별의 은사도 있어야 합니다. 아픈 사람이 무엇 때문에 왜 아픈지를 먼저 분별해야 합니다. 하나님께서 그 사람을 통해서 영광을 받으시려고 허락하신 병이 있고 (요 11:4, 막 5:25~34) 마귀, 귀신이, 주는 병이 있으며, (눅 4;38~39, 눅 13:32) 자신의 번뇌와 몸 관리의 소홀로 인해서 얻어지는 병이 있습니다. (막 2:5, 10, 눅 5:24, 약 5:15) 이런 것들을 분별하여서 물리쳐야 합니다. 무턱대고 물러가라고 고함을 질러 대면 어렵습니다. 좀 낫는 척 하다가는 재발합니다. 영분별의 은사가 강하게 역사하는 분은 영의 세계로 들어가서 영들을 분별하여 이 병은 물러 갈 것인지 아니면 본인이 회개하며 기도해야 될 지를 분별하여서 물리칩니다. 이 방법은 영적으로 깊이 성령님과 동행하는 사람이고 예수님께서도 이 방법을 많이 사용하셨습니다.(요 4:44~53 참조) 평범한 행함은 사람이 보는 앞에서 기도하여 고치는 은사자도 있습니다. 또한 성령님께서 먼저 고쳐 주시고 음성이나 계시로 선포하라고 지시하는 수도 있습니다. 예수님께서 성령 받으시고 마귀시험을 이기시고 제일 먼저 하신 사역이 병고치고 귀신 들린 자들에게서 귀신을 쫓아내는 일을 하셨습니다. 그 이유는 인간은 표적과 이적을 보아야만 하나님을 믿기 때문입니다. 병 고치는 은사도 아무에게나 주시질 않습니다. 사명이 있는 사람에게 주어서 병을 고치므로 복음이 전파되게 하시는 것입니다. 그런데 요즘은 병 고치는 은사도 배워서 하는 세상이 되었습니다. 병 고치는 은사는 배워서 하는 것이 아니고 하나님께서 주시는 은사로 행하는 것입니다. 그렇게 남이 받은 은사를 흉내 내지 말고 직접 하나님께로부터 은사를 받아서 행해야만이 제대로 고쳐지는 것입니다. 자기에게 주어진 은사를 알고 행하며 자기에게 주어지지 않은 은사는 흉내 내지 말아야 합니다. 물론 하나님을 믿는 사람 누구든지 간절히 기도하면 병이 낫는 경우도 있습니다. 이것은 병 고치는 은사와는 다른 것입니다. 병 고치는 은사를 받은 분들은 병을 고치므로 복음을 전파하고 하나님의 영광을 나타내시는 사명자인 것입니다. 그러므로 기도해서 병을 고쳤다고 전부가 병 고치는 은사를 받은 것은 아닙니다. 특히 우리가 주위해야 할 것은 사단 마귀 귀신도 병을 고친다는 것을 꼭 알고 병 고치는 것이 미혹의 영으로 사단의 속임수인가 성령의 은사인가를 꼭 분별해야 합니다. 그러므로 영분별의 은사가 꼭 있어야 합니다. 귀신 점쟁이도 병을 고치고 귀신을 쫓아냅니다.

⑤ 능력 행함의 은사

(성령님의 함께 하시므로 마귀 귀신 악령을 물리치는 능력의 힘)

10절 어떤 이에게는 능력 행함을

능력 행함의 은사는 영안이 열려서 환상을 볼 수 있어야 하며 마귀 귀신 악령들과 대화를 할 수 있어야 하며 마귀 귀신 악령들의 음모를 알고 그 정체를 볼 수 있어야 물리칠 수 있습니다. 또한 믿음의 은사와 영분별 함의 은사가 있는 분들이어야만 행할 수 있는 은사입니다.

능력 행함의 은사가 있으면 귀신과 대화도 되고 가만히 있어도 귀신이 무서워 하고 두려워 합니다. 영적으로 그들의 정체를 볼 수 있기 때문입니다. (막 1:23~34, 막 3:11, 눅 8:26~35) 또한 그 누구도 알 수 없게 영적으로 소리 없이 귀신에게 명령하여 물리치는 방법이 있습니다. 이 방법은 영적으로 성령님과 깊은 교제가 있는 분이고 외부적으로 큰 소리로 혹은 적은 소리로 물리치는 방법은 평범한 방법입니다. 이 또한 영분별의 은사와 믿음의 은사가 있어야 행할 수 있습니다. 병 고치는 은사 능력 행함, 은사 예언의 은사 이들은 믿음의 은사와 영분별의 은사가 있는 분이라야 확실합니다. 성령님이 함께 하여야만 귀신이 무서워 하기 때문입니다. 오직 성령님의 능력을 믿음으로 나타내는 은사인 것입니다.

그래서 믿음의 은사와 영 분별함의 은사가 없는 분은 능력 행함을 행하기가 어렵습니다. 종종 보면 더러운 귀신이나 미혹의 영 마귀들이 교육자나 장로님 권사님 집사님들을 우습게 보는 것을 볼 수 있습니다.

내가 목사인데 하며 자만하면 낭패를 당할 수 있습니다. 이것은 능력 행함의 은사와 영 분별함의 은사, 믿음의 은사가 없는 분들이 함부로 귀신을 다루려고 하다가 창피를 당하는 것입니다. 성공적인 목회를 하는 분이라도 믿음의 은사와 능력 행함의 은사가 없는 분들은 귀신 들린 사람을 다루려고 하지 말고 자기에게 있는 은사만을 행하는 것이 좋습니다. 내가 목사인데, 하는 자존심 때문에 귀신 들린 자를 함부로 다루려고 하다가 낭패를 당합니다. 왜냐하면 귀신이 먼저 그 사람에게 있는 은사를 알기 때문입니다. 그런 은사를 받지 못했다고 부끄러운 것은 아닙니다. 그런데 흔히들 있는 일이지만 교회 평신도에게 이런 은사자가 나오면 목회자들은 자존심 때문에 그 사람을 잘못된 것처럼 다루고 자기가 목사인데 자기에게 없는 은사는 교인에게도 없어야 한다고 착각하며, 하나님은 목회자 자기들을 통해서 교인들에게 역사하신다고 하는 교만함에 사로잡힌 목회자들을 볼 수 있습니다. 이런 목회자들의 주장은 교회 안에서는 모든 능력이 목사를 통해서 역사한다는 잘못된 믿음을 가진 목회자들입니다. 또한, 잘못된 착각을 하는 목회자들의 주장입니다. 이런 귀한 은사자가 나오면 목사 체면 생각지 말고 잘 인도해서 그 은사를 백분 발휘하도록 성경 말씀 안에서 도와야 합니다. 그것이 여러 사람들에게 도움이 됩니다. 또한, 바른 목회입니다. 잘못 받아서 물의를 일으키는 예도 종종 많이 있습니다. 그래서 목회자는 영 분별함의 은사가 꼭 필요한 것입니다. 영 분별함의 은사가 없어서 곤란할 때는 그 사람의 주의를 살펴보면 알 수 있습니다. 능력 행함이나 병 고치는 것이나 예언함이 방정스럽고 이기적이고 불안하며 물질을 은근히 요구하며 자기 말을 듣지 않으면 낭패를 본다는 식으로 불안을 조성하는 사람을 볼 때는 의심해야 합니다. 또한 그 사람의 주위에 처한 환경들을 살펴보아야 합니다. 가정이 복잡하고 질서가 없는 사람 대인관계가 복잡하고 신용이 없는 사람 물질관계가 복잡하고 거짓말을 잘하는 사람 가족 중에 점쟁이나 이런 비슷한 사람이 있는 사람 부부가 화합 하지 못하고 이혼한 사람 남편이나 아내가 예수를 믿지 않은 사람 이런 사람들은 한번쯤 경계를 해야 합니다. 특히 성격 차이라든가 물질관계 기타 여러 가지 조건으로 이혼한 사람들 또는 재혼의 경험이 있는 이런 분들은 하나님께서 도구로 사용하시기가 어렵습니다.(고전 7:10~16) 그러므로 이런 분들이 은혜 받았다고 사역자로 나서서 집회를 하고 또한 신학을 해서 목회를 하는 것은 잘못된 것입니다. 부부 중 한 사람이 부정한 행위이나 혹은 죽음으로 혼자되어 재혼하지 않고 혼자 살며 열심히 기도하시는 분들은 하나님께서 들어 역사하시는 것을 볼 수 있습니다. 그러나 성격 재산 여러 가지 문제로 이혼하고 재혼한 사람은 하나님께서 사용하시지 아니 합니다. 자기의 이기심 때문에 이혼했기 때문에 하나님 보다 자기가 먼저이며 또한 육신의 정욕을 참지 못했고 승리하지 못했기 때문이며 성경말씀에 위배되었기 때문에 그렇습니다. 그렇다고 구원이 없다는 것은 아닙니다. (막 10:1~12, 고전 7:10~11 참조) 여기서 꼭 알아야 할 것은 마귀도 문제를 해결해주고 병을 고칠 수 있다는 것입니다. 또한, 성령의 여러 가지 은사는 우리가 사모한다고 아무에게나 무조건 주시는 것이 아닙니다.(고전 12:11, **이 모든 일은 같은 한 성령이 행하사 그 뜻대로 각 사람에게 나눠 주시느니라**) 받을 만한 그릇에 따라서 그 분량대로 필요에 따라서 하나님께서 그 사람들에게 은사를 주어서 하나님의 영광을 나타내시는 것입니다. 다만 방언의 은사만은 본인이 원하면 주십니다. 그 이유는 방언 은사는 본인과 하나님과의 대화의 통로이기 때문에 하나님께서는 항상 대화의 문을 열어 놓고 계시는 것입니다.

⑥ 예언함의 은사

(성령의 능력으로 앞으로 될 일을 생각나게 하시고 또는 보여주시는 능력)

> 10절 어떤 이에게는 예언함을

예언의 은사를 받으면 예언함을 통해서 여러 사람들의 믿음을 더해주고 예언을 통해서 권면하고 예언을 통해서 하나님과 더욱 가까워지게 하고 예언을 통해서 문제를 해결해주고 예언을 통해서 위로가 되어주고 예언을 통해서 불확실한 미래에 대해서 확실성을 심어주고 예언을 통해서 다가올 장래를 미리 알려 주어 소망을 더 해주며, 또한 다가올 재난을 미리 알려 주어 피하게도 하십니다. 예언을 통해서 하나님의 뜻을 알려줍니다.

그러나 예언을 하기 전에 많은 것을 알고 예언을 해야 합니다. 처음은 보혜사 성령의 은혜로 예언의 은사를 받아서 행하더라도 분별없이 함부로 예언을 하다 보면 마귀의 종이 되어 버립니다. 이 은사 역시 하나님 나라의 복음을 전파하고 하나님의 영광을 나타내기 위하여 성경 말씀 안에서 예언해야 합니다. 예언을 통하여 잘못된 것을 바로 잡고 불안한 심령을 평화롭게 하고 여러 가지로 우리가 신앙생활하는데 유익한 예언을 해야 합니다. 그래서 사도바울은 특별히 예언하기를 많이 이야기하였습니다.(고전 14장 참조) 그런데 잘못 받은 사람들이 불안을 조성하고 시도 때도 없이 점쟁이처럼 예언을 해대는 것은 사단의 영인 미혹의 영으로 예언을 하는 것입니다. 여기서 우리가 착각을 많이 합니다. 마귀의 영으로 하는 예언은 확실치 않을 것이라고 생각하나 마귀의 영으로 예언하는 사람들도 아주 잘 알아 맞히고 병도 잘 낫게 합니다. 보혜사 성령의 역사로서 예언함은 필요에 따라서는 말씀으로 음성으로 성령님께서 역사를 하시는데 요즘 어떤 사람들은 상습적으로 또는 직업적으로 예언을 하고 다닙니다. 또는 예언 받으러 몰려다닙니다. 이런 행위는 다 잘못된 것입니다. 교회 안에서나 밖에서 문제가 되는 것입니다.

그래서 예언하는 사람은 꼭 영분별 함의 은사와 믿음의 은사를 먼저 받은 분이라야 진짜 예언할 수 있는 것입니다. 여기서도 영 분별함의 은사가 없으면 앞에서도 설명했듯이 마귀가 미혹의 영으로 와서 조종을 합니다. 그러므로 영분별의 은사가 있어야 하며 영분별 함의 은사가 없을 때는 그 사람의 주위와 가정 집안 모든 것을 참작해서 살펴보면 알 수 있습니다.

⑦ 영들 분별함의 은사

(성령의 능력으로 하나님의 영 사단의 모든 영을 보며 분별할 수 있는 초능력)

> 10절 어떤 이에게는 영들 분별함을

영 분별함의 은사를 받으면 모든 영이 다 보입니다. 이 신비함은 체험한 사람만이 알 수 있는 영의 세계입니다. 마귀 귀신 미혹의 영, 악령, 이런 영들을 볼 수도 있고 대화도 합니다. 또한 자기의 영도 볼 수 있으며 다른 사람의 속에 있는 영도 필요에 따라서 보여 줍니다. 그러나 억지로 시도 때도 없이 보려하다가는 미혹의 영에 속을 수도 있으니 필요에 따라서 보혜사 성령님께서 역사하실 때만 보는 것이 이롭습니다. 병 고치는 은사를 행할 때도 능력 행함의 은사로 귀신을 물리 칠 때도 영분별의 은사로 분별해서 능력을 행하면 확실합니다. 그렇지 아니할 때는 마귀의 미혹에 넘어가고 맙니다. 물론 항상 그런 것은 아니지만 필요할 때마다 역사하시는 은사입니다. 또한 믿음의 은사가 있을 때에 이런 영의 세계를 볼 수 있는 것입니다. 귀신과 마귀들과 대화를 한다하니 이상하게 생각하시겠지만, 예수님께서도 마귀 귀신과 대화를 하셨습니다. 이상할 것 없습니다. 성경적입니다. 대화가 아니되는 분들은 대화가 되도록 기도 많이 하면 됩니다. 그래서 이 은사를 체험 못 한 사람들은 영분별의 은사를 받은 분들을 오해해서 이상하게 생각할 수도 있습니다. 모든 은사가 그러하듯이 같은 은사라도 받는 사람에 따라서 그 분량이 똑 같은 것이 아닙니다. 같은 은사를 받았어도 그 믿음의 분량에 따라 범위가 다른 것입니다. 아홉 가지 은사가 다 그러합니다만, 받은 사람의 성격과 그 그릇에 따라서 역사함이 조금씩 다르게 나타나는 것입니다. 그 분량이 틀립니다. 예를 들어 같은 선물이라도 한 상자를 선물 받은 분도 있고 아니면 두 상자 세 상자를 받을 수도 있습니다. 주시는 그분의 뜻에 따라서 다르듯이 은사도 그와 같습니다. 그러므로 자기 받은 것이 전부이고 최고인양 행동해서는 안 됩니다. 영을 크게 나누면 3가지로 말할 수 있습니다. 하나님의 영과(성령) 사단의 영과(마귀악령) 사람의 영(영혼 생령)**(참고 롬 8장)** 이것을 영분별의 은사로 잘 분류해서 어떠한 능력이나 병 고침이나 예언 방언 통역이 성령의 역사인가 악령의 역사인가를 분별해야 합니다. 주의해야 할 것은 악령도 악령이지만 자신의 영(마음)과 대화하면서 하나님의 음성이라고 착각하는 사람이 많습니다. 특히 성령의 체험이 없는 분 대부분이 마귀의 음성을 듣던지 아니면 자신의 음성을 들으며 성령의 음성이라고 착각을 합니다. 조심해야 하며 특히 요즘은 말세 지말 인 것을 마귀도 잘 알며 자기의 때가 얼마 남지 않았다는 것을 알고 아주 교묘하게 하나님의 자녀들을 미혹합니다. 교인 하나를 미혹하면 하나이고 그 미혹당한 사람이 다른 사람에게 미혹시키려면 시간이 걸리니까 아예 목회자나 교단, 단체장, 책임자들을 미혹해 버립니다. 그러면 시간도 단축되고 무더기로 미혹되니까요. 그래서 요즘은(2003년) 일부 목회자들이 성령을 거부하고 세상 방법으로 목회를 하면서 성령 받아야 한다고 하면 오히려 신비주의자 또는 이단이라고 합니다. 그런 사람은 이미 그 사람의 영속에 미혹의 영이 점령해서(미혹당해서) 깨닫지 못합니다. 이것이 지금 한국뿐 아니라 온 세계의 그리스도교의 현실입니다. 앞으로 늦은 비 역사가 잠깐 동안 일어날 것입니다. 그때는 진짜 마지막 때가 된 줄 아시고 열심히 기름 준비해야 됩니다. 그것이 마지막입니다. 그러므로 우리는 영분별의 은사를 사모해야 합니다. 영분별의 은사 앞에서는 거짓과 진실이 밝혀집니다. 그런데 이것도 참 어려운 것이라는 것을 알 수 있습니다. 분명히 저 분이 영분별의 은사를 받았는데도 너무 약해서 그런지 조금 있다 보니 미혹당하고 그 은사는 찾아 볼 수 없고 헛소리를 하는 그런 사람을 종종 볼 수 있습니다. 또한 영적으로 보인다고 분별없이 영 분별함의 은사를 잘못 사용하면 교회나 어디에서나 영적 경찰 노릇을 하게 됩니다. 덕이 되지 않습니다. 그러므로 될 수 있는 대로 자제 하면서 내적으로 성장해 나아가야 합니다. 영이 잘못된 사람들의 영을 영안으로 보면 가지각색의 모습들을 하고 있습니다. 짐승의 모습 사람의 모습 흑암의 모습 기타 여러 모습을 하고 있습니다. 이런 모습을 하고 있는 영들은 잘못된 영들입니다. 이런 영을 가진 사람들과 가까이 하면 꼭 손해를 봅니다. 이런 사람들은 말이 통하지 아니해서 대화가 안 됩니다. 멀리하는 것이 상책입니다. 우리가 영적 신앙생활을 하는데 있어서 손해 보는 행위는 삼가하는 것이 좋습니다. 제일 좋은 영을 가진 사람은 아무런 형상이 없는 것이 제일 좋습니다. 이런 것들이 보일 지라도 병 고치는 은사 능력 행함의 은사처럼 남이 모르게 조용히 자제하면서 내적으로 할 일을 다 하는 것이 자신과 여러 사람들에게 유익합니다.

⑧ 방언 말함의 은사

(성령의 역사함으로 방언을 말하게 됨 하나님과 대화의 통로)

고전 12:10

10절 각종 방언 말함을

방언 은사는 성령 받으므로 하나님의 자녀된 그 사람의 영혼과 대화 하기 위해서 선물로 주시는 영적 대화의 통로이며 선물인 것입니다.

다른 은사는 본인이 구해도 하나님의 섭리와 그 그릇에 따라서 주시지만(고전 12:11) 방언의 은사는 누구나 원하기만 하면 주시는 은사입니다.

그 이유는 하나님께서는 누구나 성령님을 통해서 대화하시기를 원하시기 때문 입니다. 또한 2중으로 기도를 할 수 있는 아주 유익한 기도 방법 입니다. 마음속으로는 내가 하나님께 구할 것을 구하면서 입으론 방언으로 하나님께 말함으로 자연히 기도가 되는 것입니다.(고전 14:14)

고전 14:15

내가 영으로 기도하고 또 마음으로 기도하며 내가 영으로 찬미하고 또 마음으로 찬미하리라.

어떤 사람들은 방언의 은사가 9가지 은사 중에 제일 꼴찌 은사라고 말합니다. 이것은 방언 말함의 능력을 제대로 체험하지 못한 사람들의 논리입니다. 방언의 은사는 9가지 은사 중에 본인에게 제일 필요하고 제일 유익하고 제일 좋은 은사가 방언의 은사입니다. 다른 은사는 다 남을 위해서 은사를 사용하지만 오직 방언의 은사는 자기를 위해서 하나님께서 대화의 통로로 주신 자신만을 위한 은사인 것입니다. 방언 말함을 오래하고 나면 마음이 시원하고 기쁨이 옵니다. 이것은 내영이 하나님과 대화를 하였기 때문입니다.

고전 14:2

방언을 말하는 자는 사람에게 하지 아니하고 하나님께 하나니 이는 알아듣는 자가 없고 그 영으로 비밀을 말 함이니라

그러므로 다른 은사보다는 방언의 은사는 꼭 받아서 수시로 방언 말함을 해야 본인에게 유익합니다.

고전 14:13

방언을 말하는 자는 통역하기를 기도할지니

방언으로 말하는 성도들은 통역의 은사를 받아서 통역하면 더욱 유익합니다. 통역을 하다 보면 예언이 됩니다. 방언 은사에 대해서 여러 가지로 복잡한 설명이 필요가 없습니다만, 그러나 문제는 오늘날 방언 말함에 대해서 잘못 알고 있는 사람들이 많습니다. 그 이유는 하나님을 믿는 사람들이 제일 많이 받는 은사(선물) 이지만 잘못된 방언을 하는 사람들이 너무 많기 때문입니다. 그러면 방언의 종류와 잘못된 점을 설명 해보려 합니다. 방언의 종류는 세 가지로 예를 들 수 있습니다. 첫 번째 표적의 방언 말함이 있습니다. 표적의 방언은 처음 성령 체험할 때 성령 체험의 표적으로 나타납니다. 사도행전에서 말하는 방언 말함의 은사는 계속 성령이 충만하면 머물지만 그러지 못할 때는 대부분 곧 없어집니다. 그래서 방언을 받아야 한다고 하면

옛날에 받았다고 하며 지금은 못하는 사람이 많습니다. 이런 분들은 그 당시 성령을 체험하면서 받은 표적의 방언을 한 것이고 그때 성령을 체험할 때 그 영성 상태를 그대로 유지 못했다는 이야기도 됩니다. 이런 분들은 은사의 방언을 다시 받아야 합니다. 둘째로는 은사의 방언이 있습니다. 고전 12장, 14장에 기록된 은사의 방언은 한번 받으면 죄를 범해도 절대로 소멸되지 않습니다. 아홉 가지 은사 중에 신앙생활을 잘못하면 다른 은사는 소멸되지만 방언의 은사는 없어지지 않습니다. 그 이유는 다른 은사들은 남을 위해서 사용하도록 주시지만 방언의 은사는 그 영혼을 하나님께서 사랑하셔서 하나님과 대화의 통로로 주셨기 때문에 없어지지 않고 계속 하나님과의 대화의 통로로 두시는 것입니다. 그래서 방언의 은사를 꼭 받아야만 유익합니다. 우리가 잘못되었을 때 내 영혼이 탄식하므로 기도하는 것을 통역이 될 때 보면 알 수 있습니다. 지금 세대에서는 많은 사람들이 방언의 은사로서 하나님과 대화를 하지만 반대하는 사람들도 많이 있습니다. 보혜사 성령의 은사를 반대하는 사람들은 하나님 말씀을 잘못 아는 사람들입니다. 온전히 예수님을 믿지 아니하고 하나님의 말씀인 성경을 제멋대로 해석하여 제하여 버리고 또는 더하고 일부 자기들에게 필요한 말씀만 가지고 이야기 합니다. 이런 사람들은 잘못된 믿음을 가진 사람들입니다.(계 22:18~19 참고) 이들은 예수님을 성령의 도움으로 이해하려고 하지 않고 자기들의 지식에 준해서 해석을 하려 합니다. 하나님께서 주시는 은사를 거부하는 이 사람들이 잘못된 무서운 사람들인 것입니다.(잘못되었다고 하는 사람은? 하나님 말씀을 제하거나 더하여서 설명하는 사람들과 세상의 학문이나 자기지식으로 또는

과학에 준해서 성경을 해석하는 사람들과 은사를 부인하는 사람들을 말합니다. 계 22:18~19에 해당됨)

셋째로는 마귀 방언이 있습니다.(대신 방언, 대물방언) 방언 말함을 들어 보면 잘못된 방언을 하는 사람들을 알아 볼 수 있습니다. 같은 말을 계속 반복하면서 옆의 사람들의 기도를 방해하는 사람들이 있고, 귀신 울음소리 같은 음흉한 소리를 내는 사람들도 있으며, (대신방언) 또한 듣기 싫은 소리를 내며 방언하는 사람, 어떤 분들은 계속 악을 쓰는 사람 짐승의 울음소리를 내는 사람, 뱀이 기어가는 소리를 내는 사람(대물방언) 가지각색입니다. 방언의 은사는 하나님과의 대화이기 때문에 시원시원해야 하며 사람의 말이어야 합니다.(대인방언) (간혹 방언 말함 중에 마귀가 보이니까, 소리가 커질 수 있습니다) 또한 하나님과의 대화니까 대화가 유창해야 하며 귀신의 울음소리나 짐승의 울음소리로 하나님께 말할 수는 없으며 사람의 말이어야 방언 말함 인 것입니다. 또한 한마디만 계속 반복하는 것은 좀 모자라는 것입니다. 어린아이가 어릴 때는 엄마 아빠라고 하지만 커서도 엄마 아빠 소리만 반복하면 그것은 잘못된 것입니다. 예를 들면 라라라 방언하는 사람이 많이 있습니다. 처음 방언의 은사를 받을 때 라라라로 시작 하는 경우가 있으나, 그러나 그것을 그대로 두면 계속 라라라 하다가 미혹의 영이 미혹해서 나중에는 아주 큰 소리로 입을 벌리고 악을 쓰며 옆의 사람은 어찌 되든 간에 라라라 라고 외쳐 댑니다. 이런 사람은 좀 모자라는 방언이니 바로 고쳐서 받아야 합니다. 성령이 충만할 때는 라라라 방언이 아니라 유창한 언어로 처음부터 방언 말함을 하게 됩니다. 한 단어를 반복적으로 계속하는 사람들은 좀 부족한 것이므로 유창한 방언으로 다시 받아야 합니다. 혹 이런 경우는 많이 있습니다. 예수님 하나님을 방언으로 자주 부르는 경우입니다. 하나님과 대화하면서 왜 짐승의 울음소리 귀신소리를 내야 하나요? 말도 아니 되는 것입니다. 방언의 은사는 말 그대로 성령의 선물로서 내 영혼이 하나님과 대화하는 것이기 때문에 성령님의 인도함에 따라 유창하게 말하는 것이 방언으로(대인방언) 하나님께 말하는 것입니다. 그러므로 잘못된 방언이나 좀 부족한 것을 고처야 합니다. 우리가 하는 방언은 전부가 다 대인 방언(사람의 말) 이어야 하며 유창하게 하나님과 대화해야 하며 귀신울음소리 짐승의 울음소리 이런 방언은 있을 수가 없습니다. 이런 잘못된 방언 말함을 하는 사람들을 보면 대부분이 잘못된 사람을 통해서 받은 사람들이거나 산이나 들이나 기타 여러 장소에서 혼자 기도하다가 받은 사람들입니다. 간혹 은혜 받았다고 다니는 사람들 이런 분들을 조심해야 합니다. 혼자서 기도하다 받는다는 것은 위험합니다. 물론 전부는 아닙니다만, 하지만 마귀가 노리기 제일 좋은 기회인 것입니다. 이런 잘못된 방언을 말하는 사람들의 방언 말함을 살펴보려고 하면 갑자기 조용한 진짜 방언의 은사인 것처럼 위장하는 것도 볼 수 있습니다. 그래서 이 아홉 가지 성령의 은사를 마귀가 흉내내기 제일 좋아하는 것이라는 것을 명심해야 합니다. 기타 목구멍으로 기어 들어가는 것 같은 답답한 소리로 듣는 사람으로 하여금 답답하게 하는 이런 방언은 옆에서 기도하는 다른 사람에게 방해를 주는 잘못된 것들입니다. 다시 정상적인 방언으로 바꾸어 받아야 합니다. 그 방법은 간단합니다.

⑨ 방언들 통역함의 은사

(성령으로 방언 말함을 통역이 되는 은사)

고전 12:10

어떤 이에게는 방언들 통역함을 주시나니

방언 통역함의 은사를 받으면 먼저 자기가 방언하는 것이 해석이 되며 내 영혼이 무슨 말을 하고 있는지 알아들을 수 있고 때에 따라서는 한국말로 들리기도 합니다. 지금 내 영혼이 어떤 뜻으로 무엇을 말 하는구나 하며 본인 마음속에 확신이 오는 것을 알 수 있습니다. 조금 더 충만하면 다른 사람의 방언이 통역이 되어 들려집니다. 방언하는 사람은 많은 말을 하는데 통역은 짧게 나오는 경우도 있습니다. 그것은 그 방언의 요점을 말하기 때문입니다. 방언 말함은 내 영혼이 하나님에게 직접 말하는 대화이기 때문에 어떤 일이 나에게 있을지 또 나에게 필요한 것을 내 영혼이 미리 알고 내 영혼이 하나님께 구하기 때문에 이것이 통역되면 예언이 되기 때문에 중요한 것입니다. 통역이 되면 그것을 알고 대처 하면 되고 하나님께 그 문제를 기도하면 되는 것이기 때문에 본인이나 남에게도 유익한 은사입니다. 방언 통역의 은사도 예언의 성격이 있기 때문에 마귀가 개입하기를 좋아합니다. 성령의 은사로 통역할 수 있는 것은 성령이 충만할 때 행해지는 것이고 물론 다른 은사도 같지만 아무 때나 아무 곳에서나 행하는 것이 아닙니다. 은사 받았다고 집회 인도한다고 다니는 자칭 선지자들 중에 많은 분들이 가짜가 있다고 보면 됩니다. 우리가 보혜사 성령님을 받으면 성령님께서 친히 가르치시고(요일 2:27, 요 14:26) 인도하시며 생각나게 하시기 때문에 누구에게 기도받으러 다니지 않아도 됩니다. 방언통역이 무슨 외국어 통역사들처럼 내가 하려고 해서 되는 것이 아니고 필요하면 성령님께서 들려주시고 깨닫게 하십니다. 내영이 비밀을 하나님께 말하는 것을 알려고 할 필요도 없고 애쓸 필요도 없습니다. 방언 통역은 필요할 때 성령님께서 듣게 하시고 깨닫게 하시는 것입니다. 통역함은 자기에게도 유익하며 남에게도 덕을 끼치는 은사가 되어야 하며 마귀들에게 속아서는 안 됩니다. 통역의 은사를 받는 방법은 방언 말함을 많이 하는 분들이 대개 많이 받습니다. 꼭 그런 것은 아니지만 대체로 그렇습니다. 방언 말함을 하시는 분들은 열심히 방언으로 하나님과 대화해서 통역의 은사까지 받으시면 본인에게도 매우 유익한 신앙생활을 할 수 있으며 영의 비밀도 알 수 있습니다. 고린도전서 14장 말씀을 종합해보면 인간의 지식으로 배운 사람도 통역을 할 수도 있다는 것입니다. 예를 들면 영어로 방언기도를 하는 사람에게 영어를 할 줄 아는 사람 을 통역으로 세울 수도 있다는 것입니다. 이 경우는 방언 통역의 은사가 아니라 그냥 지식의 통역자인 것입니다. 사도바울은 방언을 더 말함을 감사 한다고 하였습니다.

고전 14:18

내가 너희 모든 사람보다 방언을 더 말하므로 하나님께 감사하노라

3부

사단 마귀 귀신에 대하여 (서론)

사단 마귀 귀신들의 정체에 대해서는 여러 교단과 학자들은 타락한 천사가 사단 마귀 귀신이 되었다고들 합니다. 기타 개인적으로도 여러 가지로 주장합니다. 어떤 사람들은 계 12:9, 계 20:2절 말씀을 인용해서 사단 마귀가 뱀의 영이라고도 합니다. 타락한 천사가 귀신이 아니라고 하면 여러 학자들로부터 자기들의 학식과 학문으로 공격하여 이단이라고 지정합니다. 그 큰 힘에 무기력 할 수밖에 없습니다. 그러므로 이 부분을 말하기가 망설여졌습니다. 하지만 그럴수록 마음이 복잡해지고 해서 성령님의 역사하시는 대로 기록하기로 했습니다. 이 문제들이 발생하는 것은 성경 말씀에 사단 마귀 귀신들의 정체에 대해서 확실한 말씀이 없기 때문에 제각기 다른 주장을 하고 이단들이 더욱 기를 쓰고 이런 것을 이용하는 것입니다. 성경 말씀에 확실하게 기록 해놓은 말씀도 변질되게 해석하고 자기들 멋대로 해석하는 세상인데 이런 말씀은 오죽 하겠습니까? 여기에는 하나님의 크신 뜻이 계시어서 확실한 말씀을 기록하지 않은 줄로 생각합니다.

유다서 1:6

또 자기 지위를 지키지 아니하고 자기 처소를 떠난 천사들을 큰 날의 심판까지 영원한 결박으로 흑암에 가두셨으며…,

계 12:9

큰 용이 내어 쫓기니 옛 뱀 곧 마귀라고도 하고 사단이라고도 하는 온 천하를 꾀는 자라…

계 20:2

용을 잡으니 곧 옛 뱀이요 마귀요 사단이라

위의 말씀으로는 사단 마귀 귀신의 정체가 확실하다고 말하지 못합니다.

대략 짐작할 정도입니다. 하지만 사람들은 사단 마귀 귀신들의 그 정체를 알고 싶어 하고 궁금해 합니다. 그런 것은 신앙생활에 아무런 도움이 되질 않는 데도 그런 것에 매달리는 실정입니다. 사단은 처음부터 하나님과 존재해왔다는 것은 확실합니다.(욥기서 참조) 하나님은 777이고, 사단은 666이니까 하나님 보다 하나 모자라는 대단한 존재인 것이 사실입니다. 사단은 하나님보다 하나 모자라는 것이 사랑입니다. 사랑이 없는 것은 죽음이지요. 또한 하나님은 사랑이십니다. 사랑이 없는 것은 배신을 합니다. 그러므로 하나님께나 사람에게나 무엇이든 간에 배신은 사랑이 없기 때문입니다. 그래서 사랑이 없는 것은 사단의 종입니다. 천사장이든 무엇이든 간에 하나님 가까이서 하나님의 사업에 동참했다가 배신하여 뱀 속에 들어가서 하와를 단번에 꾀어 아담을 범죄하게 하고 우주를 차지하는 그 능력을 무시해선 안 됩니다. 그렇게 막강한 사단의 영이 마귀입니다. 마귀는 사단의 영입니다. 마귀는 여러 가지 영으로 혼합되어 있습니다. 하나님께서 이 세상에 하나님의 일곱 영인 보혜사 성령님을 보내시어서 역사하는 것을 사단도 하나님을 흉내 내기 대문에 사단이 사단의 여섯 숫자 영인 마귀를(미혹의 영) 내세워서 열심히 죽음의 일을 하고 있는 것입니다. 귀신에 대하여는 타락한 천사라지만 성경 말씀에는 그런 말씀이 없습니다. 귀신론에서 설명하도록 하고, 이 미혹의 영들이 분담해서 역사하는 것을 정확히 알아야 이것들을 물리 칠 수 있는 것입니다. 마귀의 (미혹의영) 역사인지 귀신의 역사인지 알아야 합니다. 그러자면 이것들과 대화가 되어야 하며 또는 그 정체를 볼 수 있는 눈이 있어야 합니다. 이것들을 물리 칠 수 있는 방법은 성령 충만할 때와 예수님의 이름으로 이길 수 있는 것입니다. 특별히 하나님께서 권능과 능력을 주셔서 물리칠 수도 있지만 예수님께서는 말씀으로 물리치셨습니다. 그러므로 마귀, 귀신은 말씀으로 물리칠 수도 있으며 욥기서와 요한계시록을 보면 사단은 하나님과도 대화를 합니다. 이들의 역사하는 것들을 제대로 구분도 못하고 보지도 못하고 이들과 대적하기 때문에 번번이 속아서 져버리고 마는 것입니다. 그럼 이들이 역사하는 것들을 간단히 알아보겠습니다.

1. 사 단

사단은 하나님을 대적하는 최고의 악신입니다. 또한 하나님 흉내를 내기도 합니다. 사단 = 욥 1장 6~12, 욥 2장 1~7, 마 4장 10, 눅 22장 3, 요 13장 27, 행 5장 3절, 계 20장 2절, 7절. 유 1장 6절, 계 12장 9절, 계 20장 2절, 욥기서 1장 2장에 기록된 사단을 보면 사단은 하나님과 대화를 하며 하나님의 나라를 마음대로 출입할 수 있는 막강한 권력을 가졌던 악신입니다. 사단은 사람의 생명을 빼앗아 갈 수 있는 권한이 있습니다. 그래서 욥기서에는 하나님께서 사단 보고 생명은 해하지 말라고 말씀을 하신 것입니다. 그러므로 사단은 모든 악신의 왕입니다. 세상에서 하나님을 대적하는 모든 종교의 신들을 총괄하는 악신이며, 악신들을 많이 만들어서 하나님을 대적하게 합니다. 그러므로 사단이 하는 일은 사람의 생명을 취하는 무서운 악령인 것입니다. 생명을 취할 수 있는 그 기한은 예수님께서 일곱 인을 떼시고(요한계시록 참조) 우주를 인수 받을 때까지 입니다. 마귀는 천사가 타락하여 사단의 영이 된 것이며 더러운 귀신은 사단의 명을 받아서 육신을 점령해서 죽게 하는 나쁜 짓을 일삼는 역할을 합니다. 성경 말씀에 생명과 관련이 있는 곳에는 마귀나 귀신이 아니고 사단이 있습니다. 행 5장 3절~6절 아나니아와 삽비라의사 건 요 13장 27, 눅 22장 3절, 고전 5장 5절, 마 4장 8~10절 모두가 생명과 연관이 있는 곳에는 사단이 역사를 합니다. 그러므로 우리가 기도할 때와 사단과 대적할 때는 이것이 사단의 역사인지 마귀의 역사인지 귀신의 역사 인지를 영적으로 분별하여 물리쳐야 합니다. 그 속에는 사단이 생명을 취하려고 역사하고 있는데 마귀야 귀신아 물러가라고 고래 고래 고함을 치면 사단이 웃습니다. 마귀나 귀신을 보고 사단아 물러가라 고하면 마귀 귀신들이 웃습니다. 그러므로 영적으로 분별하여 물리쳐야 합니다. 사단과 대화를 하여서 왜 이 사람의 생명을 취하려 하는지 알고 물리쳐야 합니다. 사단이 어떠한 이유에서든지 사람의 생명을 취하려고 하는데 물리치기는 극히 어렵습니다. 다만 좀 연장하는 정도입니다. 그러므로 우리들은 사단을 만만하게 보아서는 안됩니다. 오직 성령으로 무장할 때에만 사단이 접근을 하지 않습니다.

2. 마 귀

(미혹의 영, 신 32:17, 마 4:1~11, 눅 4:2~13, 요일 3:8~10)

마귀란 단어는 구약에는 신 32장 17절에 한 번밖에 없습니다.

신약에는 약 35번 있습니다. 앞에서 설명한 것처럼 사단은 사람의 생명을 해할 수 있지만 마귀는 사단의 영으로서 미혹의 영입니다. 사람을 미혹하는 데는 미혹의 영 마귀가 있습니다. 사람을 유혹하고 욕심 시기 질투 분냄 이간질 정욕 여러 가지로 무기를 삼으며 마귀는 아주 간사한 방법으로 사람의 마음을 유혹하여 하나님을 대적하게 합니다. 또한 간사하게 나옵니다. 주위에 누군가 높여 주는 척하며 위하는 척하면 마귀의 흉계인 줄 알고 물리쳐야 합니다. 물질 명예 권력 정욕 다정한 목소리로 아부하는 것들이 마귀의 무기입니다. 마귀는 우리 생활과 많은 연관이 되어 있습니다. 물질욕심 정욕 탐욕 교만 거짓말 명예욕 여러 가지 육신의 정욕을 탐하도록 미혹하는 미혹의 영으로서 우리를 미혹합니다. 그래서 이 마귀는 항상 다정하게 우리 귓전이나 주위에서 속삭입니다. 계산적이고 이기적이고 타산적임과 동시에 논리적이고 명목이 뚜렷하게 답을 제시하며 민주주의 평화를 주장하며 거짓으로 사람의 마음을 유혹하는 것입니다. 이렇게 미혹하여 죄를 짓게 하는 것이 마귀가 하는 일입니다. 그 예로 마 4장 1절~11절(예수님의 시험).

눅 4장 2절~13절 마귀는 예수님에게 다가와서 굶주리실 때 먹을 것을 가지고 권세 명예 물질로 시험합니다. 이런 것들이 마음속에 움직이면 마귀의 짓인 줄 알고 물리쳐야 합니다. 마귀는 이렇게 죄를 짓게 해서 그 사람의 영혼을 사로잡아서 사단에게 인계하여 그 영혼을 죽음으로 몰고 갑니다. 그러면 사단은 그 영혼을 빼앗아서 자기 백성을 삼습니다. 결국은 사단과 마귀 더러운 귀신 모두 같은 동업자이고 일체입니다. 그러므로 우리는 마귀를 경계해야 합니다. 마귀는 여러 가지 미혹의 영으로 사람을 유혹하여 범죄하게 만들어 사단에게 인계하여 죽게 하기 때문입니다. 마귀에게 마음을 빼앗기지 말아야 승리하는 생활인 것입니다. 예수님을 시험할 때도 미혹의 영인 마귀가 와서 시험했습니다. 영분별의 은사로 마귀 귀신들의 형상을 보면 여러 가지 모습을 하고 나타납니다. 때로는 빛을 발하는 천사로 죽은 사람의 모습 예수님의 모습 짐승의 모습 별의별 모습을 하고 나타나서 에덴동산에서 하와를 유혹하던 방법으로 사람에게 이익을 주는 척 하며 명목이 뚜렷하게 유혹을 하기 때문에 속기 쉽습니다. 그럼 마귀의 정체는 사단이 천사장이였다면 그를 따르던 천사들이 사단의영인 마귀가 된 것입니다.

3. 귀 신 (막 5:2~20, 눅 8:26~39, 마 10:1, 8)

(고 10:20~21, 귀신이 사람의 영혼이라는 증거)

귀신이란 단어는 구약에는 없고 신약에만 약 100번 기록되어 있습니다. 귀신의 정체에 대해서 귀신은 타락한 천사라고 말하는 사람들이 한국에 많이 있습니다. 또한 귀신은 세상에서 원한이 많은 사람이 죽어서 그 영혼이 원귀가 되었다는 원귀론을 주장하는 사람들도 있습니다. 이들은 여러 교단으로부터 이단이라는 말을 듣습니다. 그러나 여러 교단들의 주장에 대해서는 성경에 기록이 없기 때문에 그것이 맞는다고는 할 수 없습니다. 이들이 성경 말씀을 인용하는 것을 보면 일리는 있습니다. 그러나 맞지 않습니다. 타락한 천사가 사람의 모습을 하고 나타난다고 주장도 합니다. 이것도 성경에 기록이 없기 때문에 확실성이 없습니다.**(유다서 1:6, 타락한 천사는 지금 큰 날의 심판 날 까지 영원한 결박으로 흑암에 가두어 두었습니다.)** 이 말씀은 일부 천사들입니다. 구약시대에는 귀신이란 말이 없는데 갑자기 예수님 시대에 와서 귀신의 역할을 왜 들추어 냈는지? 의문점은 많습니다. 하지만 신약시대에는 보혜사 성령의 역사로서 영안이 열려서 귀신을 볼 수 있었습니다. 귀신의 정체에 대해서는 막 5:2절, 20절, 눅 8장 26~39절, 고전 10장 20~21절 성경 말씀을 보면 사람의 영혼이 귀신이라고 할 수 있습니다.

눅 8:30

예수께서 네 이름이 무엇이냐 물으신 즉 가로되 군대라 하니 이는 많은 귀신이 들렸음이라

예수님께서 꾸짖어서 돼지 떼에 들어간 귀신들이 군대의 귀신이라고 성경은 말씀하고 있습니다. 고전 10장 20절에는 이방인들이 제사하는 것은 귀신에게 하는 것이요. 이것들이 귀신의 정체라고 말할 수 있습니다. 성경 말씀으로는 이 부분만이 귀신의 그 정체를 말할 수밖에 없습니다. 돼지 떼에 들어간 귀신이 군대 귀신이라면 젊은 사람들이 군대 가서 전쟁으로 억울하게 죽었으니 그 영혼들이 한이 남으니 사단은 그 한을 풀어 준다는 핑계로 그 영혼들을 귀신으로 만들어 악한 일들을 하게 하는 것일 것입니다. 또한 영안으로 볼 때에 귀신은 사람의 모습을 하고 있으므로 원한을 가지고 죽은 사람의 영혼이라고 말할 수도 있습니다. 대부분이 사람에게 붙어서 사람을 괴롭히는 귀신들은 젊은 모습이나 억울함을 표합니다. 귀신들을 영안으로 보면 좀 재미도 있습니다. 사람을 괴롭히는 더러운 귀신이 있는가 하면 그저 노래하며 놀고 있는 귀신, 멍하니 앉아서 자기에게 복달라고 빌려 오지나 않나 기다리는 귀신, 사람에게 붙어서 몇 가지 가르쳐 주고 자기가 신이 되어서 그 사람을 점령하고 조종하는 무당귀신, 하여튼 여러 귀신들이 있습니다.(음부의 일부분) 바다가에서 공 드리러 오기를 기다리는 귀신에게 물어 보았습니다. 너에게 비는 사람에게 그 사람들이 바라는 복을 줄 수 있냐고 했더니 이 귀신은 꽤나 순진한 귀신인 것 같았습니다.

주기는 무얼 줍니까? 자꾸 빌고 먹을 것을 주니 가만 있을 수는 없고 해서 한번 놀라게 해주면 좋아 합니다. 그래서 또 옵니다.(믿든지 말든지) 그럼 이 땅이 귀신들로 꽉 차 있는 것은 이 땅을 포함해서 우주 전체가 음부이기 때문에(본서 천국 지옥 낙원 참조) 사단의 영역인 것입니다. 귀신이 되어 이 땅에 있는 귀신 또 다른 영계로 가서 벌 받는 영혼 또한 각종 종단을 사단이 만들기 때문에 그들의 신이 주장하는 그들만의 안식처인 공간이 있습니다. 그러므로 하나님께서 호흡으로 생령이 되게 하신 영혼들이 이렇게 사단의 농간으로 인해서 농락 당하고 있는 것입니다. 그러니 예수 믿는 사람들은 얼마나 복 받는 일인가 라는 생각을 하기 바랍니다. 그러므로 귀신의 정체에 대해서는 성경말씀에 뚜렷한 설명이 없기 때문에 기도와 하나님의 은혜로 영안이 열려서 그 정체를 볼 수 있어야 합니다.

그 정체에 대해서는 많은 이견이 있을 수밖에 없습니다. 보혜사 성령님의 도움 없이는 귀신 마귀를 볼 수 없으며 영안이 열리지 못해서 귀신을 볼 수 없는 사람들은 귀신은 타락한 천사니 하면서 짐작으로 해석하며 교단의 교리로서 전해지는 지식과 학식으로 해석합니다. 귀신을 보며 물리치는 사람을 보고 오히려 이단이라고 할 수밖에 없는 것입니다. 그런 사람들은 귀신을 볼 수 없기 때문입니다. 우리나라 속담에 서울 가본 사람과 안 가본 사람이 싸우면 안 가본 사람이 이긴다. 라는 것처럼 영안이 열려 있지 않은 사람들이 영안이 열린 사람을 잘못된 사람이라고 할 수 있습니다. 물론 잘못 받아서 과장된 말들로 어지럽히는 사람들이 있기는 하지만, 예수님께서 귀신을 보지 않고 물리 쳤겠습니까? 보지 못하고 어떻게 물러가라고 명합니까. 영안으로 보기 때문에 물리치신 것입니다. 반대로 영안으로 귀신을 보지도 못하면서 물러가라고 고래고래 고함을 질러도 물러가지 않습니다. 귀신을 보지 못하는 그 사람들은 보혜사 성령님의 은사로서 신령한 눈이 열리지 않았기 때문에 보지 못하는 것입니다. 귀신이 하는 일도 여러 가지지만 미치게도 하고, 병을 주어 사람의 영혼을 사로잡아 사단에게 인계도 합니다. 더러운 귀신들 대부분이 원한을 가지고 죽은 사람들의 모습을 하고 사람을 괴롭히고 있습니다. 우리는 병에 대해서 알 필요가 있습니다. 병의 근원은 여러 가지입니다. 먼저 하나님의 영광을 나타내기 위한 병이 있고 귀신이 주는 병, 자기 마음의 병, 귀신이 정신을 혼란하게 하여 육신을 괴롭히는 미친병 사람의 영혼을 사로 잡아서 점쟁이 또는 이와 비슷한 행위로서 사람을 혼란케 하는 이런 것들을 분별하여서 대적해야 합니다. 다만 영분별의 은사를 통해서 이런 것들을 분별할 수 있는 것입니다.

4부

말세와 말세지말에 대하여

우리는 말세지말에서도 마지막 때에 살고 있습니다. 이때에 우리는 항상 예수님의 재림에 소망을 가지고 살아 가야 합니다. 예수님 재림의 확신이 없으면 모든 믿음이 형식적인 믿음으로 끝납니다. 예수님을 믿는 우리는 예수님을 믿지 아니하는 사람과 다른 점은 우리는 하늘나라에 대한 확실한 소망이 있다는 것입니다. 그런데 예수님 시대부터 말세라고 합니다. 약 2000년 이상이 지난 지금도 말세라고 하며 우리가 기다리고 있는 예수님은 아직도 재림하시지 않고 있습니다. 가짜 예수는 많이 재림 했지만 그래서 우리는 죽더라도 진짜 예수님 재림을 기다리다가 죽어야 합니다. 그래야 첫 번째 부활에 참여하는 것입니다.(살전 4:16~17) 이 첫 번째 부활에 참여해야 천년왕국에 동참하고 백 보좌 심판을 면하여서 쉽게 천국에 입성하는 것입니다. 그러므로 우리들은 낮에나 밤에나 예수님 재림을 기다리는 것이 희망이 되어야 합니다. 살아서 예수님 재림을 맞이하면 들림을 받아서 예수님의 신부와 같은 자격으로 혼인(환영잔치) 잔치에 참여하는 것입니다.(살전 4:17) 예수님께서 몇 년 후에나 오실지 기대가 되겠지만 아직은 그런 때가 아닙니다. 이제 재난의 시작이니까요. 현재는 성령의 사역이 멈칫하고 있습니다만 곧 늦은 비 역사로 성령의 운동이 한번 일어나고 나면 끝입니다. 늦은 비란 추수를 준비하는 비로서 곡식을 무르익게 하는 마무리로 하나님께서 인간 세상에 주시는 비입니다. 마태복음 24장, 누가복음 21장, 딤후 3장, 단 12장 4절, 이 3장 16~24절을 잘 살펴 보시고 그때를 짐작하시면 됩니다. 그런데 문제는 성경을 읽어도 깨닫지 못하니 이것이 문제입니다. 마 24장 14~15절 말씀을 생각해 봅니다.

> 14절 이 천국 복음이 모든 민족에게 증거 되기 위하여 온 세상에 전파 되리니 그제야 끝이 오리라
> 15절 그러므로 너희가 선지자 다니엘의 말한바 멸망의 가증한 것이 거룩한 곳에 선 것 을 보거든

(읽는 자는 깨달을 진저) 모든 민족이란 말씀을 이해해야 할 것이며 멸망의 가증한 것이 무엇이며 거룩한 곳은 어디 이겠습니까? 멸망의 가증한 것은 물질문명 인간의 지혜의 결정체인 과학으로 만든 각종 기계들 인간의 지식과 사람의 이기적인 생각으로 하나님을 대적하는 각종 물건들을 만들며 멸망의 가증한 것은 인간의 학문과 지혜와 지식에서 시작됩니다. 거룩한 곳은 어디 이겠습니까. 하나님의(성령님) 성전인 사람의 마음 속이고(고전 6:19) 또한 교회입니다. 그래서 거룩한 곳 교회에(사람의 마음과 교회) 인간들이 만든 기계가 가득하고 목회

자들은 자기의 지혜와 지식 세상의 초등 학문 또는 귀신의 방법을(불태우는 행위 기타) 가지고 또한 세상의 방법으로 예배하며 가르치고 타락된 세상의 모습을 따라 목회함으로 거룩한 곳을 멸망의 가증한 것인 인간의 학문과 지혜와 지식이 하나님의 성전을 장악하고 하나님의 백성을 속이고 미혹하여 멸망의 넓은 길로 가는 것입니다. 마24장 22절 이하 말씀에는 그날을 감하지 아니하면 모든 육체가 구원을 얻지 못할 것이나 택한 자들을 위하여 그날을 감하신다는 것입니다. 지금이 그때입니다. 이대로 가다가는 하나님께서 택하여 인치신(성령받은 분) 사람들까지도 많이 타락할 것 같은 위태위태한 시대입니다. 각종 이상한 단체가 난무해서 택함받은 백성들까지도(성령 받은 자) 미혹하고 교회는 점점 성령의 사역이 사라지고 인간의 지혜 지식 학문이 점령하고 각종 편리한 기계가 사람의 마음을 하나님께로부터 멀어지게 하고 하나님의 진리를 찾아보기가 어려운 타락된 시대입니다. 그러기 때문에 택한 사람, 의인, 성령받은 자, 하나님의 말씀대로 사는 사람들을 위하여 그날을 앞당긴다는 것입니다. **할렐루야 주 예수여 어서 오시옵소서.(마 24장 참조 24절 11절 12절)** 지금 시대가 거짓 선지자들이 표적과 기적을 보이며 택한 자들을 최고로 미혹하고 있습니다. 그러니 이미 재난의 징조가 시작된 지 오래입니다. 앞으로 더 많은 징조가 보여 질 것입니다. 사람의 상상을 초월하는 일들이 일어날 것입니다. 요한계시록에 기록된 일들의 그림자가 보일 것입니다. 이때에 우리는 어찌해야 하겠습니까. 하나님의 말씀을 가까이 해서 하나님의 말씀으로 시대를 분별하여 기름을 준비해야 합니다.(기름은 성령을 말함) 지혜로운 다섯 처녀 반열에 서야 합니다. 기도

하고 기름 준비할 기간이 얼마 남지 않았습니다. 또한 성령의 음성을 들어야 그날을 알 수 있습니다. 성령의 음성을 듣는 사람은 그날이 도둑처럼 임하지 않습니다. 반드시 때가 되면 성령님의 음성으로 알려 주실 것입니다.

살전 5:4

형제들아 너희는 어두움에 있지 아니하매 그 날이 도적같이 너희에게 임하지 못하리니…

사람들은 이런 생각을 할 수도 있습니다. 적당히 살다가 천국에만 가면 되겠지 생각하지만 그렇게 되지 않습니다. 히 10장 28~29절 모세의 율법을 범한 자도 두세 증인으로 인해서 죽거든 성령을 욕되게 하는 자의 형벌을 생각하라. 말씀하십니다. 계 13장 8절 환란 때에는 예수님의 생명책에 기록되지 못하고 이 땅에 사는 많은 사람들이 짐승에게 경배하게 된다는 말씀입니다. 또한 미지근한 신앙생활은 다 토해 낸다는 것입니다.(계 3:16) 요 3장 5절에는 물과 성령으로 거듭나지 못하면 천국에 들어가지 못한다는 것입니다. 예수 믿는다고 교회 왔다갔다 하는 사람 전체가 천국가는 것이 아니라는 것입니다.(여기서 천국 못 간다는 것은 들림이나 1차 부활에 참여 못한다는 것임) (마 24:40~41) 예수 믿는다고 분주하게 쫒아다니고 거룩한 척 해도 일부 많은 사람들이 결국은 심판을 거쳐서 가야 될 곳으로 간다는 말씀입니다. 예수님을 믿는다는 것은 예수님께 붙어 있어야 하며 예수님의 말씀을 믿고 따라야 하는 것입니다. 예수님의 말씀을 그대로 순종하며 지키려고 하지도 않는 분들은 진실로 예수를 믿는 것이 아닙니다.

그런데 지금 일부 사람들은 예수님의 말씀에서 멀어져 있습니다. 성령의 사역을 거부하는 것은 예수님을 믿는 것이 아닙니다. 차라리 모른다면 기회는 있습니다만, 성령의 사역과 성령을 훼방하고 거부하는 것은 초림 예수님 때에 예수님을 이단으로 몰아서 십자가에 못 박은 것과 같은 것입니다. 결론적으로 말세는 예수님 초림 시대부터 시작하여 이제는 말세가 아니라 말세지말 중에서도 아주 끝에 와 있는 것입니다. 금방 휴거의 나팔소리 같은 예수님의 음성으로 이리로 올라오라는 소리가 울려 퍼질 것 같은 때라는 것입니다. 그러나 마 24장 28절에 말씀대로 주검이 있는 곳에 독수리들이 모이듯이 사단 마귀들이 있는 곳에 사단 마귀의 백성들이 모이는 현상이 점점 더해 갈 것입니다. 이제는 지도자나 남들을 믿어서는 안 된다는 것입니다. 일부 그들은 이미 영적으로 타락해 버렸기 때문에 믿지 못하겠고 물론 전부는 아닙니다만 이슬비에 자신도 모르게 서서히 옷이 젖듯이 지도자들이 자신들도 모르게 서서히 세상의 지식 물질문명과 우상의 종파들과 짝하고 또 그렇게 밖에 할 수 없는 그런 시대라는 것입니다. 오직 성령의 음성을 들으며 인도함을 받아야 하는데 그렇지 못하는 교회는 세상적으로 타락했다는 것입니다. 또한 설교 시간에 하나님의 말씀은 적고 세상 이야기로 시간을 낭비하고 인간의 지식으로 성경말씀을 해석하다 보니, 성경은 인간이 쓴 역사책이라는 말이 나오고 별의별 학설이 쏟아져 나오는 악한 시대입니다. 성경말씀을 거울로 삼아 교회와 목회자 믿는 사람 모두를 비추어 볼 때 이미 하나님의 말씀에서 멀어져 있고 또한 점점 서서히 자신들도 모르는 사이에 더욱더 멀어져 가고 있다는 것을 알 수 있습니다. 이런 때에는 성령님께서 생각나게 하시고 깨닫게 하셔야만 말씀을 깨달을 수 있는데 불같은 성령을 받지 아니하고 배워서 하기 때문에 진리의 말씀에서 멀어져 가기만 하는 것입니다. 그러나 하나님의 말씀으로 돌아가야 한다고 하면 오히려 신비주의니 말세론자니 하며 정죄합니다. 그러면서 인간의 마음을 얻으려고 온갖 것들로 장식을 하고 세상방법을 선택하며 목회자들이 하나님과 자기 것을 구분하지도 못하고 하나님의 것이 내 것이고 내 것도 내 것이고 하는 자기들의 욕심으로 자기 사업체로 발전하며 또한 발람, 니골라당의 교훈에 젖어 가고 있습니다. 이런 것을 볼 때에 성도들은 깨어나야 합니다. 예수님 재림의 그날이 점점 가까이 다가오고 있다는 징조입니다.

5부

천국과 낙원에 대하여
(계 21장, 22장)

사람이 죽으면 즉시 천국에 간다고 합니다. 그러나 성경 말씀에는 그렇지 않습니다 천국이 아니라 육신은 흙으로 가고 영은 낙원으로 가서 쉬는 것입니다. 죽는다는 것은 육신과 영이 분리되는 것입니다. 천국은 천국 백성된 하나님의 자녀들을 위해 예수님께서 예비하신 곳입니다.(마 25:34, 요 14:2~3) 그러므로 백 보좌 심판 후에 예비된 천국을 유업으로 받아서 들어가는 것입니다.(계 21장) 사람은 죽으면 영은 낙원으로 가서 예수님 재림하실 때까지 지내고 육신은 흙으로 돌아갔다가 예수님 공중 재림 때에 육신이 부활해서 낙원에 있는 영혼과 합하여서 영과 육이 완전한 몸으로 거듭나므로 예수님과 영원히 함께 하는 것입니다. 천년 왕국이 끝나고 백 보좌 심판을 받아서 비로소 신천신지에 들어가는 것입니다. 그러므로 천국에(신천신지) 가기 위해서는 정해진 절차를 통해서 천국에 가게 되는 것입니다. 이 세상에서 예수님을 믿는 이유로는 여러 가지가 있겠지만 그중에서도 제일 큰 목적은 천국일 것입니다. 천국에 들어 가기 위해서 이 세상 살면서 세상의 재미와 즐거움을 멀리하고 예수님을 바라보고 예수님의 말씀을 믿고 따르며 예수님의 길을 가는 것입니다. 천국은 천국 그 자체가 하나님 보좌입니다. 하나님께서 계시는 곳입니다. 그러면 천국이 어디에 있습니까? 라고 질문을 하면 대답을 제대로 못하고 마음속에 있느니 저쪽 하늘에 있느니 하며 얼버무리지요. 천국이 어째서 자기 마음속에 있습니까? 이런 속된 말을 할 수 있는 사람은 천국에 확신이 없는 사람이며 절에 스님들이나 할 수 있는 말들입니다.(다만 천국이 있다는 것을 내 마음으로 확신 하는 것이다.) 또한 천국이 얼마나 큰지 그곳에는 무엇이 있는지 천국에는 언제 가게 될 것인지 낙원은 무엇인지를 우리는 알아야 합니다.

① 천국이 있는 그곳

② 천국의 크기

③ 천국에는 어떤 것이 있나

④ 천국 가는 길

⑤ 타종교에서 말하는 천당

⑥ 낙원이 있는 곳(낙원의 역할)

천국은 우주를 벗어나야 있습니다. 그럼 우주의 크기를 상상해 보십시오.

인간의 능력으론 우주의 크기를 짐작 하는 것뿐이지 그 크기를 측량 못합니다. 그러나 하나님의 나라 천국에서 우주를 볼 때는 그냥 하나의 공간입니다. (창 1장 참조) 지구는 이 공간 안에 조그마한 일부분입니다. 하나님의 말씀으로 천국 안에 우주가 있으라고 하매 있다는 것입니다.(창 1장) 하나님의 눈으로 우주 전체를 바라 볼 수 있으니 하나님 보시기에는 우주는 그렇게 넓은 공간이 아니라고 표현하면 이해가 됩니다. 천국 안에서 우주는 조그마한 것이라고 생각해보십시오. 그러니 하나님의 나라 천국의 크기는 우리의 생각으론 상상할 수 없는 크고 넓은 곳입니다.

또한 우주를 벗어나야 (세 째 하늘, 고후 12:1~4) 하나님의 나라인 것입니다. 아담의 범죄 이전에는 우주가 하나님 나라 낙원에 속해 있었지만 범죄 이후에 우주는 사단에게 내어준 바 되었습니다. 그래서 우주 전체가 사단의 영역입니다. 사단이 있는 곳은 사망이 함께 합니다. 또한 아래 하늘과 위의 하늘이 있다는 것입니다.(삼 중천) 아래 하늘은 지구의 하늘 즉 태양계의 하늘이고 이 중천 하늘은 태양계에서 낙원 사이의 하늘이고 (우주) 삼중천은 낙원입니다. 그러므로 삼 중천까지 가보았다면 낙원을 본 것이며 낙원은 우주와 천국 사이를 말하며 그 부분에 형성된 곳이 낙원이 되겠습니다. 원래는 우주전체가 낙원에 속해 있었고 아담에게 주신 것입니다. 그러나 아담이 범죄 하므로 우주는 사단의 영역이 되었습니다.

하나님께서는 우주에서 지구가 보시기에 좋아서 생물과 사람을 만들어서 살게 하였는데 그만 사단이 아담과 하와를 미혹해서 차지 해버린 것입니다. 에덴동산은 우주 전체에서 제일 아름다운 곳이며 그 중에 아담이 거한 곳이 에덴동산의 중심부가 되겠습니다. 그러나 아담과 하와가 하나님의 말씀을 어겨서 범죄하므로 우주를 사단에게 내어주는 불행이 닥쳐서 사단의 본거지로 변하게 된 것입니다. (창 2장 3장 참조) 그러나 하나님께서는 낙원 전체를 사단에게 주시지는 않으시고 우주와 천국 사이에 낙원을 남겨서 죽은 자의 영혼을 육신이 부활할 때까지 쉬는 곳으로 마련하신 장소가 낙원입니다. 인간은 범죄 (원죄) 했기 때문에 곧바로 천국에 데려갈 수 없어서 예수님을 보내시어 십자가에 못 박아 그 대가를 치르게 하시고 육신의 부활을 통해서 천국(신천신지)으로 입성 시키실 예정인 것입니다. 아담이 범죄하므로 그렇게 뜻을 정해서 예정하신 것입니다. 낙원은 천국에 가기 위한 대기처이고 예수님을 믿는 영들이 이곳에서 쉬고 (혹은 잠자고) 있는 곳이며 육신이 부활해서 천국에 가기 위해서 대기하는 영들이 머무는 곳이며 예수님을 믿어도 성령을 받지 않고 자기의 학문이나 지식 지혜로 믿고 물질과 많은 것을 바쳐서 일했어도 성령을 거부하고 예수님의 말씀을 그대로 믿지 아니한 사람의 영들은 1차 육신부활 때 부활하지 못하고 음부에서 백 보좌 심판 때까지 대기하지만 성령으로 거듭나지 아니하고 성령을 거부하였기 때문에(요 3:5) 할 수 없이 그들은 예수님의 심판으로 판가름 할 수밖에 없으며 결국은 예수님의 은혜를 기다리는 수 밖에 없습니다. 성령 충만하여 죽은 사람은 예수님 재림의 음성을 듣고 육신과 영혼이 만나서 변화된 몸으로 거듭나므로 공중 혼인 잔치에(환영잔치) 참가하여 왕같은 권한을 받습니다. 그러므로 성령을 받지 않으면 결국은 예수님을 믿는다고는 했어도 손해를 보는 것입니다.(계 20:13) 예수님이 보내신 보혜사 성령의 사역 이전에 죽은 사람은 행위로서 구원 받습니다. 성령을 거부한 사람들은 그래도 예수를 믿는 척이라도 했기 때문에 천년왕국이 끝나고 백 보좌 심판 때까지 영은 낙원 또는 음부에서 기다리다가 천년왕국 마지막 때 둘째 육신부활에 참여하여서 백 보좌 심판을 받아서 갈 곳이 정해지게 되겠지만, 이것 역시 하나님의 은혜인 것입니다. 이 낙원부터는 사단의 영역이 아니기 때문에 낙원에는 사단과 마귀가 어쩌지를 못합니다. 낙원이란? 편안한 곳을 낙원이라고 하질 않습니까? (편안하게 잠자거나 쉬는 곳) 사단 마귀 귀신이 없는 곳은 편안합니다. 그러므로 낙원과 천국은 엄연히 다릅니다. 이것을 놓고 사람들은 혼동합니다. 낙원은 하나님을 믿은 영들이 머물러 대기하는 영계입니다. 이곳에 하나님의 보좌는 없습니다. 하나님 보좌는 천국입니다. 계 2장 7절에는 내가 하나님의 낙원에 있는 생명나무의 과실을 주어 먹게 하리라라고 하십니다. 낙원은 다만 하나님의 소유권에 있는 먹을 것이 있는 편안한 곳입니다. 고후 12장 4절에는 그가 낙원으로 이끌려가서 라고 되어 있습니다. 이처럼 우리가 천국에 갔다 왔다고 하는 것은 영안으로 낙원을 보고 혹시 천국을 본 사람도 있겠지만, 낙원에서도 천국을 볼 수는 있을 것입니다. 눅 23장 43절에는 예수님 십자가에 달리실 때에 행악자 중 하나에게 네가 나와 함께 낙원에 있으리라고 합니다. 이처럼 신약성경에는 낙원이란 말이 세 번 인용되었습니다.(눅 23:43, 고후 12:4, 계 2:7) 그러므로 천국 가는 길은 우주를 벗어나서 낙원을 지나야 갈 수 있는 곳이며, 이 우주는 사단의 영역이기 때문에 우리의 힘과 능력으로 절대로 벗어 날 수가 없습니다.

오직 성령님의 도움으로 사단과 마귀 귀신들의 영역을 순식간에 헤쳐 나갈 수 있는 것입니다. 우리가 기도할 때도 우리의 힘으론 사단의 영역인 우주를 벗어 날 수 없으므로 오직 성령님께서 우리의 기도를 하나님께 상달시키시는 것입니다. 그러므로 예수님 이후로는 성령님 도움 없이는 아무리 기도해도 하나님께 상달되기는 어렵습니다. 구약시대에는 천사가 기도를 상달시키는 일을 했으며 특별히 택한 선지자들 만이 하나님께서 그 기도를 들으시는 것입니다. 그러나 예수님께서 이 모든 것을 깨뜨리시고 누구든지 성령 받으면 성령님께서 기도를 상달시키게 은혜를 베푸신 것입니다. 그러므로 성령님의 도움 없이 기도하면 마귀 사단이 중간에서 잘라 버리고 악령들이 적당히 대답해줘 버립니다. 그것을 응답받았다고 하는 사람들이 많습니다. 타종교에서 말하는 저세상 저 천당은 우주 안에 있습니다. 그러니 타종교와 기독교를 비교할 수 없는 것입니다. 그럼 하나님의 나라 천국에는 어떤 것이 있나? 이곳에는 인간의 지식과 지혜로 만든 물건은 없습니다. 하나님께서 지으신 아름답고 빛난 것만 있습니다. 어떤 사람들은 천국에 가니 아파트가 있고 가스가 있고 자동차가 있다. 고 합니다. 이런 말들을 하지만 거기는 하나님의 영광으로 모든 것이 이루어져 있기 때문에 우리의 상상을 초월하는 곳입니다. 성경에는 천국이 보석에 많이 비유되어 있습니다만, 그때 성경을 기록한 분들에게 보이기는 보석처럼 아름다왔고 보석 외는 비유할 것이 없어서 보석에 비유한 것이지 실제로는 보석 그것 보다 훨씬 더 아름답고 찬란한 곳입니다. 그러기에 천국은 우리 생각이나 사람이 가지고 있는 그 어떤 상상력을 가지고도 표현할 수 없는 상상을 초월하는 곳입니다. 그곳으로 우리를 데려가시려고 예수님께서는 지금도 보혜사 성령님을 보내시어 애쓰고 계시지만 많은 사람들은 아직도 간사한 미혹의 영 마귀의 음성을 들으며 하나님의 영인 성령의 음성을 들으려고 하지 않는 너무나 슬픈 시대입니다. 우리는 이런 세상에 살면서 천국 가는 길을 성령님의 도움으로 길을 만들어야 하며 예수님 재림 이전에 죽으면 영이 낙원에 가서 쉬다가 또는 잠자다가 예수님 재림 때에 첫째 육신 부활에 참여하여 거듭나므로 천년왕국에 참여하고 백 보좌 심판을 지나서 천국으로(신천신지) 입성하는 것입니다. 이것이 천국 가는 길의 순서입니다.

6부

지옥(꺼지지 않는 불, 유황 불 못)과 음부(어두운 참담한 환경, 저승)

사람이 죽으면 육신은 흙으로 가고 하나님을 모독하거나 거부하고 죄를 지은 영혼들은 지옥으로 간다고들 하지만 성경말씀은 다릅니다. 물론 육신은 흙으로 가지만 그 영은 지옥이 아니라 음부로 갑니다. 음부란 어두운 곳 고통 받는 곳(눅 16:23)입니다. 음부란 백 보좌 심판을 통해서 지옥에 던지기 전 대기처라고 말할 수 있습니다. 지옥이라는 말은 구약성경에는 없으며 신약성경에 13번 지옥이라고 기록되어 있습니다. 성경말씀에서 가르치는 지옥은 꺼지지 않는 불 못 유황불로서 여기에 들어간다는 것은 둘째 사망을 의미하는 것입니다.

그르므로 지옥이란 마지막 심판 때에 영벌하기 위해 예비된 곳입니다. 마지막 백 보좌 심판을 통해서 생명책에 기록되지 않은 사람은 지옥에 던지다 또는 던져 버린다고 하는 것입니다.(마 18:9, 계 20:15)

<u>마 25장 41절 또 왼편에 있는 자들에게 이르시되 저주를 받은 자들</u>

아 나를 떠나 마귀와 그 사자들을 위하여 예비된 영영한 불에 들어가라. 그러므로 지옥이란 마지막 심판을 위해서 예비된 곳이 확실합니다. 그렇다면 죄 짓고 지금 죽은 자들의 영은 어디로 가는가요? 음부로 가는 것입니다. 예수 믿는 사람들은 낙원에 가서 예수님 재림 때에 정화된 육신의 부활을 기다리고 죄지은 자들은 백 보좌 심판 때까지 음부에서 기다려 심판을 통해서 정해지는 것입니다.

마 5:22

형제에게…미련한 놈이라 하는 자는 지옥 불에 들어가게 되리라.

마 5:29

네 오른 눈이 너로 실족케 하거든 빼어 내버리라 네 백체 중 하나가 없어지고 온 몸이 지옥에 던지우지 않는 것이 유익하며

마 5:30

네 오른손이 너로 실족케 하거든 찍어 내버리라 네 백체중 하나가 없어지고 온 몸이 지옥에 던지우지 않는 것이 유익하니라.

마 10:28

몸은 죽여도 영혼은 죽이지 못하는 자들을 두려워하지 말고 오직 몸과 영혼을 능히 지옥에 멸하시는 자를 두려워하라.

마 18:9

네눈이 너를 범죄케 하거든 빼어 내버리라 한 눈으로 영생에 들어가는 것이 두 눈을 가지고 지옥 불에 던지 우는 것보다 나으리라.

마 23:15

화 있을진저. 외식하는 서기관들과 바리새인들이여 너희는 교인 하나를 얻기 위하여 바다와 육지를 두루 다니다가 생기면 너희보다 배나 더 지옥 자식이 되게 하는 도다.

마 23:33

뱀들아 독사의 새끼들아 너희가 어떻게 지옥의 판결을 피하겠느냐

막 9:43

만일 네 손이 너를 범죄케 하거든 찍어버리라 불구자로 영생에 들어가는 것이 두 손을 가지고 지옥 꺼지지 않는 불에 들어가는 것보다 나으니라

막 9:45

네 발이 너를 범죄케 하거든 찍어 버리라 절뚝발이로 영생에 들어가는 것이 두 발을 가지고 지옥에 던지 우는 것보다 나으니라

막 9:47

네눈이 너를 범죄케 하거든 빼어버리라 한 눈으로 하나님의 나라에 들어가는 것이 두 눈을 가지고 지옥에 던지 우는 것보다 나으니라

눅 12:5

마땅히 두려워할 자를 내가 너희에게 보이리니 곧 죽인 후에 또한 지옥에 던져 넣는 권세 있는 그를 두려워하라 내가 참으로 너희에게 이르노니 그를 두려워하라

약 3:6

혀는 곧 불이요 불의의 세계라 혀는 우리 지체 중에서 온 몸을 더럽히고 생의 바퀴를 불사르나니 그 사르는 것이 지옥 불에서 나느니라.

벧후 2:4

하나님이 범 죄 한 천사들을 용서치 아니하고 지옥에 던져 어두운 구덩이에 두어 심판 때까지 지키게 하셨으며

계 19:20

짐승이 잡히고 그 앞에서 이적을 행하던 거짓 선지자도 잡혔으니 이는 짐승의 표를 받고 그의 우상에게 경배하던 자들을 산 채로 유황불 붙은 못에 던지 우고

계 20:10

또 저희를 미혹하는 마귀가 불과 유황 못에 던지 우니 거기는 그 짐승과 거짓 선지자도 있어 세세토록 밤 낮 괴로움을 받으리라

계 20:14

사망과 음부도 불 못에 던지 우니 이것은 둘째 사망 곧 불 못이라

계 20:15

누구든지 생명책에 기록되지 못한 자는 불 못에 던지우더라.

계 21:8

그러나 두려워하는 자들과 믿지 아니하는 자들과 흉악한 지들과 살인자들과 행음 자 들과 술객들과 우상 숭배들과 모든 거짓말

하는 자들은 불과 유황으로 타는 못에 참예하리니 이것이 둘째 사망이라

그러나 실제로 지옥이 어디에 있으며 지옥의 크기와 같은 것들은 우리는 알 수가 없습니다. 다만 음부인 우주 안에 있다 라고만 말할 수 있습니다.

타종교에서 말하는 지옥(불교=28개의 하늘이 있고, 지옥은 지하 감옥 18층으로 되어 있다고 함.)

음부 = 신약 11번, 구약 44번

마 11:23

가버나움아 네가 하늘에까지 높아지겠느냐? 음부에까지 낮아지리라 네게서 행한 모든 권능을 소돔에서 행하였더면 그 성이 오늘날까지 있었으리라.

마 16:18

또 내가 네게 이르노니 너는 베드로라 내가 이 반석 위에 내 교회를 세우리니 음부의 권세가 이기지 못하리라

눅 10:15

가버나움아 네가 하늘까지 높아지겠느냐 음부에까지 낮아지리라

눅 16:23

저가 음부에서 고통 중에 눈을 들어 멀리 아브라함과 그의 품에 있는 나사로를 보고

행 2:27

이는 내 영혼을 음부에 버리지 아니하며 주의 거룩한 자로 썩음을 당치 않게 하실 것임이로다

행 2:31

미리 보는 고로 그리스도 의 부활하심을 말하되 저가 음부에 버림이 되지 않고 육신이 썩음을 당하지 아니 하시리라 하더니

롬 10:7

혹 누가 음부에 내려가겠느냐 하지 말라 하니 내려가겠느냐 함은 그리스도를 죽은 자 가운데서 모셔 올리려는 것이라

계 1:18

곧 산 자라 내가 전에 죽었었노라 볼 찌어다 이제 세세토록 살아 있어 사망과 음부의 열쇠를 가졌노니.

계 6:8

내가 보매 청황색 말이 나오는데 그 탄자의 이름은 사망이니 음부가 그 뒤를 따르더라. 저희가 땅 사분일의 권세를 얻어 검과 흉년과 사망과 땅의 짐승으로써 죽이더라.

계 20:13

바다가 그 가운데서 죽은 자들을 내어주고 또 사망과 음부도 그 가운데서 죽은 자들을 내어주매 각 사람이 자기의 행위대로 심판을 받고

계 20:14

사망과 음부도 불 못에 던지 우니 이것은 둘째 사망 곧 불 못이라

음부라는 말씀은 구약성경에 약 44번 기록되어 있고 신약 성경에 11번 기록되어 있습니다. 구약성경에는 창세기 37장에서부터 시작하여서 특히 시편에는 많이 기록되어 있습니다. 성경 말씀을 통해서 우리는 지옥과 음부는 다르다는 것을 알 수 있습니다. 지옥은 영영한 형벌을 받기 위해서 예비된 불못이고(마 25:41, 막 9:43, 요한계시록) 음부는 백 보좌 심판을 받기 위해서 대기하는 곳입니다. 그러므로 낙원은 생명책에 기록된 사람들이 예수님 재림을 기다리며 대기하는 곳이고, 음부는 생명책에 기록되지 못했거나 기록되었다가 그 이름이 지워진 사람들의 영혼이 백 보좌 심판 때까지 대기하는 곳입니다. 우주 안에 유황불이 끓는 곳이 있고(**지옥**) 얼음만 있는 곳 공기가 없는 곳 어둠만 있는 곳(**음부**) 여러 가지 별의별 곳이 다 있는 것입니다. 그러므로 음부에 가는 것은 사람이 죽어서 그 영이 낙원에 못가면 음부로 가는 것입니다. 그런데 음부도 영원히 있는 것은 아닙니다. 음부는 백 보좌 심판 때까지 존재하고 그 후에는 지옥에 던져 없어진다고 합니다.(계 20:14) 음부는 여러 종류의 계층이 있습니다. 어떤 영들은 그냥 쉬기도 하고 고통을 받는 영도 있습니다. (눅 16:23, 거지나사로) 하지만 이 모두가 마지막 백 보좌 심판 때에는 음부의 영혼과 그 육신들을 부활시켜서 심판대에 세워 마지막 심판을 받습니다.(계 20:13) 이것이 바로 하나님의 사랑인 것입니다. 그 이유는 한 영혼이라도 천하보다도 귀히 여기시는 하나님의 은혜이십니다. 심판의 결과를 우리는 알 수 없습니다. 아마도 부끄러운 구원이지만 많은 사람이 심판을 통해서 구원에 이르지 않을까 하는 저의 개인적인 생각입니다. 그러나 백 보좌 심판 때 심판대 앞에서는 사람들 중에 예수를 전혀 믿지 아니했거나 훼방하고 핍박한 사람들 또는 사이비 이단 우상숭배자들은 예수님도 어찌할 도리가 없습니다. 유황불이 영영히 불타는 지옥 불 못으로 보낼 수밖에 없습니다. 이것이 둘째 사망입니다. **(계 20장 14절, 계 21:8절)** 존재 자체가 지옥에서 나오지 못하고 영영히 벌을 받는 것이며 이것을 영벌이라고 합니다. 그러므로 음부는 심판을 받기 위한 대기소이며, 성령을 체험했으나 미혹의 영에 유혹을 받아서 미혹되어 죄를 많이 지은 자도 문제입니다. 이들은 지금은 음부에 와 있지만 한 때는 생명책에 이름이 기록되어 있던 사람들입니다. 내 부모 형제 자식 집안 이웃이 성령을 받지 아니하고 이 둘째 사망으로 가는 것을 막을 수도 잡을 수도 없고 내가 들림 받아서 낙원에 가도 기쁨만이 있는 것은 아닙니다. 오직 주님의 위로를 받을 뿐입니다. 그러므로 이 세상에서 어떤 대가를 치르더라도 부모 형제 자식을 성령 받게 해서 함께 들림 받아서 예수님 계시는 천국에 가는 사람이 가장 복된 사람입니다. 그러나 그렇게 하지 못하기 때문에 안타까울 뿐입니다.

7부

재림과 육신의 부활 그리고 천년왕국

(고전 15장:12~58, 계 20장, 21장, 22장, 단 12:2)

부활, 재림, 천년왕국은 연결되어 있으므로 함께 설명하기로 하겠습니다.

고전 15:51

우리가 다 잠잘 것이 아니요 마지막 나팔에 순식간에 홀연히 다 변화하리니…

요한복음 5:25

진실로 진실로 너희에게 이르노니 죽은 자들이 하나님의 아들의 음성을 들을 때가 오나니 곧 이때라. 듣는 자는 살아나리라.

육신의 부활이란 우리 믿음의 최종 목표인 것입니다. 내가 죽어서 육신의 부활이 없으면 천국에 심판 없이 갈 수가 없고 육신의 부활을 통해야 만이 심판 없이 천국에 들어가기 때문입니다. 예수님의 재림 때 부활하라는 음성에 의해서 육신이 부활 할 수 있다는 믿음을 가져야 합니다. (첫째 부활 계 20:4~6) 이 믿음이 없다면 첫째 부활에 참여하지 못하고 천년왕국이 끝나고 둘째 부활 때는 모두가 부활하는데 (계 20:12~15) 이때는 백 보좌 심판의 부활이기 때문에 천국으로 인도될 확률이 얼마가 될지는 모르겠으나 아마 예수님의 특별한 은혜가 있으시기를 바라야 할 것입니다. 만일 심판을 통해서 구원을 받는다면 이것은 부끄러운 구원이 될 것입니다. 그런데 주님 재림 때 내가 1차 육신의 부활에 참여한다는 확신 없는 믿음을 가지고 죽으면 어찌 1차 부활 때에 부활하겠습니까? 성경 말씀 어디를 보아도 육신의 부활을 통해서 영과 육이 합하여 거듭남으로 예수님을 영접하고 난후에 천국에 들어가게 되어 있습니다.(예수님도 부활했음) (특별한 하나님의 택한 자는 외에) 우리가 죽으면 영혼이 지금 천국에 가는 것이 아니라 낙원에서 쉬다가 또는 잠자다가 주님 재림의 나팔소리 같은 음성의 명령에 의해서 정화된 육신과 영이 결합하여 신령한 영체로써 거듭나는 것입니다. (고전 15:51~52) 그런데 오늘날 교회에서 가르치고 있는 것은 그냥 죽으면 천국 간다고 막연하게 가르치고 있는 것입니다. 많은 사람들이 이런 학설에 속고 있는 것입니다. 성경 어디를 보아도 사람이 죽으면 잠자다. (고전 15장) 또는 쉰다고 가르치고 있는데 (계 20:4~6) 왜 성경을 가르치는 사람들이 그것을 알지 못하고 죽으면 그냥 천국 간다고 가르칠까요? 그것은 불교나 다른 종교들의 영향을 받아서 그렇습니다. 또한 **하나님의 말씀을 깨닫지 못해서이며** 또한 보혜사 성령님을 체험하지 못해 성령님의 도움을 받지 못하므로 자기들의 지식으로 쉽게 해석하다 보니 하나님의 깊은 뜻을 헤아리지 못해서 그런 현상이 일어나는 것입니다. 흔히들 어떤 사람들은 말씀을 주장하고 또 어떤 사람들은 성령을 주장한다고들 말하지만 둘 다 반쪽씩만 주장 하는 것입니다. 또한 십자가의 복음 부활의 복음으로 나누는 사람들도 있지만 십자가에 달려 죽으심으로 승리하신 분이 예수님이고 십자가에서 죽으므로 부활하신 분이 예수님이고 부활하므로 승천하신 분이 예수님이고 승천하시므로 우리를 위해 영원한 곳을 예비하시고 재림하실 분도 예수님이고 심판하실 분도 예수님이시고 앞으로 천국에서 영원히 우리와 함께 하실 분도 예수님이시니 **오직 예수님의 복음이라야 합니다.** 예수님께서 하신 모든 것이 복음인 것입니다. 굳이 나누어서 논쟁할 필요가 없습니다. 그르므로 우리는 보혜사 성령이 충만하고 말씀으로 거듭나야 하는 것이지 성령 따로 말씀 따로 십자가 따로 부활 따로 재림 따로가 아닙니다. 오직 보혜사 성령님께서 성경 말씀을 생각나게 하시고 또는 깨닫게 하시는 것입니다.

예수님께서 육신이 부활하시므로 우리에게 육신의 부활이 있다는 것을 가르치셨고 예수님께서 충성으로 생명을 내어 놓으시므로 충성의 본을 보이신 것이며 예수님께서 승천하시므로 예수님 재림이 있다는 것을 우리에게 가르치고 있습니다. 예수님의 공중 재림 때 이리 올라오라는 나팔소리 같은 음성을 신호로 육신들이 잠에서 깨어나 먼저 부활하여 영과 합하여 7년 환난 동안 천국에서 예수님을 모시고 잔치를 하고(여러 종류의 예배) 예수님과 같이 지상 재림하여 천년왕국에서 예수님의 백성으로서 왕국을 다스린다는 것입니다.(계 20:4~6) 그러므로 물과 보혜사 성령 충만한 사람만이 예수님의 신부

같은 자격을 갖춘 사람이며 그 외에는 예수님 나라의 백성입니다. 성경 말씀에 많은 곳에서 육신의 부활과 예수님 재림에 대해서 말씀하고 있지만 오늘날 많은 사람들은 이 중요한 대목에 가서는 고개를 돌리고 있는 실정입니다. 그 이유는 가르치는 사람들이 1차 육신의 부활과 예수님 재림의 확신이 없고 모르기 때문이고, 또는 1차 육신 부활과 재림을 안다고 해도 1차 육신 부활과 재림을 가르치려면 성령으로 거듭남을 가르쳐야만 하기 때문에 물질문명의 발달로 인한 세상에서 자기교회의 교인 숫자를 경쟁적으로 늘리려면 먹혀들지 않으니까. 적당히 이 세상에서도 부귀를 누리고 죽어서는 천국 간다고 달콤한 말로 가르쳐야(니골라 당의 교훈) 교인들을 모을 수가 있고 교세를 확장하려면 그렇게 말을 할 수 밖에 없는 세상이 되고 말았습니다. 지금 우리들의 목표는 예수님 재림을 기다리는 것이고 우리가 살아생전 예수님 재림을 맞이할 수 있다면 크나 큰 영광이지만 만일 우리가 살아서 예수님 재림을 맞이하지 못 한다면 죽어서 잠자다가 또는 쉬다가 예수님 공중 재림의 나팔소리를 듣고 첫 번째 육신부활의 역사에 동참해야 합니다. 이것이 우리의 신앙의 푯대가 되고 목표가 되어야 합니다. 그러므로 성령 충만한 생활을 하는 그 사람들만이 예수님의 신부 같은 사람이므로 성령님의 도움으로 1차 육신부활 때에 부활하는 것입니다. 그 어떤 권력 명예 학벌 직분 이런 것들이 육신을 부활시키지 못합니다. 간혹 변화된 영체로 천년왕국에 들어가면 생육하고 번성할 것인가? 의문을 가지고 있지만 들림 받은 몸이나 부활한 사람들은 육신이 신령하게 변화된 영체이기 때문에 시집가고 장가 가지 않으며 (마 22:30) 예수님처럼 거룩한 몸이 되어 거룩한 생활을 하는 것입니다. 그런데 요즘은 희한한 풍습이 생겨났습니다. **화장이란 풍습이 생겨난 것입니다.** 사람이 죽으면 시체를 엄청난 화력으로(800도 이상) 태워서(화장) 남은 뼈를 기계로 빡빡 갈아서 가루를 만들어 산이나 물에 뿌려 버립니다. 또는 납골당에 보관합니다. 화장이란 것은 불교에서 생겨난 것인데, 불교에서는 사람이 죽으면 다시 태어나기 때문에(**윤회輪廻라고 함**) 육체는 옷 같은 것이라서 다시 태어 날 때는 아무 필요없다고 생각하기 때문에 화장을 해서 시체를 없애 버리는 것입니다. 그러므로 육체는 육신의 부모가 주고 영혼은 윤회하여 돌고 도는 물레방아처럼 된다는 것입니다. 성경 말씀에 **화형**이란 말이 있긴 합니다. 레 21장 9절에 제사장의 딸이 행음하면 화형하라는 말씀이 있습니다. 육신을 더럽혔기 때문에 그 육신을 없애 버리라는 말씀입니다. 한국 교회의 화장 문화가 하나님의 말씀에 비추어 볼 때에 말이 되는 것입니까? (**살전 5:23 기타 성경전체**) 하지만 우리 그리스도교는 육신은 육신의 부모를 통하여 하나님께서 주시며 또한 영원히 죽지 않고 영체로 부활한다는 것이 명백합니다. 영혼은 하나님께서 주신 생령이므로 영원한 것입니다. 그러므로 육신이나 영혼 모두가 영원한 하나님의 것입니다. 그런데 이 영원한 나라의 사람들이 우상 종교인 불교의 교리를 본받아서 영원한 영체로 부활해야 하는 육체를 불태워 없애버리는 행위는 하지 말아야 합니다. 땅에 씨앗을 뿌릴 때 불에 태워서 땅에 뿌리면 새싹이 나올까요? 이와 같이 육체를 유황 불 같은 불에 태워서 훼손하면 육신의 세포가 죽어 버려서 다시 부활하지 못합니다. 이런 낭패가 있어서는 절대로 절대 로 안 됩니다. 정신 차려야 합니다. 화장을(불에 태우는 것) 해서 시체를 훼손 하는데 예배를 인도하는 목회자들은 도대체 성경 말씀을 알고나 있는지 혹시 성경 말씀을 불경으로 착각을 하는 것은 아닌지 답답할 뿐입니다. 화장을 주장하는 우리나라 목사님들 이름은 생략하고 몇 분이 하는 말을 인용하겠습니다. 모 교수는 매장을 하나 화장을 하나 땅에 들어가는 것은 똑같다고 주장 김 모 목사는 계 20장 12~13절 말씀을 들어 하나님의 능력이 크시기 때문에 부활하는데는 지장이 없다고 현혹함. 박 모 목사는 사체처리는 방법이 중요하지 않다고 하며 부활할 때는 바다에 빠져죽으나 화염에 연소된 자나 같다고 미혹함(기독교 화장장려 운동 본부 발측시 초대 공동 대표 = 옥한흠 최일도 최홍준 박종근 송길원 목사). 유명하다고 하는 그들이 주장하는 내용을 보면 너무 한심합니다. 이들은 고전 15장 35절~49절 말씀을 가지고 현혹 합니다. 여기 말씀은 화장하고는 전혀 관계가 없는 말씀입니다. 말씀을 왜곡 타협하지 말고 성경말씀을 잘 깨달아서 하나님의 말씀에 의존하여 행해져야 합니다. 불교에서 말하는 육신은 영혼의 옷이 아닙니다. 귀신을 섬기는 우상의 종교에 아무리 좋은 교훈이나 가르침이 있다 해도 우상의 교리나 귀신의 풍습을 따라서는 안 됩니다. 중국 조선족 신학교에서 화장하면 아니 된다고 강의를 하니까 중국에는 정부에서 무덤을 못 만들게 하고 화장을 하라고 한답니다. 그럼 이런 때에는 어찌 해야 하느냐고 질문을 받았습니다. 그래서 저는 이렇게 대답했습니다. 우선 여러분들은 공산주의의 산물이 없어지게 국가를 위해 기도해야 하고 이런 때에는 하나님의 능력이 있어야 한다고 대답했습니다. 또한 천년왕국에서는 생육하느니 못하느니 논란이 있으나, 천년왕국에서 생육하고 번성하는 종족은 하나님께서 장자의 민족으로 선택한 일부 이스라엘 민족을 예비처에서 칠년 환난 중, 후 삼년반 동안 피하게 하여 번성시키며 또한 전혀 물질문명의 영향을 받지 아니한 오지의 미개 종족들입니다. 부활한 신령한 영체들이나 들림 받은 신령한 몸들은 모두 신령한 영체를 가지므로 생육하지 아니 합니다.(마 22:30, 막 12:25, 눅 20:35~36) 또한 천년왕국에서는 지금 우리가 생활하는 방식과 전혀 다른 생활입니다. 사단 마귀 귀신이 없는 세상이니 각종 동물 곤충들이 어린아이들이 친구가 되며 어린아이들이 독사의 굴에 손을 넣고 사자가 풀을 먹으며 아무런 두려움과 무서움이 없고 병원이 필요 없는 그런 곳입니다. 그러므로 빨리 지나 갑니다.(이사야 11:6~9) 지금 이 세상에 있는 빌딩들과 과학 물질문명은 7년 환난 때에 전부 사라집니다. 그것은 인간들로 인해서 더러워지고 파괴되었으며 7년 환란 때 전쟁과 인간들의 과학으로 오염된 만물과 여기에 미혹된 인간들은 멸종되고 들림 받았던 모든 만물이(식물 동물) 다시 새롭게 자라게 됩니다. 이렇게 되려면 이 오염된 지구를 새롭게 정리해야 합니다. 지금 이대로는 아무것도 될 수 없는 것입니다. 그래서 땅들의 지형이 바뀌고 섬들이 사라지고 산들이 무너지고 모든 것이 낙원의 모형으로 바뀌고 에덴동산의 생활방식으로 돌아갑니다. 처음 에덴동산의 모습으로 말입니다. 요한계시록 20장과 21장을 깨달으면 알 수 있습니다. 천년 왕국 때는 깨끗한 땅이어야 하며 우주 전체가 처음 에덴으로 바뀌는 것입니다. 이것이 처음이요 나중이라는 것입니다. 처음과 나중이 같다는 것입니다. 그러므로 첫째 부활과 들림 받은 사람들은 삼위일체이신 예수님을 언제든지 만날 수 있으며 하나님의 능력으로 어디든 갈수도 있으며 천사같은 생활을 하는 것입니다. 천년왕국은 신천신지의 모형인 것입니다. 그러므로 천국에서 지금처럼 인간이 만든 물건들이나 지금의 지식 학문이 필요할 것이라고 생각하면 틀린 것입니다. 지금 이 세상에 사람이 만든 많은 것은 악의 씨앗이기 때문에 모두 사라져야 하며 있어서는 안 될 것들입니다. 그러므로 말세지말 중에서도 마지막 때인 이 시대에 살고 있는 우리는 오직 하나님의 크신 뜻을 깨닫고 따르는 데에 전심을 다해야 합니다. 오직 불같은 보혜사 성령님의 충만함만이 모든 것을 해결하여 준다는 것입니다. 이것을 에덴으로의 믿음생활이라 나는 칭해 봅니다. 우리가 아무리 성경과 하나님을 아는 지식이 있어도 성령님의 도움이 없으면 아무 것도 깨달을 수도 또 할 수도 없기 때문에 그렇습니다. 요 3장 5절 물과 성령으로 나지 않고는 하나님 나라에 들어갈 수 없다고 분명하게 말씀하십니다. 계 21장 27절에는 하나님의 생명책에 이름이 기록된 자만이 천국에 들어 갈 수 있고, 계 20장 15절에는 생명책에 이름이 기록되지 못한 자는 불 못에(지옥) 던진다고 하며 계 3장 5절에는 생명책에 기록되는 자는 이기는 자라고 말씀하십니다. 이기는 자는 보혜사 성령 충만하여 성령님의 인도함으로 마귀의 유혹을 이기는 것을 말합니다. 그럼 물과 성령으로 난다는 말씀은 무엇이겠습니까? 물은 우리의 육신 즉 외적인 것을 깨끗이 해줍니다. 그러므로 육신과 영을 깨끗이 해야 한다는 것입니다. 물로 목욕을 자주해서 깨끗이 가 아니고 육신(행위)으로 죄를 짓지 말라는 것입니다. 입으로 죄 짓지 말며 눈으로 세상의 욕망 정욕을 탐하지 말며 발로 나쁜 곳에 출입을 말며 손으로 도둑질이나 나쁜 짓을 말며 귀로 더러운 소리를 즐기지 말 것이며 몸으로 간음이나 더러운 짓을 말며 항상 물로 몸을 깨끗이 씻듯이 깨끗한 구분된 생활을 하라는 것입니다. 이런 것들은 육에 속한 것입니다. 성령으로 난다는 것은 영에 속한 것으로 우리 속에 보혜사 성령님을 받아드려서 성령님의 음성을 들으며 성령님께서 인도 하시는 대로 행하는 것이 물과 성령으로 거듭나는 것입니다. 이것이 바로 거듭난 신앙인 것입니다. 육신으로 죄를 범하지 말고 영적으로는 성령 충만하여 성령님의 음성을 들으면서 세상의 더러운 것들에 미혹 되지 않고 생활하는 것을 말합니다. 이렇게 물과 성령으로 거듭나는 생활을 하다가 죽어야 육신이 첫째 부활에 참여하는 것이며 그렇지 않으면 둘째 부활 때에 육신이 부활할 수밖에 없습니다. 첫째 부활 때 육신이 부활하는 사람은 예수님의 신부의 자격으로 제사장 같은 복을 누리지만 둘째 부활 때 육신이 부활하는 사람은 심판을 받아야 합니다. 여기서 심판받고 천국으로 들어간다고 해도 평범한 예수님의 백성이 될 뿐입니다. 천국에는 반드시 상급이 있습니다. 그러므로 성령 충만을 체험해서 내가 죽으면 낙원에서 쉬다가 예수님 재림 때에 육신이 부활한다는 확신이 없으면 물과 성령으로 거듭나지 못했으며 또한 내가 죽으면 첫째 부활 때에 반드시 내가 부활 한다는 것과 예수 재림의 믿음이 없으면 이제까지 예수님을 믿은 것이 아니고 예수 믿으면 그냥 천국 간다는 사람의 학문과 지식으로 가르치는 사람들의 말에 속아서 조금 아는 정도에 그치는 것입니다. 그러므로 내가 죽으면 부활한다는 것과 예수님 재림의 확신이 없는 분은 지금부터라도 열심히 기도하여 불같은 성령의 충만함을 받아 구원의 확신을 가질 수 있는 믿음을 구해야 합니다. 혹시 성령을 받았는데도 부활과 재림의 확신이 없는 분은 부족한 것입니다. 이런 분들은 열심히 기도하여서 더욱 충만해져야 하며 혹은 미혹의 영에 속고 있는 분들도 있습니다. 하나님과 예수님의 삼위일체이신 성령님을 받은 분은 분명히 부활과 예수님 재림의 확신이 있습니다. 이 확신이 없으면 예수님을 믿는 것이 허사가 됩니다. 성령 받았다는 사람들이 예수님 재림 때에 내가 1차 부활 때에 육신이 부활한다는 것과 천국에는 관심이 없고 그저 이 세상에서 물질로서 잘 살아야 하느니 사업이 잘 되고 또한 은사에 치우쳐서 안일한 생활로 일관 한다면 다시 잘 생각해야 합니다. 성령 체험한 사람들은 내가 죽으면 1차 부활 때에 성령의 도움으로 육신이 부활한다는 것과 살아생전에 예수님께서 공중 재림을 하시면 꼭 들림 받는다는 사실을 기다리는 믿음이어야 만이 예수님의 신부의 자격이 있고 하나님 나라의 자녀이며 하나님 나라의 백성이 되는 것입니다. 만일 지금 내가 죽으면 곧바로 천국에 간다면 육신이 부활할 필요가 없는 것 아니겠습니까? 천국에 가서 있는데 무엇 때문에 또 부활해야 할 필요가 있겠습니까. 천국에는 반드시 부활한 영체나 들림 받은 변화된 영체로만 들어가게 되어 있습니다. 그것은 육신과 영 모두가 하나님 것이기 때문에 하나님께서 다시 찾으시는 것입니다. 그러므로 우리가 지금 죽으면 천국이 아니고 낙원에 가서 쉬고 있다가 또는 잠자다가 천국에 가기 위해서 예수님 공중 재림 때에 육신이 부활할 것이며 예수를 잘못 믿은 사람이나 믿지 아니한 사람들은 음부에서 쉬거나 고통 받다가 둘째 부활 때 부활해서 심판을 통해서 구원 또는 지옥으로(영원한 죽음) 가는 것입니다.

8부

말세지말 때 나타날 징조들

(마 24장, 사 3장 16~24, 눅 21장 29~36, 단 12장)

재난 시작의 징조들은 오래 전부터 시작되어 왔지만 요즘은 그 징조들이 더욱더 빠르고 분명하게 성경 말씀에 일치되게 나타나고 있습니다.(2003년~) 마지막 때에 재난의 징조들을 보여주시는 그 이유는 그 재난 징조의 시작으로 인해서 하나님 나라의 백성된 사람들이(성령 받은 사람) 하나님의 뜻을 깨닫고 말씀에 따라서 준비하라는 것이며 또한 마귀에게 미혹 당하지 않고 바로 서기를 특별히 준비하는 기간으로 주신 것입니다. 물론 성경 말씀에는 재난의 시작 시점이라는 말씀은 없습니다. 그러나 성경 말씀을 종합하여 볼 때 그때를 예측할 수는 있는 것입니다. 이 시대에서 주님의 재림의 날이 매우 임박하였다는 것은 확실합니다. 누구도 부인 못할 것입니다. 세상 되어가는 징조로서 우리는 짐작할 수 있는 것입니다. 특히 기독교계가 하나님의 말씀에서 멀어져 가고 있는 것과 하나님을 믿는 다고 하는 사람들이 성경 말씀을 깨닫지 못하는 것과 하나님을 믿지 않는 사람들의 완악함 그 징조들을 성경 말씀을 통해서 우리는 깨닫고 알아야 합니다. 무엇보다도 사람들이 완악함으로 복음이 더 이상 전파되기 힘들어질 때 또는 예수님을 믿은 사람들이 성경 말씀에서 멀어져 갈 때, 그 때를 주의 깊게 지켜보고 준비를 해야 합니다. 왜냐하면 하나님께서는 결코 손해를 보시지 않기 때문입니다. 이런 때에는 성령 받은 사람들은 여분의 기름이 준비됐는지 점검하고(성령 충만) 예수님 재림을 맞이할 마무리 준비를 해야 할 때입니다.(열 처녀 비유) 이것이 아니되면 예수님 재림의 나팔 소리를(이리 올라오라는 음성) 듣지 못합니다. 그러므로 우리가 깨닫는데 조금의 도움이 되고자 말세의 징조 몇 가지를 지적해 봅니다.

1. 믿는 사람들이 사단과 마귀 귀신들에게 많이 미혹 당함.(마 24:3~5, 눅 21:8)

예수님의 제자들이 예수님에게 주의 임하심과 세상 끝날에는 무슨 징조가 있겠냐고 질문을 합니다. 그 첫 번째 말씀이 너희가 미혹을 당하지 말라고 하십니다. 미혹의 종류는 **영적 미혹, 물질 미혹, 육신의 미혹, 지식의 미혹, 과학의 미혹** 현재 지구상에 사람이 만든 대부분의 것들이 하나님의 진리와 하나님의 말씀에서 멀어지게 하여 사람의 육신과 영혼을 미혹하는 것들입니다. 그중에서도 예수님을 믿는 일부 많은 사람들이 악령이나 여러 가지 것들에 미혹 당해 있습니다. 그 미혹들 중에서도 제일 두려운 것은 영혼을 유린하는 미혹입니다. 많은 사람들이 예수님의 이름으로 자기가 구세주 인척하면서 사람들을 멸망의 넓은 길로 인도 해가고 있습니다. 또한 많은 목회자들이 소경이 되어 (눅 6:39) 하나님의 진리가 아닌 인간의 지식이나 지혜 학문 과학 물질문명으로 성도들의 심령을 어지럽혀 이슬비에 옷이 젖어가는 것도 모르듯이 서서히 죄의 구덩이로 인도 해가고 있습니다. 교계의 지도자들이나 교인들이 미혹당하는 자신들을 깨닫지 못하고 하나님의 것이 아닌 것들을 하나님의 진리 인양 믿고 따라 갑니다. 이런 현상이 바로 지금 확실하게 나타나고 있습니다. 미혹의 영들은 그저 예수 믿는다고 교회 열심히 나가고 목사 말 잘 들으면 천국 간다고 하며 모든 계시나 음성은 목사 자기들을 통해서 만이 하나님께서 역사하시니까 주의 종을 잘 받들고 섬겨야 한다고 하며 자기들끼리 번갈아가며 그럴듯하게 거짓말을 하고 있는 것입니다. 그러나 이것은 철저히 속는 것입니다. 예수님을 믿는 것이 교회 잘 다니고 목사 시키는 대로 하면 되는 것이 아닙니다. 물론 영적으로 하나님의 말씀에 바로선 목회자의 말이라면 전적으로 믿고 따라야 합니다.(그것을 분별하기가 어려움) 그러나 보혜사 성령의 은사와 사역을 거부하고 성령의 체험이 없고 사람의 지식과 지혜 학문으로 가르치는 목회자들 또는 은혜 받았다고 예수님 자리에 버젓이 오만하게 앉아서 하나님의 공동체는 허울뿐이고 독재를 일삼으며 자기 사업하고 있는 목회자는 잘못된 사람들입니다. 이들은 외식하는 사람들입니다. 이런 사람들은 마 24:48~51절에 해당되는 사람들입니다. 외식하는 자의 벌은 주님께서 모른다고 하는 외면당함에 슬피 울며 이를 갊이 있다고 말씀하십니다.(마 23장 참조) 이들이 오히려 성령 충만하여 말씀대로 살려는 사람들을 말세론자라 하고 신비주의 자 라고도 하면서 아닌 것을 가지고 진짜처럼 행세하고 있는 악한 시대입니다. 성령의 인도함과 성경말씀의 가르침이 아닌 것은 전부 미혹 당한 것입니다. 이들의 세력이 이미 걷잡을 수 없이 방대해졌습니다. 이들의 세력을 바로 잡을 수도 가르칠 수도 없는 지경에 도달했습니다. 그러므로 계 22장 10~15절 말씀을 생각합니다. 성경 말씀 예수님 발자취 자체가 신비스럽고 신기한 것입니다. 우리 그리스도교(기독교)는 정말 신비합니다. 그래서 신비주의가 맞습니다.

계 22

11절 불의를 하는 자는 그대로 불의를 하고 더러운 자는 그대로 더럽고 의로운 자는 그대로 거룩 되게 하라…
15절 개들과 술객들과 행음 자들과 살인자들과 우상 숭배자들과 및 거짓말을 좋아하며 지어 내는 자마다 성 밖에 있으리라.

2. 난리와 난리 소문을 들음.(마 24:6~9, 눅 21:9~10)

난리란 전쟁도 되겠지만 어지러운 세상, 질서가 없는 세상, 자연이나 모든 것이 제 궤도를 이탈하여 어지러운 것을 가리켜 난리라고 할 수 있습니다. 지금 우리가 살고 있는 이 세상은 전쟁의 염려와 자연의 파괴로서 하나님의 법칙이 사라지고 모든 것이 제멋대로 움직이고 있습니다. 뉴스를 들으면 사고로 사람이 죽는 소식 테러로 죽는 소식 환경 파괴 재앙 매일 불안한 소식이 많습니다. 그러나 사람들이 이 불안한 소식에 만성이 되어서 그런가? 하는 정도입니다. 인간들은 보다 더 정확하게 사람을 죽일 수 있는 무기를 개발하여 자랑하고 그것으로 위협하고 있습니다. 또한 각종 오염으로 인해서 하나님께서 지으신 자연과 만물은 파괴 되어가고 있습니다. 한쪽에서는 굶주리고 한쪽에서는 너무들 잘 먹어서 살빼기로 고민을 하고 모든 것이 뒤죽박죽인 세상입니다. 이것이 난리가 아니고 무엇이겠습니까? 또한 하나님의 법칙인 자연의 섭리를 어기고 인간이 식물, 동물을 만들어 내고 생산하고 기계만능 물질만능 이것들로 인해서 교만해져서 하나님의 섭리와 사랑이 없어진 시대가 되어버린 것입니다. 이것도 난리인 것입니다. 보다 더 좋은 것 더 편리한 것을 추구하다 보니 자기들만 잘 살겠다고 무기를 더 정밀하게 만들고 더 빨리 움직이는 기계로 전쟁준비에 몰두하고 있질 않습니까? 이런 것들이 어디까지 갈 것 같습니까? 이런 것으로 하나님의 섭리에 도전할 때 그때가 이미 임했습니다. 하나님께서는 언제까지 그냥 보고 계시겠습니까? 노아 때처럼 롯의 때처럼 심판하실 때가 되어가는 것입니다. 전쟁준비와 하나님께서 지으신 모든 자연의 섭리가 뒤엉켜 가는 것이 바로 난리이며 전쟁입니다. 이때가 바로 주님 오실 날이 아주 가까워졌다는 것을 깨달아 알아서 마지막 준비를 해야 하겠습니다.

3. 불법이 성하여 사랑이 식어짐.(마 24:12~14)

불법이란 하나님의 법도에서 떠난 것을 말합니다. 각 나라에서는 하나님의 법을 떠난 법들을 만들고 사람이 하나님된 법을 만들려고 야단입니다. 동성애법 교육법 아동들에 대한 부모의 축소법 체벌폐

지법 성문란법 낙태법 프리섹스법 이혼법 종교통합법 차별금지법 기타 이런 악법 즉 하나님을 대적하는 법들을 만들고 이것이 정당한 것처럼 생각을 하겠끔 홍보하고 있습니다. 성경 말씀대로라면 우상을 섬기고 미신을 섬기는 것 사단을 섬기는 것을 말합니다. 지금 지구상에는 이단 신들이 너무나 많습니다. 중동에 퍼져 있는 알라 신이란 괴상하게도 성전을 한답시고 강도처럼 얼굴을 가리고서는 무차별 사람을 죽이는 종교가 있는가 하면 오만 잡신들이 난무하고 있습니다. 지금 우리가 사용하고 있는 생활필수품 의료 기타 많은 것들도 하나님의 섭리인 자연을 거스르고 있는 것입니다. 하나님의 형상인 인간까지도 복제를 하려는 세상이 되고 말았습니다. 또한 하나님의 사랑이 식어지니 사람의 마음이 완악해져서 이기적으로 변해 부모와 어른들은 안중에도 없고 자기들만 잘살면 그만인 이기적인 세상이 되었습니다. 자기 육체의 향락을 위해서 아내를 또는 남편 부모 자식 형제를 속이고 남이야 죽든 살든 아랑곳 하지 않고 자기만 배부르고 편안하면 그만인 것이 되어 버린 지가 이미 오래입니다. 더욱 큰 문제는 하나님을 믿는 사람들이 하나님의 뜻을 깨닫지 못하고 이런 불법을 행하며 살고 있다는 것입니다.

그러므로 하나님께서는 예수님의 복음이 모든 민족에게 빨리 속히 전파되기를 애타게 기다리시는 것입니다. 온 민족에게 복음이 전파 되어야 온 인류에 공평하며 또한 나중 백 보좌 심판 때에 우리는 복음을 듣지도 못했습니다. 하는 변명을 못할 것이기 때문입니다.(마 24:14) 사람들이 저지르고 있는 불법은 이미 하나님의 진노를 사기에 충분합니다.

4. 처처에 큰 지진과 기근 온역이 있고 무서운 일들과 하늘의 큰 징조가 있음.(눅 21:11)

지금까지는 그래도 하나님께서 때를 따라서 비를 주시고 그런대로 좋은 환경을 주셔서 지구상에 먹을 것이 풍부하여 잘 먹고 잘 살았지만 지금부터는 좀 달라지기 시작할 것입니다. 세계의 식량 부족은 점점 심해질 것이며 기후 변화로 인해 농사짓기가 힘들어지고 각종 병충해가 극성을 부리고 논과 밭에다가 집을 짓고 농사지을 땅은 점점 줄어들어 이제는 후회할 일만 남은 것입니다. 사람들은 편하려고 온갖 기계와 공장과 공해 물질을 생산하여 자연을 오염시키고 하나님께서 주신 자연을 파괴하고 있습니다. 결국 편하려고 하는 인간의 욕심 때문에 스스로 멸망의 길로 달려가는 것입니다. 이것이 기근의 원인이며 지구의 오염된 공기로 인해서 온역과 인간을 괴롭히는 병마는 더 심해 질 것이고 자연의 재해인 지진과 화산의 위험도는 점점 더해지며 이런 것들로 인해서 무서운 일들이 일어나고 하늘에서는 큰 징조 천재 이변이 일어날 것입니다. 7년 대 환난 때에 있을 재난의 그림자들이 징조로 나타날 것입니다. 이 모두가 정하여진 것이기 때문에 인간의 힘으로는 막을 길이 없는 고통의 길로 가고 있는 것입니다. 인간의 과학 물질문명이 아무리 발전해도 하나님의 섭리를 바꿀 수는 없습니다. 아무리 사람들이 애를 써도 해는 뜨고 지고 밤은 찾아옵니다. 지금 사람들의 머릿속에는 하나님의 거대한 힘을 생각하지 않고 오직 인간들이 만든 편리한 물건에만 몰두 합니다. 그러나 어디까지 가겠습니까? 그 한계에 도달했습니다.(현재 2003년)

5. 편안하다 안전하다 할 때에(살전 5:3)

살전 5:3

저희가 평안하다 안전하다 할 그때에 잉태된 여자에게 해산 고통이 이름과 같이 멸망이 홀연히 저희에게 이르리니 결단코 피하지 못하리라

각종 편리한 기계와 물건들을 만들어서 그것들로 인해서 안전하다고 생각하는 시대가 지금이 아닌가? 싶습니다.(2003년~) 편리한 물건들이 어디까지 발전할 것인가? 기계가 사람대신 일을 하니 편해집니다. 너무 편안하다보니 인간의 육체는 살찌고 사치와 허영에 사로 잡혀서 몸에다가 온갖 쓸데없는 치장을 하게 되고 음란해집니다. 이세상은 안전하다고 합니다만 그러나 과학의 지식이 너무 위험한 세상을 만들고 있습니다. 너무 불안한 것입니다. 높은 건물 너무 불안 합니다. 지진이나 천재 인재 이변이 일어나면 우리의 잘못으로 인해서 무너질 때는 많은 사람이 죽습니다. 인간이 만든 무기 기계와 빌딩 모든 것이 안전한 것은 없고 오직 불안할 뿐입니다. 그러나 성경 말씀은 인간의 지혜로 안전하다 평안하다 할 그때가 세상 끝 날이 온다는 것입니다. 이미 도끼가 나무뿌리에 올라가서 내려치기만 하면 되는 그 때가 된 것입니다.

6. 여자들이 여자의 본분을 버리고 득세함

(딤전 2:11~15, 사 3:16~26)

딤전 2:11~15

11절 여자는 일절 순종함으로 종용히 배우라.
12절 여자의 가르치는 것과 남자를 주관하는 것을 허락지 아니하노니 오직 종용할지니라.
13절 이는 아담이 먼저 지음을 받고 하와가 그 후며
14절 아담이 꾀임을 보지 아니하고 여자가 꾀임을 보아 죄에 빠졌음이니라.
15절 그러나 여자들이 만일 정절로써 믿음과 사랑과 거룩함에 거하면 그 해산함으로 구원을 얻으리라……

이 말씀은 그 당시 여자들이 은혜와 은사를 받아서 자기들이 최고인양 질서를 무시 하니까 이런 말씀으로 권면한 것입니다. 그러나 지금 시대의 현실에서는 성경 말씀대로가 아니라 사람들의 마음대로 행해지고 있습니다. 여자들이 득세해서 여자 목사 여자 장로 이런 것 모두가 말세의 징조인 것입니다. 성경 말씀 어디를 보아도 여자 감독(목사) 여자 장로는 없습니다. 예수님 제자도 여자는 없습니다. 여자 선지자는 있습니다. 그럼 왜 성경에도 없는 이런 일들을 하려고 야단입니까? 말세 때 성경 말씀이 이루어지는 징조로서 여자에게 지식이 더해지니까 이런 현상이 일어나는 것입니다 모든 교단들과 목회자 모두가 하나님의 말씀대로 예수님 말씀대로 주의 일을 하려 하질 않고 자기들의 생각으로 하니 이런 현상이 일어나는 것입니다.

마 28:20 말씀에

예수님께서 부활 하셔서 열한제자들에게 말씀하시길 내가 너희에게 분부한 모든 것을 가르쳐 지키게 하라

그런데 지금 사람들은 예수님께서 가르치지도 아니한 것들을 가지고 법을 정하여 말씀에서 멀어져가고 있습니다. 현실의 교회에서는 여자들이 득세하여서 여자들의 영향력이 너무 큽니다. 그래서 목회자들은 자기들의 욕심을 충족시키려면 여자들에게 잘 보여야 하기 때문에 이런 현상이 일어나는 것입니다. 하나님 앞에서 여자가 할 일과 남자가 할 일이 엄연히 구분되어 있는데도 구분을 하지 못하고 하나님의 말씀에서 멀어져 가는 것입니다. 아무리 남여 동등을 외쳐도 여자는 여자이고 남자는 남자입니다. 하나님께서 하라 하며 주신 그 본분대로 할 일을 할 때에 그것이 하나님 앞에 동등한 것이며 또한 영적으로 볼 때 하나님 앞에서는 남여가 동등한 것입니다. 그 생명과 영혼은 남녀 구분이 있을 수가 없지만 이 세상사는 동안은 분명히 구분되어 있습니다. 그러므로 이 구분된 것을 지킬 때에 하나님 앞에서 동등한 대우를 받습니다. 하나님의 말씀인 성경은 제처 놓고 인간의 생각으로만 하나님의 일을 처리하는 이 세상은 이제 멸망할 때가 된 것입니다. 그러니 여자는 여자의 본분으로 남자는 남자의 본분으로 돌아가야 합니다. 물론 불가능한 일입니다. 그렇게 되면 성경 말씀이 이루어지질 않아서 종말이 오지 않을 것입니다. 세상 종말에는 사람의 지식과 학문으로 인하여서 여자가 득세하게 되어 있기 때문에 어쩔 수는 없습니다. 하나님의 말씀에도 없는 여자 교계 지도자

(여자목사 여자 장로)는 있을 수 가 없으며(여자 집사는 있음) 이 제도가 활성화될 때에는 교계가 혼란해 질 것이며 세상의 종말이 올 것입니다. 이런 말을 하는 것은 여자를 무시해서가 아니라 하나님 앞에서는 남여가 모두 동등하다고 생각하기 때문에 그러하며 다만 그 맡은 본분에 충실할 때만이 인격적으로 또한 영적으로 동등하다는 것입니다. 여자가 출산하는 것이 부끄러운 일입니까? 아니지요. 하나님께서 여자 보고 애 낳으라고 했으니까 낳는 것입니다. 그러므로 여자는 교회나 가정 사회에서 남자를 능가할 수 없다고 하나님께서 말씀하셨다면 그렇게 따르는 것이 순리이며 하나님의 말씀에 순종할 때에 하나님께서 영적으로 남여 동등하게 대해주는 것입니다.

나중 하나님 앞에 섰을 때에 여자가 목사, 장로했다고 너희들 남자가 하는 일을 했으니 대단하다 그러니 큰 상을 주리라가 아니고 말도 듣지 아니하는 사람들아 하시며 야단을 치실 것입니다. 교회에서 목사 장로 하고 가정에서 가장인 남편 무시하고 자기가 가장하고 정치해서 높은 자리에 앉아있지 아니 해도 성경말씀대로 행하면 얼마든지 하나님께 인정받고 하나님일 열심히 하여서 우리 예수님 신부와 같은 자격으로 하나님 품에 거할 수 있습니다. 또한 남자의 할 일들을 여자들에게 맡기고 그렇게 해도 된다는 책임 없는 사람들은 더 큰 문제가 있는 사람들입니다. 이런 말을 하는 것은 성경 말씀을 그대로 말하는 것이므로 따지고 싶은 분들은 하나님께 따져 보시기 바랍니다. 왜 성경에 남자할 일 여자할 일 구분을 하여서 기록하여 이런 말을 하게 하시는 지 말입니다. 세상 모든 역사는 하와를 포함해서 많은 문제들이 여자를 통해서 문제가 시작되는 것이 많습니다.

사 3:16~24

> 시온의 딸들이 교만하여 늘인 목정을 통하는 눈으로 다니며 아기 죽 거려 행하며 발로는 쟁쟁한 소리를 낸다. 그들의 하체가 들어나며 발목거리 머리의 망사와 반달장식 귀고리 팔목 고리 면박과 화관과 발목사설 띠와 향합과 호 신부. 지환과 코 고리와 예복과 겉옷과 목도리와 손 주머니 손거울과 세마포와 썩은 냄새가 향을 대신하고 굵은 베옷이 화려한 옷을 대신 할 것이며…

이 모든 것들이 멸망의 징조인 것입니다. 마귀는 항상 여자를 먼저 유혹합니다. 사 3장 16~24절 말씀도 여자를 대상으로 재앙이 시작됩니다. 그 이유는 사단이 여자의 속에 있는 허영심을 이용하기 때문입니다. 남자들은 여자들에게 환심을 사려고 온갖 편리한 물건을 만들고 또한 집안에 들여놓습니다. 세상 역대 왕들도 여자 때문에 망신당한 왕들도 많습니다.(삼손 다윗 솔로몬 아브라함 기타 등등) 여자들의 허영심은 끝이 없습니다. 마귀는 이것을 적절하게 잘 이용합니다.

7. 사람이 빨리 왕래하며 지식이 더해짐(단 12장)

사람의 지혜와 지식이 극에 도달하여서 하나님의 섭리를 버리고 자기 지식으로서 모든 것을 해결하려고 합니다. 지식이 더하므로 하나님의 말씀도 자기의 지식으로 이해하려고 하고 자기 지식에 맞춥니다. 사람의 지식으로 빨리 왕래하는 기계를 만들고 거기에 의존합니다. 그러나 이 지식들이 어디까지 발전할 것인가? 끝이 없을 것 같습니다. 점점 더 빠르게 보다 더 편리하게를 꿈꾸지만 이 편리하고 빠른 기계들은 사람들을 더 불안하게 하고 생명을 빼앗는데 더 빨라집니다. 이젠 비행기도 너무 느립니다. 자동차도 너무 느립니다. 사람의 만족을 채워 주질 못합니다. 그래서 빠르게 더 빠르게 경쟁합니다. 그러나 사람은 결국 이 우주를 정복하지 못하고 한계를 넘어서지 못하며 사람의 지식은 고작 태양계에도 미치지 못하고 끝나고 말 것입니다. 이것이 사람의 한계인 것입니다. 그러나 성령님은 우리의 기도를 순식간에 넓고 넓은 이 우주를 가로질러 하나님 앞에 상달 시킵니다. 아무리 사람의 지식이 더해져도 우리는 성령님을 따라 갈 수 없는 것입니다. 그렇지만 사람들은 이 조그마한 지식으로 결국은 하나님을 대적하게 됩니다. 그래서 사람들은 자기들의 지식으로 인하여 멸망합니다.

8. (敵)적그리스도 세력과 그 정체가 점점 드러남 (요일서 2:18, 2:22, 4:3, 요이서 1:7)

적그리스도들의 범위는 넓습니다. 어떤 개인을 말하는 것이 아니라 예수님 성령님을 정면으로 대적하는 큰 무리 세력을 말하며 정면으로 예수님을 부인하며 대적하는 자들과 예수님이 메시야라는 것을 부인하는 세상을 말합니다. 예수님을 대적하는 세력의 대표 인물을 짐승이라고 말합니다. 유대인, 이들은 무섭지 않는 적그리스도들이지만 하나님을 믿는다는 예수님을 구세주로 믿는다고 하면서도 예수님의 교훈을 따르지 않고 그 교훈 안에 거하지 아니하고 성령의 사역을 부인하는 (요2서 1:9~11) 그 사람들이 더욱 무서운 적그리스도들입니다. 성령의 사역이 예수님의 사역이기 때문에 그렇습니다. 적그리스도들은 예수님 시대부터 지금까지 계속 예수님의 사역을 대적해 오지만 특히 말세지말(재난의 시대) 에는 이런 사람들이 더욱 많이 나타나서 하나님의 백성들을 미혹할 것이라고 성경은 가르치고 있습니다.

이러한 적그리스도들이 하는 일을 보면 성경 말씀을 제멋대로 해석하고 제하거나 더해서 예수님께서 친히 말씀하신 성령의 사역을 부인 해버립니다. 성령님이 하나님이고 예수님이라는 것을 잊어버리고 성령님이 하시는 일이 무엇인지도 모르고 성령의 사역을 무시해 버립니다. 성령님이 하시는 일은 요한복음 16장 7~15절, 14장 26절, 15장 26절 그리고 **신약 성경 전체가 성령의 사역입니다.** 예수님 탄생부터가 신비이고 이 신비(신령한) 는 계속 이어져 오고 있는 것입니다. 특히 성령님의 역사로서 은사받는 것도 부인합니다. (고전 12:4~7) 성령님은 하나님의 신입니다. 하나님의 신을 받은 사람이 어찌 변함이 없겠습니까? 하나님의 신을 받은 사람은 변화되기 마련입니다. 예수님의 제자들을 보면…… 성령을 받으면 능력과 권능이 따르기 마련입니다. 성령의 신비스럽고 신령한 역사를 부인하는 사람들을 보면 자기들의 학문과 지혜 지식으로 성경을 해석합니다. 성경 원문이 어쩌고 하면서 많이 아는 체합니다. 제아무리 성경 원문과 영어, 모든 성경을 공부하고 연구했더라도 성령의 신비스럽고 신령한 가르침과는 비교가 되지 않습니다. 예수님과 예수님의 제자들을 보면 알 수 있는 것입니다. 성령을 받기 전에는 세상적인 생각만 하고 예수님을 따르지만 성령을 받고는 성령님의 가르침을 따라 움직입니다다.(요1서 2:27) 성령 받으므로 마음을 다하고 목숨을 다하고 뜻을 다하여 주 예수님을 따르는 것입니다. 사이비 이단 보다 더 무서운 것이 거룩 한척 하는 적그리스도들인 것입니다. 성령의 사역을 부인하는 그들은 삼위일체를 부인하는 것입니다. 성령의 사역이 곧 예수님의 사역인 것을 모릅니다. 말세지말인 마지막 때에는 이런 자들이 많이 나타나서 미혹함이 극에 달합니다. 이런 자들이 대 환란 때 권세를 잡을 것입니다. 지금은 재난의 시대입니다.(2003년~) 이 재난의 시대에는 더욱 적그리스도들이(성령의 사역을 부인하는 자들) 기성을 부리다가 재난의 시대에서 환란의 시대로 넘어가면 이들의 권세가 절정에 이르다가 결국은 예수님의 재림으로 말미암아 멸망할 것입니다. 이 적그리스도들이 하는 일을 보면 성경에서 멀어진 일들을 합니다. 그 예로 종교다원주의 화장 문화 동성애 성령의 역사 부인 자기의 공을 세워서 구원을 받는다고 하는 이런 것들을 주장합니다. 그러므로 이 적그리스도들은 멀리 있는 것이 아니라 오늘날 우리와 같이 있는 것입니다. 이 세력을 우리는 막을 수가 없습니다. 예수님 재림이 가까워 질수록 세력이 더 확장되어 갈 것입니다. 그러다가 환난의 시대가 더욱 가까이 오면 적그리스도의 왕이(짐승) 확실하게 나타날 것입니다. 그가 통치하게 됩니다. 이 적그리스도들의 무기는 권력 명예, 학식 지식 교만 거짓말 그리고 평화를 주장합니다. 그 속에 함정이 있는 것입니다. 육신의 부활을 믿고 재림을 기다리는 우리는 그런 자들의 유혹에 미혹당하지 말고 오직 성령님의 인도함과 가르침으로 보호를 받으며 재림과 부활을 믿으며 영원한 그곳을 사모하며 우리의 갈 길을 열심히 가야 합니다.

9. 이스라엘 예루살렘이 되어가는 것을 보아야 함.

이스라엘은 장자의 민족으로서 하나님께서 절대로 버리지 아니 하십니다. 성경 말씀에 이스라엘 나라를 위해서 말씀하신 말씀들을 우리는 잘 살펴 보아야 합니다.

무화과 나무는 이스라엘을 상징하는 나무입니다. 이 무화과 나무를 비유해서 예수님은 말씀하셨습니다. 또는 구약, 신약성경에 이스라엘이 점령 당하고 도륙 당하고 마지막 때에 회복될 것을 많이 예언하셨습니다. 그르므로 이스라엘의 역사를 살펴가며 비교를 하면 마지막 때의 되어질 일들과 주님 재림의 시기를 짐작할 수 있습니다. 이스라엘은 주전 2,000년경 아브라함이 거주하다가 기근으로 이집트로 이주하여서 기원 1,300년경에 모세로 하여금 출애굽하여 가나안으로 와서 출애굽 480년 후 솔로몬 왕 4년에 솔로몬 성전 건축을 시작하여 그동안 몇 번 파괴되고 재건축을 하였지만 주후 70년경 완전 폐허가 됩니다. 이스라엘은 주전 63년에 로마의 폼페이우스 장군으로 하여금 점령당해서 주후 4년까지 로마 헤롯왕이 통치합니다. 이스라엘은 1,900년이란 세월을 나라 없는 민족으로 살았으나 1948년 5월 다시 건국하여 오늘에 이르지만 건국 후에도 주위 나라들의 숫한 대적과 전쟁을 해야 했고 그 누구가 보아도 상대가 되지 않는 전쟁을 해서도 전부 승리로 이끌어갔고 지금도 주변 나라들과 전쟁의 위협에 쌓여있지만 하나님께서 함께 하시니 하나님께서 약속하신대로 되어질 것입니다. 이스라엘의 역사를 여기에 다 쓸 수는 없지만 우리는 주의 깊게 살펴보아야 할 것입니다.

마 24장

32절 무화과나무의 비유를 배우라 그 가지가 연하여지고 잎사귀를 내면 여름이 가까운 줄을 아나니
33절 이와 같이 너희도 이 모든 일을 보거든 인자가 가까이 곧 문 앞에 이른 줄 알라. (참고 막 13:28~37)

눅 21장

24절 저희가 칼날에 죽임을 당하며 모든 이방에 사로잡혀 가겠고 예루살렘은 이방인의 때가 차기 까지 이방인들에게 밟히리라.

이방인의 때는 이미 꽉 차서 이스라엘이 회복되고 가지가 무성해지고 있는 시기입니다. 이방인의 때라는 것은 천국 복음이 이방인 만방에 전해지는 그것이 이방인의 때인 것입니다. 천국 복음도 세상 모두에 이미 다 전해지고 복음이 자라기만 기다리는 시기입니다.

10. 스스로 목숨을 끊는(자살) 사람들이 많아짐.

말세가 되면 왜 자살하는 사람이 많을까? 자살하는 사람들 사연이 각기 다 있겠지만 이유가 어찌 되었든 간에 내 육신과 영혼을 마귀에게 빼앗긴 것입니다. (가룟유다 처럼 눅 22:3) 마귀는 이렇게 속삭입니다. 그렇게 살아서 무엇 하니 그만 자살 해버려라. 그럼 편해질 것이다. 거짓말을 하는 것입니다. 속는 것입니다. 그래서 돈이 많은 사람도 자살하고 돈이 너무 없어서 살기가 힘들어서, 명예를 상실해서, 남 보기 부끄러워서, 권력을 빼앗겨서, 남에게 왕따를 당해서, 억울

해서, 여러 가지 이유 때문에 자살을 선택합니다. 이런 사람들은 이미 사단이 그 마음을 점령 해버린 것입니다. 자기 위주로 살고 자기만 생각하기 때문에 마귀는 이 기회를 이용하는 것입니다. 그러므로 자살이 많은 것은 세상 종말이 가까웠다는 것입니다. 말세에는 악령의 유혹이 강하기 때문에 모든 것이 이기적으로 변하고 욕심으로 채워지기 때문입니다. 하나님께서 주신 육신을 죽이는 것은 자기 육신을 살인하는 살인 행위입니다. 그럼 그 살인자의 영혼은 지옥에 갈 것인가? 그렇다고 생각하는 사람이 다반 수일 것입니다. 예수 믿는 사람이 자살을 선택할 때 예수님을 생각해 보았을까요? 우리 예수님께서는 고난 당하시고 고통 당하시고 십자가에 달려야 한다는 것을 알고 계시면서 십자가 형벌을 십자가 고통을 당하지 말고 자살하셨다면 인류의 구원은 어찌 되었을까요? 이 세상의 고난과 고통이 아무리 많아도 예수님만 할까요? 이렇게 말하면 예수님은 예수님이니까 견디셨지만 나는 사람이라서 견디기 어렵습니다라고 할까요? 예수를 믿는 사람이 건 아니 믿는 사람이건 자살해서 죽는 사람이건 누구나 죽으면 그 육신은 흙으로 돌아가는 것이고(북한 김일성. 김정일은 제외) 그럼 자살한 사람의 그 영혼은 어떻게 될까요? 어떤 사람은 지옥 간다 하고 어떤 이는 아니라 하고 그러면 어찌 된다는 말인가요? 성경 말씀에 확실히 말씀하신 곳도 없습니다. 그럼 목매어 자살한 가룟 유다의(마 27:5) 영혼은 어디에 가 있을까요? 예수님께서는 가룟 유다는 화있으리라고 말씀하셨습니다.(마 26:24, 막 14:21, 눅 22:22) 그럼 우리가 자살하는 사람 그 순간 그 사람의 심정을 생각해 보십시다. 오죽했으면 자살을 선택할까요? 사실 이 세상 사람 중에 자살을 생각 안 해 본 사람이 몇이나 될까요? 나도 예수를 믿는 사람이지만 몇 번 자살을 생각해 본 사람 중에 한 사람입니다. 그때마다 예수를 믿지 아니했으면 아무 부담 없이 자살을 하겠더라고요, 하지만 예수를 믿기 때문에 못 하겠더라고요. 이렇게 말하면 저가 예수를 믿으면 얼마나 잘 믿는다고… 그렇게 흉 볼 것인가요? 그럼 자살한 사람들은 어떻게 되는지를 설명하겠습니다. 자살한 사람은 지옥 간다는 말도 안 간다는 말도 모두 틀린 것입니다. 사람은 어떤 이유든지 간에 죽으면 그 육신은 흙으로 가는 것은 그 누구도 다 알 것입니다. 그리고 그 영혼은 예수를 잘 믿은 사람의 영혼은 낙원에 가서 쉬다가 또는 잠자다가(눅 23:43) 예수님 공중 재림하실 때 그 육신이 부활해서 영혼과 합쳐서 영생하는 것입니다.(고전 15장, 요 5장) 자살하는 사람은 마귀의 유혹을 받아서 육신을 살해하는 살인죄와 예수님을 잘 안 믿고 여려가지 죄를 범한 것이기에 지옥이 아닌 음부로 내려가서(예수님께서 자살할 가롯 유다에게 화있으리다) 최후 심판인 백 보좌 심판 때 육신이 부활해서 그 영혼과 결합하여 예수님의 심판을 받아서 천국과 지옥이 결정 날 것입니다. 지옥과 음부를 우리는 분간할 줄 알아야 합니다. 지옥은 악한 사람들이 심판을 받아서 마지막 영벌을 받는 불못이므로(막 9:43) 지금 사람이 죽으면 지옥 간다는 말은 틀린 말입니다. 또한 천국 간다는 말도 틀린 말입니다. 천국이 아니라 낙원으로 가서(눅 23:43) 주님 재림때 까지 대기하는 것입니다.(요 5:29) 그러므로 자살한 사람의 영혼은 분명히 낙원에는 갈 수 없습니다. 음부로 가서 심판을 대기해야 합니다. 음부에 있는 것은 마지막 심판 때에 심판받을 희망이 있습니다.(계 20:13) 그러므로 자살을 했던 예수를 잘 믿지 아니했던 아예 믿지 아니한 악한 사람들이라도 지옥에 갔다는 말은 잘못된 말이고 저주의 말이므로 지옥 갔다는 말은 하지 말아야 합니다. 우리나라 사람들은 불교의 영향을 받아서 지옥하면 불교에서 말하는 지옥을 떠 올립니다. 불교에서 말하는 지옥과 성경 말씀이 말하는 지옥은 너무나 다릅니다. 그러므로 그들이 예수님의 심판으로 어찌될지는 아무도 모릅니다. 자살한 영혼들이 음부에서 어떤 모습을 하고 있는지를 보면 대부분이 캄캄한 흑암에 있는 것을 볼 수 있습니다. 낙원에 있는 영혼들은 잠자거나 쉰다고 성경 말씀에 기록되어 있고(살전 4:13~17) 또 이들은 심판을 받지 않습니다. (요 5:24) 음부에 있는 영혼들은 잠자거나 쉬지를 못하고 고통을 받고 있는 것입니다. (눅 16:23) 이 음부를 보고 사람들은 자꾸 지옥이라고 말합니다. 음부는 심판을 받기 위해 마련된 대기소입니다. 음부에서 영혼의 모습들은 여러 가지의 모습들입니다. 고통받는 영혼 그 방법이 각기 다릅니다. 그러므로 어떤 경우라도 자살은 하지 말아야 합니다. 어떤 사람들은 자살은 용감한 방법이라고 말합니다. 이것은 사단의 말입니다. 자살은 비겁한 방법이고 사단의 유혹에 넘어간 것입니다. 자살은 무책임한 선택이고 하나님의 사랑을 저버리는 일입니다. 자살할 용기가 있으면 그 용기로 세상을 살고 그 용기로 하나님을 찾으시길 축원합니다. 그때에 하나님께서 만나 주실 것입니다. 성경에 자살한 사람을 들면 모두가 하나님을 실망시킨 사람들입니다. 가룟 유다(마 27:5) 예수님을 은 삼십에 팔고 목매어 자살합니다. 아히도벨 나쁜 짓을 많이 하고 목매여 자살합니다.(삼하 17:23) 사울(삼상 31:4) 자기 칼에 자살합니다. 삼손(삿 14장, 15장, 16장) 하나님의 율법을 어기고 악한 짓을 함 시므니(왕상 16:8~20) 궁궐에 불 지르고 자살합니다. 지금 이 사람들은 어디에 가서 있을까요? 심판의 날을 기다리며 음부에 있을 것을 확신합니다.

9부

요한계시록 총론

성경 말씀은 성령의 감동으로 쓰여 졌습니다. 그러나 요한계시록은 성령의 감동과 천사가 직접 요한을 도우며 기록된 특별한 말씀입니다.

계 1:1

예수 그리스도의 계시라 이는 하나님이 그에게 주사 반드시 속히 될 일을 그 종에게 보이시려고 그 천사를 그 종 요한에게 보내어 지시하신 것이라.

예수님께서 승천하신 후에 하나님께서 예수님에게 주신 말씀을 예수님은 사도요한을 통해서 우리에게 보여 주시는 예수님 계시의 말씀인 요한계시록은 우리 믿음생활의 최고의 완성이며 결실입니다. 지금 당장이라도 우리 앞에 현실로 닥쳐올 수도 있는 예수님의 공중재림과 대환난과 예수님 지상재림 전후에 어떤 일들이 이 땅에 있을 지와 천년왕국과 영원한 하나님 나라와 심판과 대재앙이 있을 것을 예수님에게 붙어 있는 우리들에게 알려 주시는 것입니다. 아담이 범죄하여 이 우주를 사단에게 넘겨 줄 때에 하나님께서는 토지 무르기 법에 따라 (레 25:23~28, 룻기 2:20)

레 25:23~28

23절 토지를 영영히 팔지 말 것은 토지는 다 내 것임이라. 너희는 나그네요 우거하는 자로서 나와 함께 있느니라.
24절 너희 기업의 온 땅에서 그 토지 무르기를 허락할지니.
25절 만일 너희 형제가 가난하여 그 기업 얼마를 팔았으면 그 근족이 와서 동족의 판 것을 무를 것이요
26절 만일 그것을 무를 사람이 없고 자기가 부요하게 되어 무를 힘이 있거든
27절 그 판 해를 계수하여 그 남은 값을 산 자에게 주고 그 기업으로 돌아갈 것이니라.
28절 그러나 자기가 무를 힘이 없으면 그 판 것이 희년이 이르기까지 산 자의 손에 있다가 희년에 미쳐 돌아올지니 그가 곧 그 기업으로 돌아갈 것이니라.

일곱 조건의 계약서를 받아서 하늘보좌에 보관하여 두었다가 예수님께서 후에 토지 무르기 절차에 따라서 인수하게 하신 것입니다. 그 일곱 인봉한 책의 비밀을 하나님이 예수님께서 완전한 승리자로 승천하신 후에 예수님에게 주시므로 예수님께서는 예수님을 믿는 우리에게 알려주시므로 멸망의 대재앙에 참여하지 않도록 안내하기 위해서 미리 준비하라는 예수님의 특별계시의 말씀인 것입니다. 그러므로 요한계시록은 하나님의 비밀을 예수님께서 개봉한 예수님의 계시

의 말씀인 것입니다. 또한, 대환란 때에 사단, 마귀, 귀신들이 어떤 방법으로 사람들을 유혹하며, 시험할 것인지와 사단, 마귀, 귀신들과 그 추종자들을 어찌 심판할 지와 성도들은 어찌 해야 하나님의 나라에 입성하게 될 지를 미리 성도들에게 알려 주시어서 사단, 마귀, 귀신들에게 미혹 당하지 않고 예수님께서 준비하신 그곳에 신부와 같은 (왕) 자격 혹은 백성 또는 청함을 받은 무리로 입성시키기 위해서 당시 로마 황제의 그리스도교 박해로 인해서 사도 요한이 밧모 섬에 유배되어 있을 때 보혜사 성령님께서 요한을 성령의 감동과 천사의 도움으로 기록한 예수님 계시의 말씀입니다. 요한계시록하면 우리와는 거리가 멀고 잘못 해석하면 이단이라 낙인이 찍힌다고 잘못됐다. 미혹됐다 하면서 멀리 하고 또는 요한계시록을 알게 되면 말세 복음이라서 마음이 이상하게 되며, 조급해진다고 말을 합니다. 이런 잘못된 생각들을 가지고 신앙생활을 하는 신자들과 목회자들이 이 땅에 너무 많습니다. 우리는 지금이라도 예수님께서 재림하신다는 기다림과 소망의 믿음을 가지고 신앙 생활해야 하는 데도 설마 오시겠나 하는 안일한 마음과 세상의 썩어질 것을 즐기는데 시간을 낭비하면서 안일하게 살고 있는 것입니다.

계 1장 3절과 계 22장 10절 말씀에는 이 책의 예언의 말씀을 인봉하지 말라고 분명히 말씀하고 있습니다. 요한계시록은 아주 간단합니다. 요한계시록은 1장에서 22장까지 하나로 역어져 있습니다. 요한계시록을 이해하고 해석하는 데는 여기저기 순서를 바꾸어 가며 해석하면 엉터리 해석만 나옵니다. 그냥 1장에서부터 한 절 한 절 순서대로 깨닫고 이해해 나가면 실타래처럼 풀립니다. 말씀들을 억지

로 풀려하지 말고 모르는 것은 그냥 넘어가면 되는 것입니다. (벧후 1:20~21, 3:16)

벧후 1:20~21, 3:16

1:20 먼저 알 것은 경의 모든 예언은 사사로이 풀 것이 아니니
1:21 예언은 언제든지 사람의 뜻으로 낸 것이 아니요 오직 성령의 감동하심을 입은 사람들이 하나님께 받아 말한 것임이니라.

3:16 또 그 모든 편지에도 이런 일에 관하여 말하였으되 그 중에 알기 어려운 것이 더러 있으니 무식한자들과 굳세지 못한 자들이 다른 성경과 같이 그것도 억지로 풀다가 스스로 멸망에 이르느니라.

그리고 요한계시록 말씀은 멀리 해서는 더더욱 아니되는 예수님 계시의 말씀입니다. 구약성경은 예수님께서 하나님의 백성을 구하러 오실 것을 준비하신 말씀이라면(예언서) 신약 성경은 예수님께서 오셔서 하나님의 백성들에게 은혜주시고 하나님 나라의 백성 삼으신 은혜시대의 천국을 알려주시는 복음의 말씀이며, 그중에서도 요한계시록은 하나님 나라의 사람들을 영접하시려고 예수님의 재림을 위한 예수님계시의 특별한 말씀인 것입니다. **하나님의 백성은 세상 모든 사람을 말하며, 하나님 나라의 백성은 예수 믿는 사람을 가리킵니다.** 그러므로 성경의 핵심인 것이 요한계시록인 것입니다. 그 핵심 말씀 중에서도 요한계시록 2장 3장은 우리가 꼭 지켜야만 하는 말씀입니다. 그런데 왜 멀리 해야 합니까? 소수의 미혹된 사람들이 요한

계시록을 인용해서 잘못 해석하고 어지럽게 한다고, 멀리하면 아니되는 것입니다. 요한계시록을 몇 가지로 분류한다면 대략 열 가지로 나누어서 이야기할 수가 있습니다. **첫째는** 예수님의 계시이며, 서론 및 총론입니다.(1장) **둘째는** 은혜 시대를 말씀하는 것이며 예수님 초림부터 예수님 공중 재림하실 때까지를 말씀하시는 것입니다. 그 은혜 시대의 최종 은혜가 계 2장 3장의 말씀입니다. 예수님의 권면 꾸중 이런 것들을 회개하면 주신다는 크고 크신 복된 약속의 말씀입니다. 우리가 살고 있는 은혜시대 이 시대에서 우리는 주님 맞을 준비를 완료해야 하며 주시겠다고 하신 약속의 복을 받아야 합니다. 이보다 더 큰 복은 없는 것입니다.(계 2장 3장)

셋째는 휴거 즉 들림 받고 또는 1차 부활한 사람들이 하나님께 예배하며 하나님을 찬양하며 감사하는 장면입니다. (계 4장)

넷째는 예수님께서 어린양의 모습으로(순종의 상징) 일곱 인봉한 책을 개봉 하시기 위해서 하나님으로부터 인수받는 장면입니다. (계 5장)

다섯째는 예수님께서 인봉한 책을 개봉하는 장면입니다. 이때부터가 대환란이 시작되며 또는 대환란 때 될 일들을 설명하는 것입니다. 대환난 시작은 계 6장 2절 흰말 탄자(활) 붉은말(큰칼) 검은말(저울) 청황색 말(적그리스도, 전쟁, 흉년, 사망) 들이 등장으로 시작되어서 계 19장 11절 이하 말씀 예수님 지상 재림으로 끝이 납니다.

여섯째는 예수님 지상 재림하심을 말씀하고 있으며 1차 부활한 사람과 들림받은 사람들이 구름 같은 모양으로 지상 재림하시는 광경입니다. (계 19:11~21)

일곱째는 예수님 지상 재림 때에 아마겟돈 전쟁이 있을 것을 말합니다.

이때 지상에 아직까지 남아 있는 적그리스도 세력의 잔당들과 일전을 치릅니다.

그 장소가 아마겟돈 평야입니다.(계 19:11~21) (아마겟돈 평야는 우리나라 김해평야와 그 크기가 비슷하다고 한다.)

<u>**여덟째는**</u> 천년 왕국 설명의 말씀입니다.(계 20장)

<u>**아홉 번째는**</u> 백 보좌의 최후 심판이며 1차 부활 때에 부활하지 못한 모든 사람은 어디에 있든지 모두 부활해서 심판을 받습니다.(계 20:11~15).

<u>**열 번째는**</u> 신천신지 영원한 하늘나라입니다.(계 21장, 22장)

우리는 2장~3장을 제대로 깨닫고 실천하면 예수님 공중 재림 때 세상에 살아 계신 분들은 들림 받을 수 있는 크신 복을 받을 수 있는 것입니다.(살전 4:15~16) 들림 받은 사람들의 일부는 신부와 같은 자격으로(왕 같은) 심판하는 큰 권세를 받을 수도 있는 것입니다. 1차 부활한 사람과 들림 받은 사람들은 천년 왕국에서와 신천신지에서 왕 같은 생활을 하고 살며 또한 마지막 백 보좌 심판을 받지 아니합니다.(요 5:24) (계 20:4) 2장과 3장에는 주님께서 일곱 유형의 교회들에게 꾸중과 권면, 그리고 회개하고 이기는 사람에게 주시는 복의 약속이 있습니다. 우리는 그 꾸중과 권면약속을 깨닫고 믿고 행한다면 상으로 우리에게 주시는 약속은 우리의 생각을 초월하는 크고도 큰 복인 것입니다. 신부와 같은 자격은 물론이고 이기는 사람에게 주어지는 그 권세는 대단한 것입니다. 그러나 이 시대에 살고 있는 우리는 편리한 기계와 물질 문명생활에 젖어서 주님의 이런 큰 약속을 깨닫

지 못하고 마귀의 음성을 들으며 즐기는 생활을 하고 있을 때가 많습니다.

롬 12:2

너희는 이 세대를 본받지 말고 오직 마음을 새롭게 함으로 변화를 받아 하나님의 선하시고 기뻐하시고 온전하신 뜻이 무엇인지 분별하도록 하라.

하나님의 말씀을 선포하는 사람들이 하나님의 말씀에서 멀어져 세상의 지식과 학문을 의지하고 실제로는 보혜사 성령님을 거부하며 또한 무시하며 자기들의 지식과 세상 학문의 지혜로 하나님을 알려고 하며 그것으로 하나님의 백성을 가르치며 하나님의 말씀을 바로 깨달지 못하는 이 때가 말세지말이고 주님 오실 날이 아주 임박한 때라는 것입니다.

요 5:25

진실로 진실로 너희에게 이르노니 죽은 자들이 하나님의 아들의 음성을 들을 때가 오나니 곧 이때라 듣는 자는 살아나리라.

결국 사람들은 자기들의 지식 지혜로 만든 문명생활과 편리한 기계가 우상이 되어 우리 마음속에 하나님의 사랑이 식어져서 멸망하는 것입니다. 요한계시록에는 일곱 숫자가 많이 있습니다. 일곱 촛대, 일곱 영, 일곱 사자 특히 일곱 교회에 보내는 말씀이 주축이 되어 있습니다. 일곱 교회에 보내는 글 끝에는 "귀 있는 자는 성령이 교회들에게 하시는 음성을 들 으라"라고 하십니다. 요한 사도가 계시록을 기록할 때 사람에게 귀가 있는 줄 몰랐을까요? 이 말씀은 보혜사 성령님의 음성을 들을 수 있는 영적인 신령한 귀를 말하는 것입니다. 우리 영혼의 눈과 귀가 열려서 하나님의 음성을 듣고 성령님과 동행하며 항상 성령님의 인도함을 받아야만, 이리 올라오라는 나팔소리와 같은 큰 음성을 들을 수 있다는 말씀입니다.(요 5:25) 그런데 오늘날 많은 사람들은 성령의 사역을 거부하며 자기들의 지혜와 지식 학문으로 하나님의 백성 자녀들을 가르치며 하나님과 점점 멀어지게 하고 있으며. 하나님의 백성들을 세상의 넓은 길로 몰아가고 있습니다. 이는 성부, 성자, 성령 삼위일체를 직접적으로 부인하는 행위며 성경을 부분적으로 제하여 버리는 것이며 또는 더하는 것입니다. 본인들도 모르는 사이에 예수님의 말씀을 제대로 깨닫지 못하여 바로 전하지 못하는 죄를 짓는 것입니다. 또한 사람의 감정을 자극하는 찬양과 세상적인 방법으로 하나님의 거룩함은 찾아볼 수 없는 세속적인 설교와 예배로 성도들을 현혹시키고 있는 교회도 많이 있습니다. 이것은 하나님께 예배드리는 것이 아니라 사단에게 예배하는 것입니다.(신 32:17) 또한 가인의 예배입니다.(히 11:4) 그러나 깨닫지 못하게 하는 미혹의 영에 이끌리므로(막 4:12) 깨닫지 못하는 것입니다. 불같은 보혜사 성령을 체험하지 못하고 또는 체험을 아니 하는 사람들이 기도 응답 받았느니 하나님의 음성을 들었느니 하는 것은 마귀의 음성을 듣거나 자신의 생각을 가지고 하나님의 음성을 들었다고 말하는 것입니다. 예수님 승천하신 이후로는 보혜사 성령님을 체험 못하면(주님나라의 백성을 보호하고 가르치는 보혜사 성령) 하나님과 대화나 기도의 응답을 받는데 불가능하기 때문입니다. 목회자들이나 많은 사람들이 이렇게 잘못되어 가는 이때가 성경 말씀이 이루어지는 때입니다.(요 5:25~29)

요 5:25

진실로 진실로 너희에게 이르노니 죽은 자들이 하나님의 아들의 음성을 들을 때가 오나니 곧 이때라 듣는 자는 살아나리라……

그러나 하나님께서는 말씀에서 떠나 잘못 되어가는 이런 교회나 사람들도 사랑하시기 때문에 깨닫고 회개하여 돌아오기를 원하십니다. 오래 기다리시며 참으시지만 영원히 참고 기다리지는 않으십니다. 대환난 때에 있을 환난과 심판의 혹독한 고난이 있다는 것을 성도들에게 미리 알려서 성도들이 그 길을 가지 않도록 하시기 위해서 요한계시록에 환난과 심판에 대해서 기록하여 보고 듣고 읽어서 성령님의 도움으로 깨닫게 하기 위함입니다. 요한계시록은 2장에서 3장까지 말씀을 깨닫고 지키면 말씀 안에 기록된 복을 받기 때문에 4장, 5장의 일들과 6장에서 19장까지 7년대 환란 때 있을 일들은 참고하면 되는 것입니다. 그 이유는 인,(준비) 나팔,(환란) 대접,(심판) 7년 환란은 인봉한 계약서의 약속을 이행하는 과정이며 예수님께서 재림하심은 사단, 마귀를 심판하는 것입니다. 예수님 재림, 천년 왕국, 최후의 백 보좌 심판(계 20:11~15) 신천신지, 이런 일 들은 정해져 있기 때문에 우리가 고칠 수 가 없습니다. 하나님께서 한번 정하신 것을 우리가 고칠 수 없고 그대로 이행 되어지는 것입니다. 그러나 2장과 3장 말씀은 우리가 어떻게 하느냐에 (신 30:15~19) 따라서 달라지기 때문에 매우 중요한 것입니다. 요한계시록의 목적은 하나님 나라의 백성된 자들을 대환란 전에 하나님 보좌가 있는 곳으로 피난시키고 대환란 때에 있을 일들과 부활과 천년세계와 백 보좌 심판에 대해서 우리들에게 알려 주셔서 그 환난에 참여하지 않도록 하시기 위해서 사도요한을 통해서 예수님께서 계시의 말씀을 기록하게 하신 것입니다. 어렵게 생각할 것이 아닙니다. 하나님께서는 어떤 환난이나 역사하심이 있을 때는 꼭 하나님을 믿는 의인들에게 먼저 알려주시고 대피시키시는 사랑의 역사가 있습니다. 그 예가 노아 때와 롯의 때입니다.(창 6장~9장 노아홍수, 창 19장 소돔 멸망) 그러나 대환란 전에 들림 받을 자신이 없는 사람들과 불같은 성령체험이 없고 성령님의 인도하시고 가르침이 없어 성령님의 사역을 거부하는 이런 사람들은 요한계시록 6장에서 19장 대환란 때에 있을 일들을 잘 알아 두는 것이 도움이 될 것입니다. 사실 잘 알게 되면 대환난 전에 들림 받아야 한다는 믿음이 생기지만, 또 한 들림 받는 성도는 예수님의 신부와 같은 대접으로 많은 권한을 받지만, 들림 받지 못한 많은 사람들은 적그리스도에 미혹 당하고 속아서 많은 사람이 음부로 갈 수가 있겠고 (계 13:8) 그래도 미혹 당하지 않은 사람에 한해서는 순교나 고통 가운데서 그 영혼만 겨우 구원 받아 신랑이 되어야 할 예수님께서 목자가 되어 다스리게 됩니다. 이것은 부끄러운 구원입니다. (계 6:9~11, 계 7:9~17) 목자와 신랑의 차이는 큽니다. 들림 받은 사람들의 일부는 보좌에 앉아서 하나님을 찬양하며 경배하고 있으며 들림 받지 못한 사람은 환난 중에 죽을 고생을 하고서도 그 영혼만 겨

우 와서는 보좌에 앉질 못하고 서서 혹은 엎드려서 주님을 경배합니다.(계 6:9~11)

환란 때에 환란을 통과하지 마시고 예수님께서 우리를 위해서 준비해두신 예비처 그 거룩한 성에 들어갈 수 있도록 힘써서 주님의 말씀을 깨달아서 지켜야 할 것입니다.

① 특히 요한계시록은(또는 신약 성경) 보혜사 성령 체험과 거듭남이 없는 사람은 이해가 잘 되질 아니하므로 잘 깨닫지 못합니다. 또한 성령님이 함께 하지 아니 하시면 공부해도 빨리 깨닫지 못합니다. 그러므로 보혜사 성령 체험과 성령 충만함이 없는 분들은 불같은 보혜사 성령님을 받으시고, 영적으로 깨어있는 분들은 기도를 많이 하시면서 말씀을 깨달을 수 있는 영을 주시기를 간구하여 요한계시록을 읽으면 보혜사 성령님께서 은혜로 깨달음을 빨리 주실 것입니다.

② 낙원과 천국에 대한 이해가 적고 낙원과 천국에 대한 지식과 확신이 적은 분들은 요한계시록이 이해가 잘 되지 아니 합니다. 그래서 천국에 대한 성경 말씀을 많이 읽고 천국은 어떤 곳인가 내 자신이 천국을 사모하여 나의 고향으로 받아들이고 있는 지 항상 점검하는 믿음을 가져야 천국에 대한 확신이 섭니다. 이 세상의 물질문명 기계들의 편리함에 도취해서 천국을 사모하는 마음을 잊어버리면 말은 그리 아니해도 사실상 이 세상이 좋사오니로 되어버려 천국을 사모하는 마음이 적어져서 세상적인 사람이 되어 하나님과 멀어지는 생활로 인하여 그날이 도둑처럼 임해서 후회하는 반열에 서게 됩니다. **(천국, 참고 계 21장, 22장)** 들림 못 받으면 그냥 천국에만 가면되지 하는 사람도 있으나 그것은 너무 모르는 생각입니다. 들림 받지 못하면 대

환난을 통과해야 하는데 그 때는 자기도 모르는 사이에 짐승의 표를 받아서 사단의 백성이 될 확률이 많습니다.(계 13:8) 아니면 순교당하든지 많은 고통이 따를 것입니다. 순교는 쉽게 생각하지 말아야 합니다. 그냥 총살이나 독약으로 죽이면 고통이 덜할 것입니다. 잔인한 고문과 온갖 고통을 주며 괴롭히므로, 참기가 극히 힘들 것입니다. 우리는 조금만 다쳐도 아프다고 약 바르고 병원가고 하지 않습니까? 이런 조그마한 것들도 못 참으면서 사람들이 고문을 당해 비참하게 죽어가는 모습을 보면 항복하고 말 것입니다. 차라리 환난 전에 하나님의 부르심을 받아서 죽으면 복 됩니다. 예수님 재림 때에 먼저 부활의 몸으로 예수님의 혼인 잔치에(환영잔치) 참여하니까 그러합니다. 물론 성령 충만한 성도에 한해서이며 성령 충만하여 주님의 재림을 기다리다가 죽은 사람이라야 1차 부활에 참여합니다. 대환란 때에는 성령 체험한 사람들이 많이 적그리스도와 타협해서 짐승의 표를 받아 둘째 사망의 반열에 섰다가 마지막에는 유황불못으로(지옥) 던져질 수 도 있습니다. 첫째 사망은 육이 죽는 것이고 둘째 사망은 영혼과 육신이 죽는 것입니다.(계 21:8) 요한계시록을 멀리 하면 천국 가는데 손해를 봅니다. 귀하고 귀한 예수님의 계시의 말씀 요한계시록을 가까이 해서 수시로 읽고 깨닫고 또 지켜야 할(2장, 3장) 절대적인 예수님 계시의 말씀입니다. 요한계시록은 결코 어렵지 않습니다. 또한 비밀이 아닙니다. 어떤 특정인 들만의 것도 아닙니다. 우리 모두를 위한 말씀이고 우리 모두에게 주신 말씀입니다. 요한계시록은 아무나 보면 안 된다. 또 아무나 해석하면 안 된다. 잘못 해석하면 이단이다. 이런 등등의 말을 하는 사람은 주로 세상 초등학문과 자기

지식으로 하나님의 말씀을 대하는 사람들이고 성령체험이 없는 사람들입니다. 이런 사람들은 실지로 하나님 말씀에서 떠난 사람들이며 이들이 하나님의 말씀에서 멀어진 세상의 지식으로 하나님의 말씀을 풀이 하며 이해 하려는 사람들입니다. (현대판 서기관과 바리새인들) 또한 계 1장 3절과 계 22장 18절~19절 말씀에 위배된 자들입니다. 요한계시록은 절대로 인봉한 책이 아니고 열려 있는 말씀이며 우리에게 소망과 확신을 주시는 예수님의 계시의 말씀인 것입니다. 물론 보는 사람에 따라서 조금씩 다른 해석이 있을 수 있으나 이것이 이단이나 사이비가 되는 것은 아닙니다. 성령 충만함에 따라서 또는 보는 관점에 따라서 깨닫고 해석하고 이해하는 깊이와 방향이 조금씩 달라질 수도 있습니다. 하지만 목표는 천국 하나님의 나라 신천 신지 영원한 그곳인 것입니다.

요한계시록을 자기들의 이익에 이용하는 사이비, 이단, 단체가 있는 것도 사실입니다. 요한계시록 중에 기록된 말씀을 자기들의 지도자에 비유한다든가 또는 자기에 비유하며 자기들의 교단에 비유하는 그런 엉터리들도 있다는 것을 알려 둡니다. 예를 들어 자기들의 교단 교인 숫자가 십 사만 사천이 되면 종말이 온다거나(이단) 또는 우리는 십 사만 사천에 들어야 한다. 십 사만 사천은 상징적인 영적인 숫자라고 합니다.(세상학문으로 이해하는 자들) 이런 사설에 속지 마시고 분별하여 스스로 성령님의 가르침을 받고 성령님의 인도함으로 성령님의 은혜에 감동하는 반열에 동참하여야 합니다. 요한계시록 4장~22장의 말씀은 이미 정해진 것이기 때문에 여기에 얽매이지 말아야 하며 2장~3장 말씀을 잘 지켜 나갈 때에 예수님께서 약속하신 그곳에 갈 수 있을 것입니다. 성경 말씀에 특별한 근거는 없지만, 참고로 예수 믿는 사람들을 분류한다면 교인, 신자, 성도로 말할 수 있습니다. **교인**=교회 등록만 하고 그저 왔다 갔다 하는 사람을 말하며 교회 나가도 하나님이 복을 안 준다고 투덜거리며 바람 앞에 등불 같은 믿음의 소유자를 말합니다. **신자**=교회를 열심히 섬기며 봉사와 모든 일들을 앞장서서 하나 보혜사 성령을 알지 못하고 성령 체험이 없이 공부해서 지식으로 예수를 믿는 사람을 신자라 합니다. (예수님 승천이전 아직 보혜사 성령님을 체험하지 못한 예수님제자 반열, 시험이오면 흩어짐) **성도**=보혜사 성령을 충만히 체험하고 성령님의 음성을 수시로 듣고 하나님과 동행하는 삶을 사는 사람을 말합니다. 이런 사람은 성도라 할 수 있습니다.(예수님 승천이후 보혜사 성령님을 체험하여 강하고 담대해진 예수님 제자와 초대교회 성도 반열)

아멘 주 예수여 속히 오시옵소서! 의 신앙을 소유한 성도입니다. 우리의 신앙이 어디에 속하여 있는지 점검해 볼 필요가 있습니다. 그리고 성도의 반열에 서야 합니다,

10부 요한계시록 1장

예수님께서 앞으로 될 모든 것을 말씀하심

1절

예수 그리스도의 계시라 이는 하나님이 그에게 주사 반드시 속히 될 일을 그 종들에게 보이시려고 그 천사를 그 종 요한에게 보내어 지시 하신 것이라.(계 1장 10절 주의 날에 내가 성령에 감동하여 뒤에서 나는 나팔소리 같은 큰 음성을 들으니)

예수님께서 이 땅에 오셔서 세상 만백성을 구원하시려고 천국복음을 전하시고 십자가에 달려서 죽으시므로 승리하시고 부활하여서 재림을 약속하시고 승천하신 예수님에게 세상종말과 대환난 중에 있을 모든 일들과 백 보좌 심판 천년왕국 신천신지를 예수님에게 주시므로 예수님께서는 앞으로 이루어질 하나님의 비밀들을 사도요한을 통하여 계시하므로 앞으로 진행될 모든 일들을 우리들에게 알리시려고 성령의 감동과 천사를 요한에게 보내어 지시한 말씀이라고 말씀하고 있습니다. 그러므로 요한계시록은 하나님만 알고 계시던 일들을 예수님을 통하여 전부 공개하신 것이기 때문에 비밀이 없으며 다만 우리가 깨닫지 못할 뿐인 것입니다. 특히 다른 성경은 성령의 감동으로만 기록하였는데 요한계시록은 성령 감동과 천사를 먼저 보내어서 돕게 하셨습니다. 요한에게 천사를 먼저 보낸 이유로는 지금 요한의 나이도 많을 뿐더러 주위 환경이 천사가 와서 요한의 육신을 도우지 아니하면 불가능한 위치에 있기 때문입니다. 그래서 천사가 먼저 와서 요한을 수호하는 것입니다. 그러므로 요한계시록은 예수님께서 특별히 취급하신 말씀이 되며 우리 들을 새로운 신천신지로 이끌기 위한 특별한 복음이며 예수님의 뜻인 것입니다. 또한 요한 계시록이 비밀이 될 수 없다는 것입니다. 그러므로 하나님의 종된 사람들은 요한계시록을 알고 전해야 할 의무가 있습니다. 계시란 보여준다는 뜻이므로 보여주시면서 비밀이라는 것은 말이 되지 않습니다. 그러므로 요한계시록은 누구나 보아야 하고 들어야 하며 깨달음을 얻어서 알아야 되는 말씀입니다. 누구나 예수님의 뜻을 알게 하시려고 사도요한이 계시록을 기록할 수 있도록 밧모섬으로 유배를 보내서 준비한 말씀이 되겠습니다.

2절~3절

2절 요한은 하나님의 말씀과 예수 그리스도의 증거 곧 자기의 본 것을 다 증거하였느니라.
3절 이 예언의 말씀을 읽는 자와 듣는 자들과 그 가운데 기록한 것을 지키는 자들이 복이 있나니 때가 가까움이라

요한이 성령이 충만하게 되어서 환상으로 본 것을 다 증거한 예언서인 요한계시록을 읽고 듣고 깨닫고 기록된 말씀을 지키는 사람은 복이 있다고 분명하게 말씀하고 계십니다. 주시겠다는 복이란 2장, 3장에 기록된 말씀을 지키는 자에게 2장, 3장에 기록된 복들을 주신다는 것입니다. 4장에서 22장 말씀은 우리들이 지킬 것이 없습니다. 그 말씀들은 이미 정해져 있는 것이어서 그냥 알고만 있으면 됩니다. 그런데 오늘날 많은 사람들과 지도자들은 영적인 소경이 되어서 (마 23:16~22) 요한계시록 말씀을 읽기는 읽지만 깨닫지 못하고 성도들도 알지 못하도록 눈을 가리고 귀를 막고 있습니다. 또한 대 환난 때에 있을 6장에서 18장 말씀에 얽매어서 시간을 낭비하는 사람들도 많이 볼 수 있습니다.

마 13:15

이 백성들의 마음이 완악하여져서 그 귀는 듣기에 둔하고 눈은 감았으니 이는 눈으로 보고 귀로 듣고 마음으로 깨달아 돌이켜 내게 고침을 받을까 두려워함이라

하나님의 말씀인 또한 예수님의 계시의 말씀을 읽어도 깨닫지 못하게 하는 미혹의 영이 그들을 점령하고 있기 때문에 모르는 것입니다. 보혜사 성령님을 받아들이고 성령님의 사역을 인정하며 거듭나기 전에는 어쩔 수 없는 것입니다.

계 22:10~12

10절 말씀에는 또 내게 말하되 이 책의 예언의 말씀을 인봉하지 말라 때가 가까우니라.
11절 불의를 하는 자는 그대로 불의를 하고 더러운 자는 그대로 더럽고 의로운 자는 그대로 의를 행하고 거룩한 자는 그대로 거룩 되게 하라
12절 보라 내가 속히 오리니 내가 줄 상이 내게 있어 각 사람에게 그의 일한대로 갚아 주리라.

불의를 (의리, 도의 정의에 어긋남) 하는 자 그것이 무엇이겠습니까?

하나님의 말씀을 기록해 놓은 성경 말씀을 그대로 믿지 아니하고 세상의 학식이나 지식으로 해석하고 또는 제하거나 더하는 행위들이 불의입니다.

더러운 것은 세상의 썩어질 것들을 중하게 여기는 것이 더러운 것이고 이런 것들에 유혹을 받은 사람들은 회개치 않고 그것이 옳은 줄 알고 계속 마귀에게 속아서 그렇게 산다는 것입니다. 거룩하다는 것은 보혜사 성령님을 받아 들여서 성령님께서 가르치고 생각나게 하시는 대로 하나님의 말씀에 순종하려고 노력하는 사람들인 것입니다. 의로운 것은 세상의 지식 과학 물질문명을 즐거워 하지 않으며 불의를 행하지 않으며 하나님을 경외하며 명철함으로 항상 하나님 편에서는 자세입니다. 이 말씀은 일곱 교회에 보내는 말씀을 지키는 자들에게 약속하신 복이 되겠습니다. 요한계시록 2장에서 3장에 기록된 복이란 우리의 상상을 뛰어넘는 큰 복입니다. 성경 66권을 통틀어서 이보다 더 큰 복은 없습니다. 4장~22장은 읽고 들어 아는 것으로 족하다는 크신 은혜의 말씀입니다. 그러므로 2장 3장은 꼭 깨

닫고 지켜야 합니다.

4절~5절

요한은 아시아에 있는 일곱 교회에 편지하노니 이제도 계시고 전에도 계시고 장차 오실 이와 그 보좌 앞에 일곱 영과 또 충성된 증인으로 죽은 자들 가운데서 먼저 나시고 땅의 임금들의 머리가 되신 예수 그리스도로 말미암아 은혜와 평강이 너희에게 있기를 원하노라 우리를 사랑하사 그의 피로 우리 들을 죄에서 해방하시고

요한의 인사말을 기록했으며 이 세상의 교회들을 일곱 유형으로 분류해서 말씀을 전하며 일곱 유형이란 ① 처음사랑을 버린 교회 ② 충성하지 않는 교회 ③ 발람과 니골라당의 교훈을 따르는 교회 ④ 이세벨을 용납 하는 교회 ⑤ 행위가 온전하지 못한 교회 ⑥ 적은 능력을 가지고 예수님의 이름을 배반치 아니하는 교회 ⑦ 차지도 덥지도 아니하고 미지근한 교회 이렇게 일곱 유형으로 분류합니다. 하나님의 일곱 영인 성령님을 소개하며 예수님은 창세전부터 계시고 현재도 계시고 미래도 계시고 예수님께서 하나님과 처음부터 함께 계신 것을 증거하고 특히 재림하실 것을 확실히 말씀하신 것입니다. 예수님께서 생명을 버림으로 순종과 충성을 보여주시는 것이고 부활하시므로 죽은 자들이 부활할 것을 미리 보여주신 것이며 부활하시므로 땅의 임금들의 머리가 되셨다는 것은 땅의 임금들이란 모든 사람을 가리키는 것입니다. 하나님께서 천지 만물을 창조하셔서 사람에게 모든 천지 만물을 다스리게 하셨습니다. 그러므로 땅의 임금들

은 사람들을 말하는 것입니다.(만물의 머리) 그러므로 예수님께서는 우리의 머리가 되시고 예수님의 머리는 하나님이 되시는 것입니다. 머리되신 예수님의 그 은혜로 우리도 예수님과 같이 영광을 누릴 것을 말하며 우리를 천국백성으로 만들기 위하여 예수님께서 피 흘림으로(생명을 버리는 것) 우리를 죄에서 구원시키셨다는 것입니다. 그런데 어떤 분들은 귀신 쫓아내는데 예수의 피를 뿌리고 이런 말을 사용합니다. 이것은 잘못된 것입니다.

그런 말은 사용해서는 안 됩니다. 예수님의 피 흘림은 우리를 죄에서 구원하시려고 죄의 대가로 생명이신 피로써 지불하신 것입니다. 귀신 쫓아내는데 사용하라고 예수님께서 십자가를 지시고 피를 흘리신 것이 아닙니다. 잘못된 믿음입니다. 예수님의 피의 증거는 생명입니다. 생명을 버리셨다는 것이지 피자체가 능력이 있는 것은 아닙니다. 사단 마귀를 쫓아내는 데는 예수님께서는 말씀으로 물리치시고(마 4:1~11) 제자들은 예수님께서 주신 능력으로 귀신을 물리쳤으며 예수님 승천 이후로는 보혜사 성령받으므로 성령님 역사하심으로 예수님의 이름으로 마귀 귀신 사단을 물리치는 것입니다.

6절

그 아버지 하나님을 위하여 우리를 나라와 제사장으로 삼으신 그에게 영광과 능력이 세세토록 있기를 원하노라 아멘.

하나님의 영광을 위하여 그 피의 대가로 우리를 영적인 제사장으로 삼으셨다는 것입니다. 그러므로 예수님을 믿고 보혜사 성령받은 우리는 영적인 제사장으로 예수님의 제자가 된 것입니다. 신학을 해서 목사된 사람들만이 제사장이 아닙니다. 그들은 사자 또한 종입니다. 먼저 예수 믿은 우리는 제자 또는 제사장이란 책임감을 가지고 예수를 믿어야 할 것입니다.(제사장이란? 구약시대=하나님께 제사를 지내는 것을 맡아 관장하는 사람, 신약시대=하나님을 먼저 안사람, 영적인 선도자)

7절

볼지어다. 구름을 타고 오시리라 각인의 눈이 그를 보겠고 그를 찌른 자들도 볼 터이요 땅에 있는 모든 족속이 그를 인하여 애곡하리니 그러하리라 아멘.

주님께서 반드시 재림하실 것을 말씀하시며 구름을 타고 오신다고 함은 진짜 구름을 타는 것이 아닙니다. 구름을 타면 느려서 언제 천국에서 여기까지 옵니까? 이 말씀을 기록한 당시에는 이 세상에서 구름이 제일 빠른 것 같으니까 그렇게 비유한 것이고 그냥 주님의 영광이 구름처럼 보이는 것이며 또한 많은 사람들이 흰 세마포를 입고 백마를 타고 태양보다 7배나 밝은 빛으로 오시니까 그 모습이 마치 구름을 타고 오시는 것같이 표현한 것입니다.(계 19:14) 그를 찌른 자도 볼 것이라는 말씀은 예수님을 믿지 않는 사람을 말할 수 있으며 또한 예수님을 십자가에 못 박은 자들이 하나님을 믿는다는 유대 사람이듯이 이 때에도 하나님을 믿는 자들이 타락하여서 예수님을 제대로 믿는 자들을 핍박하는 것이라고도 할 수 있습니다. 지상 재림 그 당시에는 이 땅에 예수 믿는 사람들이 거의 없습니다. 그러므로

모든 족속이 이제 우리는 다 죽었구나 하면서 애통할 수밖에 없는 것입니다. (계 19:15)

8절

주 하나님이 가라사대 나는 알파와 오메가라 이제도 있고 전에도 있었고 장차 올 자요 전능한 자라 하시더라.

예수님은 처음부터 계심을 말하는 것이며 처음에 계셨던 예수님께서 나중에도 계신다는 말씀으로 주님의 전능함을 말하고 있습니다. 초림 예수님께서 이 땅에 오시어서 하늘나라 복음의 씨앗을 뿌리시고 그 목적은 세상 모두를 구원하시려고 오신 것이고 다시 재림 예수님으로 오시어서 예수님께서 뿌린 복음에 순종한 사람들을 신천 신지 새 예루살렘으로 데려 가려고 재림하신다는 것입니다. 이것을 처음과 나중이라고 하며 알파와 오메가라 합니다.

9절

나 요한은 너희 형제요 예수의 환난과 나라와 참음에 동참하는 자라 하나님의 말씀과 예수의 증거를 인하여 밧모라 하는 섬에 있었더니

요한은 예수 믿는 모든 사람은 주안에서 형제됨을 강조하며 예수님의 십자가 고통에 동참한다고 자기소개를 했으며 밧모섬에 유배 간 것은 하나님의 크신 뜻이 있어서 예수님의 계시를 듣고 보기 위하여 준비된 유배를 간 것을 말씀하고 있습니다. 그러므로 유배를 간 것은 예수님의 십자가의 고통에 조금 이나마 동참하는 것이라는 것입니다.

10절

주의 날에 내가 성령에 감동하여 내 뒤에서 나는 나팔소리 같은 큰 음성을 들으니

성령에 감동되어서 계시록을 기록했다는 것을 알려주고 있습니다. **(계 1장 1절 천사를 먼저 보내사 요한의 육신을 보호하심)** 여기서 우리는 여러 가지를 생각할 수 있습니다. 유배를 가지 않고도 기록할 수 있었을 텐데 꼭 유배를 가서 기록해야 하느냐고 생각할 수 있으나 하나님께서는 환난 고통 중에 역사하시는 것을 알 수 있습니다. 또는 환난 중에 성령 충만을 받을 수 있으며 환난 중에 하나님께서 도구로 쓰신다는 것입니다. 나팔소리 같은 큰 음성은 웅장하게 고요하게 맑게 크게 들리는 소리를 말합니다. 참고로 알 것은 마귀의 소리는 웅장하게 또는 고요하게 들리지를 아니하고 간사하게 명목이 확실하여 계산적이고 타산적이며 귓전에서 소근소근 들린다는 것을 아시면 마귀에게 속지 않을 것입니다. 많은 사람들이 이 마귀의 음성에 속아서 착각 속에 살아갑니다.

11절

가로되 너 보는 것을 책에 써서 에베소, 서머나, 버가모, 두아디

라, 사데, 빌라델비아, 라오디게아, 일곱 교회에 보내라 하시기로.

예수님의 계시의 말씀을 기록해서 일곱 교회에 보내라 하심은, 세상 모든 교회들을 일곱 유형으로 분류하심을 말합니다. 이제 2장 3장에서 일곱 교회에 대한 칭찬과 책망 약속 회개를 약속하심은 책망과 권면하심을 제대로 알아듣고 믿고 회개하고 행하면 "들림"이라는 큰 복이 이루어짐을 우리는 깨달아 알아집니다. 또한 천국을 차지하게 되는 엄청난 복들이 준비되어 기다리고 있습니다.

12절

몸을 돌이켜 나더러 말한 음성을 알아보려고 하여 돌이킬 때에 일곱 금 촛대를 보았는데.

요한이 성령에 감동되어서 성령님의 음성을 듣고 뒤를 돌아보고 무슨 말인지를 알려고 할 때에 일곱 촛대를 보았다고 기록하고 있습니다. 이 일곱 금 촛대는 하나님의 말씀에 순종하는 온전한 교회를 말합니다. (계 1:20) 또한 우리도 성령의 음성을 들을 때에 위에서 또는 뒤에서 어느 쪽 이든 간에 우아하게 들린다는 것을 알 수 있습니다. 속삭이듯이 귓전에서 간사하게 명목이 확실하게 들리는 소리는 마귀의 소리입니다. 여기서 자세히 살펴보면 촛대는 있고 촛불은 있지 않습니다. 이것은 촛대는 교회이지만 촛불은 빛이기 때문에 (요 1:9, 8:12, 9:5, 12:46) 하나님 예수님 성령님이 되는 것입니다. 그러므로 우리는 이 촛대에 불이 밝게 켜지기를 힘써 기도하며 성령 충만한 신앙생활로 하나님에게로 나아가야 할 것입니다. 친히 성령님께서 임하시어 촛대에 불이 되어 밝혀 주셔야 비로소 촛대의 역할을 하는 것이며 또한 엡 5:8, 살전 5:5에서는 우리가 빛 가운데 또한 성령 속에 또는 성령님이 우리 속에 거하시면 우리가 빛이 되어 세상을 비춘다고 하셨습니다. 오늘날 성령님을 거부하며 성령님이 함께 하시지 않으니 촛대만 있고 촛불이 켜지지 않는 교회와 신도들이 얼마나 많습니까?

13절

촛대 사이에 인자 같은 이가 발에 끌리는 옷을 입고 가슴에 금띠를 띠고.

촛대는 교회라고 했으니 (계 1:20) 교회 사이를 발에 끌리는 옷을 입고 가슴에 금띠를 두르고는 교회를 다스리는 권세 권력을 가지시고 우리를 살피시는 것이고 끌리는 옷은 권세의 상징입니다. 예수님 당시 대 제사장이나 재판관의 옷을 말합니다. 예수님은 우리의 대제사장이며 재판관 구세주의 권한을 가졌다는 것입니다. 우리를 위해 대제사장이 되어 주심과 우리를 죽음에서 구해줄 권세와 마지막 때에 재판관으로서 심판하는 권한을 우리에게 부여하신다는 말씀이며 가슴에 금띠는 왕만이 할 수 있는 상징입니다. 예수님은 우리의 왕이신 것을 나타내며 장차 친히 오셔서 영원한 우리의 만왕의 왕으로 통치하신다는 것입니다.

14절

그 머리와 털의 희기가 흰 양털 같고 눈 같으며 그의 눈은 불 꽃 같고.

머리털이 눈같이 희다는 것은 의로움의 상징이고 그 영화의 면류관이며 아름다운 사랑의 상징입니다. (잠 16:31, 20:29) 눈은 불꽃같다고 하심은 (계 19:12) 불같이 모든 것을 소멸할 수 있는 것을 말합니다. 우리나라의 옛말에 나이가 많아서 머리가 희게 되면 의의 상징으로 알고 어른으로 존경해야 했습니다만, 요즘 사람들은 나이가 많으면 오히려 무시하니까 머리에 검은 물을 들여서 무시를 당하지 않으려고 하는 것 같습니다.

15절

그의 발은 풀무에 단련한 빛난 주석 같고 그의 음성은 많은 물소리와 같으며.

그의 발은 풀무에 단련한, 이 말씀은 옛날에는 숯불을 피워서 쇠를 달구어서 여러 가지 기구를 만들곤 했습니다. 그 곳을 대장간이라고 합니다. 그런데 불을 피우기 위해서는 바람을 일으키는 기구가 있습니다. 나무로 된 상자인데 거기에 가죽을 이용해서 그 기구를 손으로 밀고 잡아 당기는 것도 있고 발로 밟는 것도 있습니다. 여기서 풀무에 단련한 빛난 주석은 이 풀무에 달구고 두들기고 해서 단련한 것을 말합니다. 그러므로 그의 발은 단련한 주석 빛난 주석 같다는 것은 힘이 있고 강함을 말하며 모든 악한 것을 물리칠 수 있는 능력을 말하며 철장의 권세를 말합니다. 그의 음성은 많은 물소리 같으며는 모든 것을 씻어 깨끗하게 할 수 있다는 것입니다.

16절

그 오른손에 일곱별이 있고 그 입에서 좌우에 날선 검이 나오고 그 얼굴은 해가 힘 있게 비취는 것 같더라.

오른손에 일곱별이 있고 이 일곱별은 하나님의 말씀에 순종하는 주의 사자들을 가리키며(일곱 교회의 유형과 동일) (계 1:20) 주의 사자들은 주의 오른손에 있고는 주님의 오른손에 붙들림은 성경말씀을 깨닫고 올바르게 생활하며 진리의 말씀대로 바로 전하는 사람을 말하며, 예수님께서 선택하신 사람을 말합니다.

(예수님께 선택되어서 세상의 지식이나 학문으로 가르치지 않고 성령의 인도함으로 행하고 가르치는 사람) 그 입에서 좌우에 날선 검이 나오고는(히 4:12) 하나님의 말씀으로 무장함을 말하며, 하나님의 말씀은 예리한 검처럼 더러운 귀신 사단 마귀 미혹의 영들을 물리칩니다. 예수님께서도 마귀의 시험을 말씀으로 물리 쳤습니다.(마 4:1~11, 눅 4:1~13)

오늘날 우리도 성령님의 도움으로 성경 말씀을 깨닫고 말씀 위에 바로 설 때에 마귀 귀신 사단 미혹의 더러운 영들은 우리를 어쩌지 못합니다. 그런데 은사 받았다고 그것에 너무 치우쳐서 하나님의 말씀이고 명령인 성경 말씀은 간 데가 없고 은사에 치우쳐서 얽매이면 마귀에게 틈을 주게 되어 미혹 당하여서 사단의 종으로 빠지고 맙니다. 보혜사 성령님의 가르침과 생각나게 하심으로 하나님의 말씀은 때로는 우리의 심령을 감화 감동시키시며 또한 성경 말씀 안에서는 죄와 불의와 모든 것이 나타납니다. 얼굴은 해가 힘 있게 비취는 것 같더라고 했습니다. 이 말씀은 주안에서 기쁨과 희망을 말합니다. 우리는 주님을 기다리는 희망을 가지고 그 날에 기쁨을 생각하며 기쁘게 신앙생활하는 것이 또한 주님을 기쁘게 하는 것입니다.

17절

내가 볼 때에 그 발 앞에 엎드러져 죽은 자같이 되매 그가 오른 손을 내게 얹고 가라사대 두려워 말라 나는 처음이요 나중이니.

사도요한이 예수님의 모습을 볼 때 요한은 너무 황송하고 두려워서 죽은 자같이 되매 하였습니다. 하나님의 영광 속에 계시는 예수님의 모습을 인간이 볼 때는 그 빛난 모습과 위엄에 인간이 압도 당하게 되는 것은 당연한 것입니다. 요한에게는 두려움으로 보이시지만 때에 따라서는 예수님께서는 두려움의 모습과 인자하신 모습과 기쁨의 모습으로 우리에게 보이십니다. 또한 요한계시록은 예수님께서 직접 계시하여 기록되었습니다.

18절

곧 산 자라 내가 전에 죽었노라 볼지어다. 이제 세세토록 살아있어 사망과 음부의 열쇠를 가졌노니.

십자가에 달려서 죽었지만 부활하여서 심판 때에 사망과 음부의 권세와 권한이(계 19:11~21) 모두 주님에게 주어졌다는 것을 말합니다.

지상 재림 때에 예수님께서 사망의 권세와 음부의 열쇠를 가지시고 모든 마귀와 사단과 귀신과 더러운 영들을 마음대로 구속할 수 있는 권세를 말합니다. 사망과 음부라는 것은 사망은 육신과 영혼이 분리되는 것을 말하며 육신은 죽어 땅으로 가는 것이고 육신과 분리된 그 영혼은 어두운 곳 고통과 괴로움이 있는 음부로 가서 백 보좌 심판을 받기 위해서 머무는 곳을 말하는 것이며 지옥은 영영한 벌을 받기위해 예비된 곳 불못을 말합니다. 지옥이라는 곳은 죽음을 말하며 음부에 있는 영들을 천년왕국이 끝난 후에 심판(백 보좌= 흰 보좌) 하여 지옥에 던져서 영원히 벌 받게 하는 곳입니다. 지옥은 꺼지지 않는 영원히 불타는 곳이라 했습니다.(막 9:43) 음부는 고통은 당하나 그 영혼이 죽지는 않지만 지옥은 죽음을 뜻하기 때문에 영원한 죽음 또는 영원한 형벌을 말하는 것입니다. 이것이 둘째 사망인 것입니다. 사망과 음부의 열쇠를 가졌다는 것은 부활과 심판의 권세를 가졌다는 말씀인 것입니다.

계 21:8

그러나 두려워하는 자들과 믿지 아니하는 자들과 흉악한 자들과 살인자들과 행음 자들과 술객들과 우상 숭배자들과 모든 거짓말 하는 자들은 불과 유황으로 타는 못에 참예하리니 이것이 둘째 사망이라.

19절

그러므로 네 본 것과 이제 있는 일과 장차 될 일을 기록하라

요한에게 지금까지 본 것(예수님의 계시)을 기록하라는 말씀이며 이제 있는 일과 2장 3장 교회시대 현재를 말하며 장차될 일을 기록하라 4장에서 22장까지 될 일들을 말합니다.

20절

네 본 것은 내 오른손에 일곱별의 비밀과 일곱 금 촛대라 일곱별은 일곱 교회의 사자요 일곱 촛대는 일곱 교회니라.

일곱별의 비밀과 일곱 금촛대라. 주님과 주님의 사자와는 비밀이 있다는 것을 말씀하시는 것이며 마지막 때에 주의 오른손에 있는 사자에게는 비밀을 알려주신다는 말도 되겠습니다. 교회는 촛대에 사자는 별에 비유됨은 사자는 빛을 발할 수 있는 종을 말합니다. 사자는 교회의 빛이라는 것입니다. 주의 사자는 교회에 별처럼 빛나는 존재가 되어야 한다는 것입니다.(주의 사자란? 주님의 명령으로 하나님의 말씀과 그 뜻을 전하는 사람=심부름 꾼) (종이란? 남에게 얽매여 그 명령에 따라야 하는 사람= 자유가 없는 사람)

11부

요한계시록 2장 3장=(서론)

요한계시록 2장과 3장의 계시의 말씀은 예수님께서 승천하신 이후부터 예수님 재림하실 때까지 예수님을 믿는 사람들이 진리의 말씀들을 꼭 지켜야 하고 붙잡아야 하는 말씀입니다. 이 말씀을 놓치면 천국과 예수님을 잃어버리는 것과 마찬가지입니다. 소아시아의(지금의 터키 지방) 에베소, 서머나, 버가모, 두아디라, 사데, 빌라델비아, 라오디게아, 이곳은 정치 종교 문화 학문 과학 의술 상업 무역 이런 것들이 번창한 부유한 곳입니다. 특히 이곳은 당시 로마의 지배하에 있었기 때문에 로마 황제를 신으로 숭배하는 황제우상과 여러 가지 신들의 총집합한 곳입니다. 따라서 일곱 교회들은 부를 상징하는 교회들이라고 합니다. 이런 사정들을 잘 이해하고 오늘날 우리가 처해있는 현실의 사정과 잘 비교해서 계시록 2장 3장 말씀을 깨달으면 됩니다. 예수님께서는 이 일곱 지역과 교회를 모델로 삼아서 오늘날 우리에게 깨달음을 주시고 있습니다. 사람이나 교회나 국가나 처음 가난하며 살기가 힘들 때는 하나님을 의지하지만 살기가 편해지고 재물이 많아질수록 하나님께로부터 멀어지기 쉽다는 것을 암시하고 있습니다. 오늘날 물질문명이 발달하므로 사람들 마음속에 하나님의 사랑이 식어지고 학문과 지식 문화 경제 정치 이런 것들로 인해서 세상 것들의 만능 주의에 취해서 하나님을 멀리하게 될 것을 예수님께서 아시고 요한계시록 2장 3장 말씀을 주신 것입니다. 잘못되어 가는 사람들의 마음을 성령님이 아니시면 주님께로 인도할 방법이 없다는 것도 말씀하고 계십니다. 일곱 교회에게 말씀하시는 칭찬과 꾸중과 권면과 회개하면 주실 복의 약속이 일곱 교회가 각기 다르듯이 서두에 주님을 소개할 때 보면 그 모습이 각기 다릅니다. 그것은 주님의 그 모습이 예수님께서 우리를 위하여 준비하신 신천신지 새예루살렘 그곳으로 데려가기 위해서 요구하시는 그 말씀의 답이 되는 것입니다. 또한 성령의 감동이(계 1:10) 되면 모든 것이 이루어진다고 가르치고 있으며 보혜사 성령 충만 하면 복잡한 모든 것을 성령님께서 인도하고 가르치시기 때문에 지식, 학문 지혜로 배운 것은 필요하지 않습니다. 그러므로 지식과 학문을 우선시하여 보혜사 성령님의 역사를 가로막지 말아야 합니다. 그러나 마지막 때에는 지식 학문 문화 정치 경제가 발전해서 많은 사람들이 현혹될 것을 아시고 계시로 기록해 놓으신 것입니다. 하나님의 말씀을 전달하는 반열에 있는 사람들은 머릿속에 세상의 학문과 지식이 꽉차 있으면 성령님의 가르침과 생각나게 하심을 따라 은혜로 하나님의 말씀을 전할 수가 없고 결국 세상의 초등학문으로 하나님의 말씀을 이해하고 전하게 되어지고 맙니다.

요 14:26

보혜사 곧 아버지께서 내 이름으로 보내실 성령 그가 너희에게 모든 것을 가르치고 내가 너희에게 말한 모든 것을 생각나게 하시리라.

아무리 세상의 지식과 학문이 많고 유식해도 성령을 받고 성령님의 인도함으로 천국에 가기 때문에 성령 충만받는 것이 천국가는 지름길이며 예수의 도이며 이것이 큰 복이 되는 것입니다.

요 3:5

예수께서 대답하시되 진실로진실로 네게 이르노니 사람이 물과 성령으로 나지 아니하면 하나님 나라에 들어갈 수 없느니라.

많은 사람들이 성령 충만하므로 하나님의 나라에 갈 수 있다는 이 큰 진리를 깨닫지 못하는 사람들이 많습니다. 이 진리를 성도들이 다 깨달아 알면 삯군 목자들은 자기사업 하기가 힘드니까, 세상 학문과 지식으로 어렵게 가르치고 있습니다. 지식과 학문으로 해석을 하며 여기 저기 성경 말씀을 인용해 가면서 자기들이 맞는다고 주장을 합니다. 또한 서로가 서로를 잘못 됐다고 또한 이단이라고도 합니다. 하나님 말씀으로 돌아가서 성령 충만을 받고 보혜사 성령님께서 인도 하시는 대로 또한 성경 말씀 그대로 전하면 얼마나 좋겠습니까? 성령으로 거듭나는 데는 돈도 들지 않는데 말입니다. 물론 성경 말씀에는 비유로도 많이 말씀하셨지만 비유의 말씀 내용도 성경 말씀 속에 답이 다 기록되어 있습니다. 성령 충만한 사람은 성령님께서 말씀을 생각나게도 하시며 깨닫게(요 14:26) 인도하십니다. **지혜의 말씀 은사**를 주셔서 성경 말씀을 깨닫게 되며 성경 말씀 속으로 심취하게 됩니다. 그러므로 성경 말씀은 어려운 것이 하나도 없습니다. 성령 체험한 성도는 누구나 알고 깨달을 수 있도록 하나님께서는 말씀을 기록해 놓으셨습니다. 많은 사람들이 성경말씀을 깨닫지 못하기 때문에 엉터리 가르침에 넘어가는 것입니다. 특히 요한계시록은 예수님께서 계시한 말씀입니다.

보혜사 성령님의 도움과 가르침으로 지켜 나가야 합니다. 에베소교회는 처음 사랑을 버렸다고 하십니다. 회개하고 처음 사랑을 찾으라고 하시고, 처음 사랑을 찾아서 이기면 낙원의 실과를 먹게 하신다고 하십니다.

또한 니골라당의 교훈을 멀리 함을 칭찬하십니다. 서머나 교회는 마귀의 시험을 받더라도 죽도록 충성하라고 권면하시며 이기면 생명의 면류관을 주시고 둘째 사망의 해를 받지 아니 한다고 하십니다. 또한 사단의 회를 주의하라는 말씀입니다. 버가모 교회는 안디바의 순교를 칭찬하며 발람과 니골라당 교훈을 따른다고 회개하라고 하시며 회개하지 않으면 주님께서 말씀의 검으로 싸우시겠다고 하십니다. 이기는 자에게는 감추었던 만나를 주고 흰 돌을(무죄의 상징) 주며 그 돌 위에 새 이름을 기록하며 그 이름을 알 사람이 없다고 하십니다. 두아디라 교회는 사업과 사랑과 섬김과 인내를 칭찬하나 이세벨을 용납하여 행음하였으므로 회개할 기회를 주었으나 회개하지 않아서 환난 가운데 던지고 사망으로 자녀를 죽이고 행위대로 갚아 주리라고 하시며 이런 유혹에서 이기는 자에게는 만국을 다스리는 철장의 권세를 주며 새벽별을 주신다고 약속하십니다.(새벽별=예수님, 성령)

위와 같이 2장에서는 니골라당 발람 이세벨과 같은 이단들에게 속아서 영적인 행음과 우상의 제물을 먹고 사는 것을 회개하라는 예수님의 강력한 권면입니다. 오늘날 니골라당 발람 이세벨의 교훈에 간접적으로 자신들도 모르는 사이에 끌려가는 교회와 신자들이 너무나 많습니다. 주의 깊게 살펴보아야 할 문제입니다. 그러므로 2장은 성령 충만하기를 가르치는 것입니다. 요 3장 5절 물과 성령으로 나지 아니하면 하나님의 나라에 들어 갈 수 없다고 하심은 성령 충만은 영적인 내적 문제이며 항상 내적인 문제가 먼저 우선 되어야 만이 외적인 문제가 해결됩니다.(계 2장) 물은 행위를 가리키는 외적인 문제인 것입니다.(계 3장) 사데 교회는 죽은 교회라고 꾸중을 하시며 회개하라고 권면하십니다. 이기는 자에게는 흰 옷을 입히시고 주님께서 하나님과 천사 앞에서 시인하신다고 하십니다. 빌라델비아 교회는 적은 능력을 가지고도 주님의 말씀을 잘 지켰다고 칭찬하십니다. 이기는 자에게는 하나님 성전에 기둥이 되게 하시고 새예루살렘의 이름과 주님의 이름을 그 위에 기록 하신다고 하십니다. 라오디게아 교회는 차지도 덥지도 아니하고 미지근하다고 책망하시고 열심을 내라고 권면하십니다. 이기는 자에게는 주님의 보좌에 함께 앉게 하신다고 하십니다. 위와 같이 3장에서는 행위에 대해서 권면하고 계십니다. 우리가 예수님을 믿는다고 하면서도 하나님의 말씀인 성경 말씀을 지키려는 의지와 믿음이 과연 얼마나 있는 것인지? 미지근한 상태에 있질 않는지 항상 점검해야 할 것입니다. 그러므로 영적인 내적 깨끗함과 외적인 행위를 예수님께서 비중있게 말씀하시는 것을 깨닫고 예수님 말씀 안에서 행하려고 노력하는 믿음이 필요한 것입니다.

이 처럼 주님께서는 일곱 유형의 교회들에게 잘못된 점을 아주 간단하게 지적하시고 주실 상급과 복을 말씀하시며 회개하고 성령 충만하여 신부와 같은 자격으로 주님을 맞을 준비하라는 권면하심을 볼 수 있습니다.

이 일곱 교회에 하시는 말씀을 깊이 깨달아서 실천하도록 노력하면 분명히 주님께서 부르실 때에 주님의 음성을 듣고 그 곳에 갈 수 있습니다.

주님께서는 많은 것을 요구 하시지 않고 간단하게 말씀하고 계십니다. 2장 3장에서는 특히 귀 있는 자는 성령이 교회들에게 하시는 말씀을 들을 지어다. 이기는 자에게는 라는 말씀을 각 일곱 교회에 특별히 당부하십니다. 이는 보혜사 성령의 음성을 들으려면 성령님을 받아드리지 아니하고 어찌 그 음성을 들을 수 있느냐는 것입니다.

마 28:18~20

18절 예수께서 나아와 일러 가라사대 하늘과 땅의 모든 권세를 내게 주셨으니
19절 그러므로 너희는 가서 모든 족속으로 제자를 삼아 아버지와 아들 과 성령의 이름으로 세례를 주고
20절 내가 너희에게 분부한 모든 것을 가르쳐 지키게 하라 볼지어다. 내가 세상 끝날 까지 너희와 항상 함께 있으리라 하시니라

이 말씀은 예수님 승천하시면 삼위일체 성령님이 오셔서 세상 끝날까지 우리를 인도하고 도우신다는 말씀인 것입니다. 이처럼 요한계시록 2장 3장은 우리들에게 직접적으로 말씀하시는 들림 받는 약속의 말씀이십니다. 성령 받으므로 이 모든 것을 주신다는 것입니

다. 그러므로 성령님과 함께 하는 것이 예수님과 함께 하는 것이고 그것이 우리가 어렵게 가야 하는 복된 길이란 것입니다. 그런데 오늘날 많은 사람들 특히 많은 목회자 들은 요한계시록이 마치 알아서는 안 되는 하나님의 비밀스런 책인양 인봉해 버리고 또는 복잡하게 또는 엉터리 해석을 하며 주님의 뜻을 성도들에게 제대로 전달하지 못하고 있습니다. 요한계시록은 하나도 어려운 것이 없고 주님께서는 아주 간단하게 우리에게 말씀하고 계십니다. 2장 3장만 잘 지키시면 (성령 충만하여) 들림 받아서 또는 1차 부활에 참여 해서 그곳에서 4장~22장까지는 이미 정해진 것이기 때문에 이루어지는 것을 지켜보고 하나님께 영광만 돌려 드리면 됩니다.

요한계시록 1:3

이 예언의 말씀을 읽는 자와 듣는 자들과 그 가운데 기록한 것을 지키는 자들이 복이 있나니 때가 가까움이라

기록한 것을 지키라고 하심은 2장~3장까지 입니다.

이후에 말씀은 우리가 지킬 것이 별로 없습니다. 그렇구나! 그런 것들이 있구나! 할 정도로 깨달아 알기만 하면 됩니다. 그런데 많은 사람들은 요한계시록 하면 6장 이후에 나오는 일곱 인봉함과 일곱 나팔(환란) 일곱 대접(심판) 열 뿔 7년 대환란 기타 십 사만 사천 용의 정체 등등의 말씀으로 우리의 마음을 복잡하게 만들고 있습니다. 이것은 대환란 전에 들림이 없다고 하며 대환난 중에나 후에 들림이 있다고 잘못 알아서 대환난을 통과하려는 잘못된 생각을 하고 있는 사람들에게는 해당되지만, 이런 것들은 대환란 전에 들림 받을 성도님들에게는 중요하지 않습니다. 다만 이런 무서운 대환난이 있으니까 이런 일들로 인해서 말씀을 깨닫고 그에 대한 준비를 하도록 바라는 마음에서 2장 3장 말씀으로 우리들을 들림이나 또는 1차 부활에 참여 시키시려고 권면하시고 기다리시는 것입니다. 대환란 전에 기름 준비하여 예수님께서 예비해 놓으신 그 피난처로 올라가서 지켜만 보시면 됩니다. 그런데 왜 거기에 중점을 두고 정작 알아야 할 말씀 2장에서 3장 말씀을 별로 대수롭지 않게 생각하십니까? 들을 수 있는 귀가 열려야 합니다. 들을 수 있는 귀는 오직 성령님의 도움 뿐입니다. 우리를 조종하고 있는 미혹의 더러운 영들과 세상의 유혹을 이겨야 합니다. 그러므로 모든 것은 성령 받으므로 해결되어 집니다. 2장 3장 말씀 안에 열 처녀 기름준비 비유 양과 염소의 비유 달란트 비유 가라지 비유 알곡과 죽정이 비유 예수님께서 말씀하신 모든 비유의 답이 계 2장 3장에 있습니다. 우리의 영적인 눈이 열려야 하며 눈을 크게 뜨고 바라보아야 합니다. 성령님의 음성을 들을 수 있는 영적인 귀가 열려서 성령님의 음성을 들을 수 있어야 하겠습니다. 특히 이기는 자에게 주시마한 약속의 말씀을 붙들어야 합니다. 이기는 것을 계속 말씀하시고 있습니다. 일곱 교회 전부에 ***이기고** ***회개 하고** ***성령의 음성을 듣고,** ***지키고**, 그러면 주시마한 복을 말씀하시는 것은 그냥 주신다는 것이 아니고 이 네 가지를 지킬 때에 이 복들을 주신다는 것입니다. 모든 유혹을 물리치고 미혹 당하지 말고 미혹 당했으면 깨닫고 회개하고 회개하면 미혹 당했던 것은 따지지 않으시고 이 크신 복을 주신다는 말씀입니다.

12부 요한계시록 2장

영적으로 잘못된 것들을 회개하면 주실 복

에베소 교회에 보내는 말씀 1절~7절

1절

에베소 교회의 사자에게 편지하기를 오른손에 일곱별을 붙잡고 일곱 금 촛대 사이에 다니시는 이가 가라사대

에베소 교회는 여러 사람들이 복음을 전하던 곳으로 바울과 요한, 디모데, 아볼로, 이런 분들이 목회활동한 지역입니다. (참조 행 18장 19장) 일곱별을 붙잡고는 교회에 말씀을 선포하고 전하는 주의 종들을 일곱 유형인 교회에 보내어 전하실 것을 말씀하고 있으며 하나님의 종들과 여러 종류의 교회 전체를 말하고 있습니다. 교회와 주의 사자들과 주의 종들을 살피고 있다는 것을 의미합니다.

2절 3절

내가 네 행위와 수고와 네 인내를 알고 또 악한 자들을 용납지 아니한 것과 자칭 사도라 하되 아닌 자들을 시험 하여 그 거짓된 것을 네가 드러낸 것과 3절 또 네가 참고 내 이름을 위하여 견디고 게으르지 아니한 것을 아노라.

에베소는 그 당시 상업상으로 중요한 교역의 중심지며 소아시아에서 제일 부유한 도시입니다. 종교적으론 세계 7대 불가사의 중 하나인 (행 19:23~35) 여신상이 있고(다산. 풍요의 신이라고 하며 음란하고 더러운 신이다.) 미신이 성행하며 황제숭배가 활발하던 부도덕한 곳이며 소아시아에서 정치, 경제, 문화의 중심지입니다. 이런 곳에서 악한 자 그리스도를 부인 하는 자 이단자(니골라당)의 교훈을 따르지 아니하고 거짓 종들을 분별하여 멀리한 것을 칭찬하십니다. 그 당시 에베소 교회에는 니골라당의 교훈이 성행하여서 자칭 사도라고 하며 교회를 혼란하게 한 것 같습니다. 오늘날 우리들도 악한 자들을 멀리하고 이단자들을 철저히 구분하여 용납하지 말아야 하는데 불행하게도 많은 사람들의 신앙생활이 니골라당의 교훈을 따르고 있습니다. 니골라당의 교훈이란 교회 나가기만 하면 영혼은 구원받기 때문에 육체는 죄를 지어도 영혼은 천국 간다는 잘못된 미혹의 교훈입니다. 이런 사상이 교회들을 덮고 있는 현실 속에서 우리는 신앙생활을 하고 있습니다. 교회에 나오기만 하면 천국에 간다고 거짓말로 속이고 있는 것입니다. 그들은(삯군 또는 자칭 주의 종 세상의 초등학문으로 가르치는 목회자들) 예수 잘 믿는 것이 교회일 열심히 하고 교회 잘 나오고 모임에 참석 잘 하고 헌금 많이 하고 하면 믿음이 좋은 것으로 생각하고 있으며 오늘날 지도자들은 교회를 잘 섬기면 천국 간다고 거짓말을 하고 있는 것입니다. 예수님을 믿는 것은 그것이 아니고 예수님의 말씀을 성령님의 도움으로 깨닫고 잘 지키고 따라야 하는 것입니다. 보혜사 (보호하고 은혜주시고 가르친다는 뜻) 성령님께서 오셔서 가르치고 예수님께서 하신 말씀을 생각나게 하신다고 하셨으므로 성령님을 받아드려야만 예수님을 잘 믿는 것입니다. 또한 예수님의 복음 전파로 인해서 받는 핍박을 행위와 수고와 인내로서 참으면서 거짓된 것을 분별하여 멀리 하고 주님의 복음을 전하려고 노력할 때에 예수님께서는 그 노력함을 칭찬하십니다.

4절

그러나 너를 책망할 것이 있나니 너의 처음 사랑을 버렸느니라.

에베소 교회는 바울 아볼로 디모데 요한 이런 사람들이 가르치던 곳으로 성령 충만, 말씀 충만으로 발전했으나 교회들이 서서히 형식과 의식에 지우치는 예배를 드리고 세상적인 방법으로 타락 해가고 있는 것을 지적하십니다. 오늘날도 많은 교회와 교회 지도자들과 성도들이 이런 유형으로 흘러가고 있는 것을 우리는 보고 있습니다. 보혜사 성령님을 체험했으나 소멸해 버리고 성령 받은 것은 하나의 추억이 되어 잊어버린 신앙을 지적하고 있습니다.(벧후 3:3~5) 하나님 말씀에서 멀어져 있다는 것입니다. 많은 교회들이 하나님의 말씀에서 떠나 세속적인 방법으로 예배하며 하나님의 말씀을 무시하고 있습니다. 이런 타락한 교회들을 바로 세우는 것은 어렵습니다. 심판하시는 그 때까지 내버려두는 수박에 없습니다.

5절

그러므로 어디서 떨어진 것을 생각하고 회개하여 처음 행위를 가져라 만일 그리하지 아니하고 회개치 아니하면 내가 네게 임하여 네 촛대를 그 자리에서 옮기리라

처음 사랑이 어디에서 어떻게 해서 떨어져 식었는지 생각하고 처음 사랑을 찾아서 가지라고 말씀하시며 회개치 아니하면 촛대를 옮기겠다고 하십니다. 처음 사랑을 되찾지 않으면 촛대를 옮긴다는 말씀은 성령님이 떠나신다는 것이며 이것은 생명을 옮긴다는 것과 마찬가지입니다. 그래서 주님께서는 처음 주님을 영접할 때 그때의 마음을 다시 찾으라는 말씀입니다. 형식적이고 의식에 치우치는 행위에서 벗어나 성령 충만하여 계속 주님의 은혜로서 살며 성령님의 인도함을 받으라고 하시며 예수님 말씀으로 돌아가라고 우리에게 명령하시는 것입니다. 내가 어떻게 해서 처음 사랑을 잃어버리게 되었는지 깊이 생각해서 회개하고 깨달으라 라는 것입니다. 어떤 것이든지 원인이 있게 마련입니다.

6절

오직 네게 이것이 있으니 네가 니골라당의 행위를 미워하는 도다 나도 이것을 미워하노라.

니골라당을 예수님께서 미워하신다고 하십니다. 그 당시 니골라는 초대교회 선택된 일곱 집사 중에 한 사람으로서(행 6:5, 계 2:6, 계

2:14~15) 일단 하나님만 믿고 나면 사람의 영혼은 구원받아서 정결하고 거룩하기 때문에 육체와는 관계가 없다고 주장하며, 죄를 지어도 영혼과는 상관이 없다고 하는 말도 안 되는 교훈을 주장함으로 니골라의 이 교훈을 따라서 교회가 타락하고 음란하며 방탕하였습니다. 오늘날 이와 비슷한 교회와 목회자들이 얼마나 많습니까? 말은 그럴듯 하지요. 젊은 사람들에게 복음을 전하려면 개방해야 한답시고 시끄러운 악기 소리와 세상의(사단) 방법으로 찬양을 하며 예배를 드리고 사람의 비위를 맞추려고 하나님의 신성을 서슴없이 모독하면서 그것이 마치 성령의 역사인냥 뛰고 껴안고 흔들고 비틀거리며 야단들입니다. 인간의 감정으로 뛰고 흔들고 하는 문란하고 광적인 예배 광경을 종종 볼 수 있습니다. 정신 차려야 합니다. 사단에게 예배하는 것입니다. 이런 광경은 하나님께 드리는 예배가 아닙니다. 미개인들의 종교의식을 방불케 합니다. 하나님께 드리는 예배는(제사) 그렇게 오만방자한 것이 아니라 신령과 진정으로(요 4:24) 예배하며 거룩해야 합니다. 성령의 도움으로(충만) 만물을 보십시오. 하나님께서 지으신 모든 만물들은 금빛 은빛을 발하며 하나님을 고요하게 조용하게 아름답게 우아하게 찬양하며 영광을 하나님께 돌리고 있습니다. 그 모습은 너무나 아름답습니다. 감사와 황홀감에 취하여서 눈물이 절로 나올 것입니다. 예수님은 이 세상에 빛으로 오셔서 그 빛을 전하셨습니다. 그러므로 만물들이 빛으로 하나님을 찬양합니다. 빛을 발하여 하나님을 찬양하지 않는 것은 예수 믿지 않는 사람들 잘못 믿는 사람들 뿐입니다. 사람들만이 시끄럽습니다. 사람들만이 사단을 섬깁니다. 사람들만이 마귀의 음성을 듣습니다. 하나님께서 지

으신 다른 만물들은 오직 하나님만을 아름답게 빛을 발하며 찬양합니다. 이들은 사단을 섬기거나 사단을 찬양하지 않습니다. 세상 만물들이 하나님께 빛을 발하며 찬양하는 모습을 보지 못하였으면 열심히 사모하여 성령의 도움 받아서 만물들이 하나님께 찬양하며 영광을 돌리는 광경을 꼭 보시길 바랍니다. 그 모습을 보면 저절로 감사와 기쁨의 찬양에 눈물이 흐릅니다.

시편의 저자 다윗이 시를 쓸 때 이런 경지에서 하나님을 찬양한 것일 것입니다. 니골라의 교훈을 저버리고 영적으로 바로 서면 이런 경지에 도달할 수 있습니다.

7절

귀 있는 자는 성령이 교회들에게 하시는 말씀을 들을 찌어다 이기는 그 에게는 내가 하나님의 낙원에 있는 생명나무에의 과실을 주어 먹게 하리라.

성령님의 음성을 들을 수 있는 귀 즉 신령한 영적 귀가 열린 것을 말씀하시며 성령님께서 함께 하시지 아니하면 불가능한 일입니다.

그러므로 성령님을 꼭 충만히 받아야만 음성을 들을 수 있습니다.

성령님을 거부하거나 받지 못한 분은 성령님의 도움이 없기 때문에 이 요한계시록을 알려고 해도 깨닫지 못합니다. 성령 체험이 없거나 많이 부족한 이런 분들은 사람의 학문이나 사람의 지혜로 해석하고 이해하려고 하기 때문에 사람의 생각만 하게 되어 있습니다. 이기는 자는 낙원의 생명나무 과실을 먹게 하신다고 약속하십니다. 니골라 교훈과 같은 이런 잘못된 것들을 분별해서 물리치고 멀리하며 또는 이런 잘못된 사상에서 회개하고 돌아서는 자는 이기는 자로서 잘못을 묻지 않으시고 낙원에 있는 생명나무의 과실을 먹게 한다는 것은 영원한 생명의 양식을 말하는 것입니다. 에베소 교회에 전하는 말씀을 종합해 볼 때 성령님의 음성을 들을 수 없는 자는 이 세상 마지막 때에 들림을 받을 수 없다는 것을 가르치고 있습니다. 처음 사랑을 찾아서 성령님의 음성을 듣고 동행함으로 예수님 공중 재림 때에 우리는 이리 올라오라는 나팔 소리 같은 음성을 듣고 아멘 할렐루야를 외치며 의인의 반열에서 공중으로 들림을 받는 것입니다. 성령님의 음성을 거부하거나 듣지 못하면 들림 받지 못하는 것은 분명한 것입니다. 또한 성령님을 모시지 못하고는 성령님이 하시는 음성을 들을 수가 없는 것도 분명한 진리입니다. 흔히들 들림 못 받으면 그냥 천국에만 가면 되지 하지만 잘못된 생각입니다. 그렇게 되지는 않습니다.(계 13:8~10 참고) 속고 있는 것입니다. 지금 이 세상에 살면서 조그마한 시련과 고통이 와도 힘들고 못 살겠다고 합니다. 그러나 대환난 때는 견디기 힘든 고통이 기다리고 있습니다. 우리가 예수님의 길을(道) 가려면 성령님의 도우심 없이는 그 길을 갈 수가 없습니다. 그러므로 성령 받아서 성령님의 인도함으로 갈 수 있으며 그전에 죽으면 예수님 재림 때 우리는 성령님의 도움으로 꼭 부활한다는 믿음 이것이 결국은 부활의 열쇠라는 것입니다. 많은 지식 이론으로 되는 것이 아니고 오직 성령 받으므로 가능한 일입니다. 성령님의 도움으로 잘못된 것들을 분별하여 멀리 할 수 있는 것입니다. 사람의 학문 지혜 지식 이런 것들로는 성령님의 음성을 듣지 못합니다. 천국 가는데 있어서는 이런 사람의 것들로는 못 갑니다. 필요 없는 것들입니다. 걸림돌만 되는 것입니다. 오직 이런 세상의 것들을 다 버릴 때에 가능한 것입니다.

서머나 교회에 보내는 말씀 8~11절

8절

서머나 교회의 사자에게 편지하기를 처음이요 나중이요. 죽었다가 살아나신 이가 가라사대…

각 교회의 사자에게 편지할 때를 보면 서두가 각각 다릅니다.

여기 서머나 교회에는 처음이요 나중이요 죽었다가 살아나신 것을 말씀하심은 장차 닥쳐올 환란과 고통을 예고하고 있습니다. 예수님께서 고통을 당하시고 죽었다가 살아나신 것처럼 서머나 교회에도 고통이 올 것을 대비해서 말씀하고 계십니다. 당시 서머나는 인구가 약 30만 정도이며 소아시아에서 가장 아름다운 항구 도시이고, 향료 수출지로 유명했으며 학문 과학 의술이 발달했으며 종교적으론 이교 문화와 종교의 집합처로 황제숭배가 성행하여 혼합화가 활발하여서 복음에 박해가 뒤따른 도시입니다. 일곱 도시 중에 현재까지 존속하고 있는 유일한 곳이기도 합니다.

9절

내가 네 환난과 궁핍을 아노니 실상은 네가 부요한 자니라. 자칭 유대인이라 하는 자들의 훼방도 아노니 실상은 유대인이 아니요 사단의 회라.

환난과 궁핍을 아신다고 하며 실상은 부요한 자라고 하십니다.

이것은 고통과 환난을 이기는 자들에게 하시는 말씀으로 육적으로는 고통을 당해서 힘이 들지만 영적으로는 우리 주님을 바라보면서 나중될 일을 생각하며 더욱 주님께로 가까이 나아가니 마음이(영적) 부유하다는 것이며 그 당시 성도들을 훼방하는 단체를 말하는데, 황제숭배자들과 더러운 신들을 섬기는 자들의 방해를 말하며 특히 사단의 회 그 정체가 유대인이라고 합니다. 그런데 유대인을 보고 주님께서 사단의 회라고 하십니다. 이것은 우리 주님을 십자가에 못 박은 자들도 하나님을 믿는 유대인이었습니다. 그리스도를 인정하지 않는 집단들입니다. 서머나 교회의 환난은 오늘날로 볼 것 같으면 불같은 성령 충만받고 하나님의 말씀대로 살아보려고 하면 반드시 세상의 초등 학문으로 가르치는 목회자들과 삯군 목자들의 도전을 받습니다. 예수님의 복음을 전파 한답시고 별의 별 단체를 만들어서 아버지 하나님의 말씀에서 벗어난 사람들이 있는가 하면 사람의 욕심으로 만든 변질된 교리를 내세워서 성도님들의 영혼을 어지럽히고 엉터리 복음을 전하고 있질 않습니까? 이것이 사단의 회입니다. 삯군들의 회입니다. 성도님들은 이 엉터리 단체들과 교리에 현혹 당하지 말아야 합니다. 주의 깊게 살펴봐야 합니다.(요1서 4:1) 서머나 교회에서도 학문 과학 의술과 사람이 신이 된 황제 숭배의 도전을 받습니다. 모든 진리의 말씀은 성경 안에 기록되어 있으며 성경 말씀에 위배되는 행동을 하는 집단은 잘못된 단체들이며 사이비 또는 이단입니다. 또한 삯군들의 회입니다. 성경 말씀을 제하여 버리거나 더하는 행동을 하는 교회와 단체 사람들은 더욱 무서운 잘못된 교회 단체 사람들입니다. 성령의 체험과 성령의 사역을 부인하는 교회와 사람들이 너무 많다는 것입니다. 이들은 자기들이 거룩하다고 생각하며 잘못을 저지르고 있습니다. 이들에게 너무 많이 속고 있습니다. 이들은 성령 받아서 충만한 신앙생활하는 사람들을 신비주의니 이단이니 잘못 되었느니 귀신의 역사라고 들 하며 몰아 세웁니다. 이들이 사단의 회인 것입니다. 사단의 회가 이단보다 더 무섭습니다. 사단의 회가 예수님도 십자가에 못 박은 바리새인, 서시관, 사두개인과 같은 자들입니다.

10절

네가 장차 받을 고난을 두려워 말라 볼지어다. 마귀가 장차 너희 가운데서 몇 사람을 옥에 던져 시험을 받게 하리니 너희가 십 일 동안 환난을 받으리라 네가 죽도록 충성하라 그리하면 내가 생명의 면류관을 네게 주리라

육체의 고통 또한 정신적 시험을 말합니다. 예수님의 증거로 인해서 환난 시험이 와도 죽도록 충성하면 생명의 면류관을 주신다는 약속입니다.

생명의 면류관을 받는 사람은 당연히 하나님의 생명책에 그 이름이 기록됩니다. 그러므로 고난을 두려워 하지 말라고 권면하시는 것입니다. 조그마한 고난과 시험이 오면 그만 낙심합니다. 성령 받으신 성도님들은 이런 때일수록 성령님께 의지하여 이기는 수밖에 없습니다. 주님께서는 이것을 걱정하셔서 죽도록 충성하라고 권면하시는 것입니다. 죽도록 충성하는 길은 성령 충만하여 말씀에 굳게 서는 방법뿐입니다. 우리 예수님께서는 십자가에 달리므로 하나님 앞에 죽도록 충성하는 모범을 우리에게 보여 주신 것입니다.

11절

귀 있는 자는 성령이 교회들에게 하시는 말씀을 들을 찌어다. 이기는 자는 둘째 사망의 해를 받지 아니하리라

죽음을 요구하는 시험이 와도 죽음을 두려워 하지 않고 이 시험을 이기는 자는 둘째 사망의 해를 받지 않는다고 약속하십니다. 서머나 교회의 약속은 고난과 시험을 이기고 죽도록 충성하는 자에게는 생명의 면류관과 둘째 사망의 해를 받지 않는다는 약속을 하십니다. 둘째 사망이란 것은 마지막 백 보좌 심판을(계 20:11~15) 받아서 유황불이 타는 지옥에 떨어지는 영원한 사망을 말합니다.(계 21:8) 이 백 보좌 심판을 면한다는 약속입니다. 그러므로 심판 받지 않고 하나님 나라 천국으로 간다는 것입니다. 자기의 생명을 성령님께 맡겨 버릴 때에 영육간 생명을 얻게 되는 것입니다. 보이는 현실에서 비록 육은 죽는 생활을 하더라도 예수님 재림 때 그 육신과 영혼을 다시 살리신다는 것입니다.

버가모 교회에 보내는 편지 12~17절

12절

버가모 교회의 사자에게 편지하기를 좌우에 날선 검을 가진 이가 가라사대

버가모는 주전 130년에 로마 식민지가 되고 로마 총독부가 있을 정도로 행정의 중심지이며 그 당시 20만권의 도서를 소장한 도서관이 있으며 제우스 신전 니오니소스 신전 아테나 신전 황제 숭배 신전들이 있는 곳으로 우상숭배의 절정을 이루는 곳입니다. 예수님께서는 이런 버가모 교회의 사자에게 편지하기를 좌우에 날선 검을(말씀) 가진 이가 가라사대 이 말씀은 하나님의 말씀을 가진 예수님을 말하는 것이며, 하나님의 말씀으로 니골라당과 발람의 교훈을 전하는 하나님의 말씀에서 떠난 자들과 싸우겠다는 것이며 모든 사람들의 행위들을 하나님의 말씀으로 심판하신다는 것입니다. 또한 우리들에게 하나님 말씀으로 마귀를 대적하라는 것입니다. 예수님께서도 말씀으로 마귀와 귀신과 더러운 영들을 물리치셨습니다.

13절

네가 어디 사는 것을 내가 아노니 거기는 사단의 위가 있는 데라 네가 내 이름을 굳게 잡아서 내충성된 증인 안디바가 너희 가운데 곧 사단의 거하는 곳에서 죽임을 당할 때에도 나를 믿는 믿음을 저버리지 아니 하였도다

우상 숭배의 도시에서 우상 숭배자들과 싸우다 순교한 안디바라는 사람의 순교를 말씀하십니다. 주님께서는 우리가 어디에 있는지 무엇을 하고 있는지 아시며 어떤 어려운 환경에서 죽임을 당할지라도 주를 믿는 믿음을 버리지 않는 것을 칭찬하시는 것입니다. 하나님께서는 우리들의 충성을 원하고 계시는 것입니다. 그 이유는 우리를 살리기 위해서 그렇습니다. 사람의 생명은 하나님의 것이기 때문입니다.(창 2:7 생령 행 17:24~26) 그러므로 우리가 하나님께로 돌아가는 것이 당연한 것입니다. 우리가 하나님께로 돌아가는 것은 고향으로 가는 것입니다. 이것을 사단이 막고 있는 것이며 사람들은 그것에 속고 있는 것입니다. 이 세상의 모든 사람은 하나님을 믿든 아니 믿든 간에 모두가 하나님의 백성입니다.(행 17:25~26) 그 하나님의 백성을 사단이 도둑질 하여서 자기 백성을 삼은 것입니다. 그러므로 하나님의 백성과 하늘나라 백성은 다릅니다. 하나님의 백성은 인류 전체 인간을 말하고 하늘나라 백성은 예수님을 믿어 성령을 받고 하나님의 생명책에 그 이름이 기록된 사람들을 가리키는 것입니다. 세상 만물 중에 사단이 지은 것은 하나도 없습니다. 하나님의 것을 도둑질 할 뿐입니다. 사단이 지은 것은 오직 죄로 인한 영원한 사망밖에 없습니다.

14절

그러나 네게 두어 가지 책망할 것이 있나니 거기 네게 발람의 교훈을 지키는 자들이 있도다. 발람이 발락을 가르쳐 이스라엘 앞에 올무를 놓아 우상의 제물을 먹게 하였고 또 행음 하게 하였느니라.

발람의 교훈이란 발람은 원래 선지자로서 민수기 22장 23장 24장에 기록이 되어 있습니다. 이스라엘이 애굽에서 떠나 가나안으로 행할 때 모압왕 발락이(이방인 하나님을 믿지 않은 자) 발람 선지자를 청하여 이스라엘을 저주해 달라고 돈으로 매수합니다. 처음은 거절하였으나 발람은 결국 돈에 매수되어 발락에게 말하기를 미인계를 써서 제단 앞에서(제사하면서 예배) 모압의 아름다운 여인들이 음란한 춤을 추게 하여 이스라엘의 남자들을 유혹하면 그들이 간음함으로 하나님께서 저들을 벌하실 거라고 말합니다. 그 결과 유혹에 빠진 이스라엘 남자들이 모압 여인들과 간음함으로 하나님의 벌을 받아 많은 사람이 죽습니다. 발람은 하나님 앞에 죄를 범한 것은 물론 이거니와 국가적으로도 매국노 입니다. 이렇게 하나님의 은혜를 돈으로 바꾸는 사람들이 현대판 발람의 교훈을 따르는 사람들 입니다. 또한 우리가 알아야 할 것은 오늘날 많은 교회들이 발람의 예배를 드리고 있다는 것입니다. 예배를 드린답시고 예배 시간에 현란한 춤을 추면서 성령 받는다고 야단이지요. 시끄러운 기타소리 드럼소리 여자와 남자가 엉켜서 껴안고 디스코를 추면서 광적이다 못해 음란하기가 그지없는 예배나 기도회의 광경을 볼 수 있습니다. 이런 행동은 사단에게 예배하고 기도하는 것입니다.(신 32:17) 이렇게 해야 젊은이들이 교회에 나온다고 합니다. 교회 나오게 하면 무얼 합니까? 제대로 하나님을 섬기도록 인도 하지도 못하고 결국은 하나님 나라 백성이 되지 못하고 사단에게 인도하여(마 23:13~15) 영적으로 타락하고 있는 이시대의 많은 교회들의 현실입니다. 성경 어디를 봐도 그렇게 예배드려야 한다는 말씀은 없습니다. 이렇게 타락하는 현상은 말씀이 이루어지는 징조입니다.(눅 17:37, 18:8) 현시대에 발람 선지자 비슷한 사람들은 얼마든지 많습니다. 돈을 챙기는 사람들이 발람같은 사람들입니다. 교회에서 헌금 많이 하는 사람이 목사의 사랑을 받고 주보에 헌금한 사람들의 명단을 올리고 해서 경쟁을 부추기는 교회는 발람 니골라의 교훈을 따르는 행위들입니다.

15절

이와 같이 네게도 니골라당의 교훈 을 지키는 자들이 있도다.

니골라당의 교훈을 지키는 자들이 있다고 말씀하십니다. 예수님만 믿고 나면 우리의 영혼은 육체와 관계가 없기 때문에 육체가 간음을 하던 방탕하든 간에 영혼과는 관계 없다는 교훈으로 성도들을 유혹하여 타락하게 하는 미혹의 영으로서 오늘날 많은 교회들과 성도들이 자신도 모르게 니골라당의 교훈에 습관되어 있습니다. 그저 교회에 다니기만 하면 구원받아 천국에 간다고 하는 말에 속고 있는 것입니다. 달콤한 거짓말에 속아서 허송 세월을 보내는 것입니다. 아무리 교회를 열심히 다녀도 성령받지 못하고 부활과 재림의 믿음이 없으면 백 보좌 (흰 의자) 심판을 면치 못합니다. 천국 가고 못 가고는 이 심판을 받아서 정해질 것입니다.(갈 3:1~14 참고)

16절

그러므로 회개하라 그리하지 아니하면 내가 네게 속히 임하여 내입의 검으로 그들과 싸우리라

이런 타락에서 회개하라고 권면하십니다. 예수님께서는 계속 회개하라고 기회를 주고 계십니다. 그러나 깨닫지 못하기 때문에 할 수 없습니다, 회개하지 않으면 말씀으로 싸우신다고 하십니다. 말씀대로라면 그 영혼들이 설 곳은 심판대 그곳입니다.(22:11) 우리는 내가 돈과 권력과 육체의 만족에 사로 잡혀 있지는 않은지 돌아보시고 빨리 회개하여 주님께서 말씀으로 싸우지 않으시게 해야 합니다. 하나님과 화목해야 한다는 것입니다. 보혜사 성령님의 가르침과 인도함으로 생활해야 한다는 것입니다. 모든 것이 오직 성령입니다. 그러므로 보혜사 성령님을 받아들여서 성령님과 동행하는 것이야말로 올바른 믿음인 것입니다.

17절

귀 있는 자는 성령이 교회들에게 하시는 말씀을 들을지어다. 이기는 그 에게는 내가 감추었던 만나를 주고 또 흰 돌을 줄 터인데 그 돌 위에 새 이름을 기록한 것이 있나니 받는 자 밖에는 그 이름을 알 사람이 없느니라.

음란과 물질 권세 이런 유혹에서 이기면 감추었던 만나를 주고 흰 돌을 주며 그 흰 돌 위에 새 이름을 기록할 것이며 받는 자만이 그 이름을 안다고 하십니다. 만나는 육신을 배부르게 하는 양식입니다. 흰 돌은 무죄를 상징합니다. (옛날 이스라엘은 재판하여 무죄의 상징으로 흰 돌을 주고 유죄인자에는 검은 돌을 줌) 발람의 교훈과 니골라당의 교훈을 지키던 사람들이 회개하면 주님께서는 죄를 용서해 주시며 지난날의 잘못 들을 묻지 않으시겠다는 것입니다. 그러므로 흰 돌에 이름을 기록하신다는 것은 하나님의 생명책에 이름이 기록된다는 큰 약속입니다.

두아디라 교회에 보내는 말씀 (2:18~29)

18절

두아디라 교회의 사자에게 편지하기를 그 눈이 불 꽃 같고 그 발이 빛난 주석과 같은 하나님의 아들이 가라사대

눈이 불꽃 같다는 것은 모든 것을 밝히 볼 수 있다는 것이며 태울 수도 있다는 것입니다. 빛난 주석은 무겁습니다. 무거운 발로 밟아 버리는 것처럼 심판을 할 수 있는 권력과 힘을 뜻합니다. 두아디라는 공업이 발달한 곳입니다. 이곳에는 태양신인 아플로, 아데미 상 바다 신들의 신전이 있는 곳입니다. 그런데 두아디라 교회에서 이우상의 신들의 영향을 받아서 이세벨의 교훈을 용납합니다. 20절에 나오는 이세벨 즉 사이비 이단들을 미워하심을 알 수 있습니다. 두아디라 교회에 대해 예수님께서는 이세벨에게 미혹되는 것을 걱정하셔서 이세벨, 발람, 니골라당의 교훈에 미혹 당하지 말고 견디고 이기라는 말씀인 것입니다. 이세벨, 발람, 니골라당의 가르침은 공통점이 많습니다.(돈, 욕심, 음란, 간음) 이세벨은 바알 우상을 섬기는 지중해 해양국가 시돈왕의 딸이며 북이스라엘 7대 아합왕이 왕비를 삼을 때 이세벨은 바알신과 많은 숫자의 바알 선지자와 아세라 목상을 (우상) 가지고 와서 하나님의 교회를 헐고 이스라엘 백성들이 바알 신을 섬기게 하고 그 우상에게 절하게 하고 예언과 점술 또는 육체적으로 영적으로 간음하게 하고 우상의 제물들을 먹이고 스스로 타락해서 멸망하게 만든 여자입니다.**(왕상 16장~21장)** 또한 돈을 사랑하며 왕권을

이용하여서 백성의 재물을 약탈하고 그 결과 아합 왕조는 몰락하며 이세벨 본인 자신도 백성의 분노로 해서 살해 당합니다. 이것이 이세벨의 정체입니다. 오늘날 국가 속에 이세벨 교회 속에 이세벨 개인 속에 이세벨은 결국 망하게 하는 사단의 책략인 것입니다. 국가가 사이비 종교와 우상을 받아드리고 교회가 물질을 사랑하여 사랑이 식어지는 것은 이세벨을 용납하는 것입니다. 또한, 예언 능력을 행한다고 신유집회 한다고 입신 한다고 다니며 물질을 요구하는 그들이 현대판 이세벨입니다. 이들을 주님께서 불같은 눈으로 보고 계시며 때가 되면 주석 같은 발로 심판하시겠다는 것입니다.

19절

내가 네 사업과 사랑과 믿음과 섬김과 인내를 아노니 네 나중 행위가 처음 것보다 많도다.

사업, 사랑, 믿음, 인내가 처음보다 나중이 조금 났다고 칭찬하십니다. 우리는 모든 생활과 주님을 향하는 마음이 처음보다 나중이 낫게 생활해야 하나님께 칭찬받습니다. 성숙해져야 한다는 것입니다. 그러나 현시대의 믿음 생활에서 우리는 처음 사랑을 잃어버리고 (계 2:4~5) 믿음이 자라지 못하고 미지근 할 때가 너무 많습니다. 깨달아 회개하고 성경 말씀으로 돌아가야 합니다.

20절

그러나 네게 책망할 일이 있노라 자칭 선지자라 하는 여자 이세

벨을 네가 용납함이니 그가 내 종들을 가르쳐 꾀어 행음하게 하고 우상의 제물을 먹게 하는 도다.

자칭 선지자라 하는 이세벨을 **(왕상 16:29~33)** 용납하였다고 꾸중하십니다. 이세벨은 하나님의 사람들을(은혜 받은 자 또는 목회자) 꾀어서 행음하게 하고 우상의 제물을 먹게 한다는 것입니다.(이세벨 18절에서 설명) 그렇게 해서 결국은 하나님의 사람들과 종들 모두를 영과 육이 행음하게 해버리는 악행을 저지릅니다. 우리는 마귀에게 속아서 바알을(사단 마귀 귀신) 섬기는지 또한 우상을 **(물질 탐욕 권세 명예 자녀 욕심 음욕 기타 등등 하나님보다 더 사랑 하고 아끼는 것)** 섬기고 있는지 점검하고 철저히 회개하여야 합니다. 또한 본문 말씀을 그대로 본다면 우상의 제물은 당시 이세벨이 우상에게 제사를 지내고 차려놓은 그 음식을 먹게 했다는 것입니다. 현재 우리나라는 너무 잘 살다보니, 먹을 것과 입을 것이 풍부하여 입는 것과 음식에 별로 신경을 쓰지 않지만 수십 년 전만 해도 조상의 제사 음식을 얻어 먹으려고 제사를 기다리는 그런 때가 있었습니다. 행음이란 우상을 섬기며 육체적인 행음이 있겠지만 영적 행음이 오늘날 우리를 점령하고 있습니다. 우리는 음행과 우상 승배를 자신도 모르게 행하고 섬기며 살고 있지는 않은지 항상 하나님 말씀의 거울에 내 모습을 비추어 봐야 합니다. 음행과 우상 승배는 우리들의 생활에 깊이 연관성이 있습니다.

세상의 모든 것을 하나님보다 더 귀중히 여기고 아끼는 것은 우상 숭배이고 영적 음행입니다.

21절

또 내가 그에게 회개할 기회를 주었으되 그 음행을 회개하고자 아니 하는 도다.

이세벨과 아합왕에게 엘리야 선지자를 통해서 회개할 기회를 주셨지만 음행을 회개하지 아니한다고 말씀하고 있습니다. 오늘날 많은 사람들이 자신도 모르게 빠져 들어가는 욕심과 음행, 우상의 제물을 먹으면서도 선지자들을(성령 충만 하여 말씀을 깨달은 자) 통해서 또는 목회자들을 통해서 하나님의 말씀으로 깨닫게 하고 회개할 기회를 주지만 잘못된 그것이 옳은 줄 알고 회개하지 않고 돌아서지 않는다는 것입니다. 마귀의 음성만 들을 뿐 성령님의 음성을 듣지 않고 회개를 하지 않는 것이 마귀에게 미혹당한 사람들의 특징입니다. 그에 대한 벌이 22절에 기록되어 있습니다. 특히 목회자들이 더욱더 이런 음행에서 벗어나지 못합니다. 그런 목회자들을 보면 목이 굳어져서 희망이 없어 보입니다. 항상 자기들이 옳다고 생각하며 모든 것을 다 알고 있는 것처럼 착각 속에서 살고 있는 것입니다.

22절

볼지어다. 내가 그를 침상에 던질 터이요 또 그로 더불어 간음하는 자들도 만일 그의 행위를 회개치 아니하면 큰 환난 가운데 던지고

이세벨의 최후는 왕하 9장 30절~37절에 기록이 되어 있습니다. 개들이 그 시체를 먹어 두골과 발과 손바닥만 남습니다. 우상의 제물

을 먹고 간음을 하고 회개하지 않는 자들을 징계하겠다는 것입니다. 징계내용은 우상의 제물을 먹는 자들과 우상을 섬기는 그들과 간음하는 자들을 침상에 던지는 벌을 주시겠다는 것입니다. 이 말씀은 침상에 던지는 것은 병들어 눕는 것을 말합니다. 그리고 결국은 죽는 것입니다. 하나님을 믿는 사람들은 음식도 가려 먹을 줄 알아야 합니다. 구약 성경 레위기 11장에 먹지 말라는 동물, 물고기, 새들의 이름들이 기록되어 있습니다. 이런 것들은 우리 몸에 해롭고 하나님 앞에 부정하다는 것입니다. 이런 것들을 먹지 아니하면 우리들의 수명은 더 길어질 것입니다. 그러나 먹지 않고는 살 수 없는 시대에 우리는 살고 있습니다. 우상의 제물은 물론 모르고 먹을 수는 있지만 알고는 먹으면 안 되고 모르고 먹을 지라도 그것이 우상의 제물이라는 것을 알았을 때는 즉시 회개해야 합니다. 영적 우상의 제물을 먹을 때도 마찬 가지입니다. 우리는 계속 이 세상에서 영적 우상의 제물을 먹고 영적 음행하며 살고 있는 실정입니다. 우리에게 오는 많은 질병이 부정한 음식, 동물, 새, 물고기, 식물, 우상의 제물에서 많이 온다는 것을 알아야 합니다. 우리가 침상에 누울 정도로 몸이 아플 적에는 내가 육적 또는 영적으로 우상의 제물을 먹지 아니했나 돌아보며 회개해야 합니다. 하나님께서 먹지 말라는 음식을 먹지 않으면 우리들의 몸이 건강할 수밖에 없습니다. 간음하는 자들도 회개하지 않으면 환난 가운데 던져 버린다고 합니다. 우리는 하나님의 큰사랑을 알아야 합니다. 회개하지 않으면 이라고 말씀하심은 회개하면 병은 낫고 환난은 지나가게 하신다는 것입니다. 정말 큰 은혜입니다. 회개하고 돌아서는 자에게는 만국을 다스리는 권세와 철장의 능력을 주신다는 약속입니다. 그러므로 회개란 천국 가는데 꼭 필요한 아주 중요한 것입니다. 계 22장 14절에는 그 두루마리를 빠는 자들은 복이 있으니 이는 저희가 생명나무에 나아가며 문들을 통하여 성에 들어갈 권세를 받으려 함이로다 말씀하였습니다. 하나님께서는 회개하는 사람에게는 벌주심이 없고 상을 베 푸시는 것입니다. 회개하면 과거의 죄들은 사하심을 얻는다는 큰사랑의 은혜입니다. 또 새벽별을 주신다고 하십니다. 새벽별은 예수님을 뜻합니다. 그러나 회개하지 않으면 정해진 때에 심판하신다는 하나님의 말씀입니다.

23절

또 내가 사망으로 그의 자녀를 죽이리니 모든 교회가 나는 사람의 뜻과 마음을 살피는 자인 줄 알지라. 내가 너희 각 사람의 행위대로 갚아 주리라

회개하지 않으면 본인을 침상에 던지는 벌로 그치는 것이 아니라 환난 가운데 던지며 그 다음은 죽음이며 또한 그 자녀들까지 죽이고 모든 행위대로 갚아 주신다는 무서운 말씀이십니다. 부모가 음행을 하고 이세벨과 타협하는데 그 자녀들은 더 할 수밖에요. 그러니 그 자녀들은 죽음으로 갈 수밖에 없을 것입니다. 많은 목회자들과 성도들이 영적 육적 이세벨을 용납하고 회개하지 않는 것을 성경 말씀으로 비추어 보면 알 수 있습니다. 예언 계시 등 이런 것들을 한다고 하며 잘못된 예수 점쟁이 노릇합니다. 이런 사람들은 잘못된 바알 신의 역사일 수가 있습니다. 심지어는 목회자들 가운데도 이런 분들이 많고 또 이런 사람들에게 유혹 당하여서 헤어나질 못하는 목회자와 신도들이 많습니다. 이런 사람들을 보면 즉시 물리쳐야 합니다. 이런 사람들은 미혹된 영에 이끌림을 받습니다. 하나님께서는 이런 사람들을 통해서 역사하시질 않습니다. 이런 사람들의 가정이나 주위를 자세히 살펴보면 집안이나 대인관계 물질관계 사업관계 부부관계 모두가 복잡합니다.(마 19:5~6, 9절 참고) 가족 중에 귀신의 점쟁이가 있어서 그 영향을 받고 있기도 합니다. 이런 사람들은 기도도 많이 합니다. 그러나 기도하는 것을 살펴보면 잘못된 것을 알 수 있습니다. 엉터리 방언 기도를 하며 남이 듣기 거북한 소리 독기와 악이 포함되어 있으며 남에게 방해되는 목소리로 울부짖습니다. 자기 정체를 숨기려고 거룩한 척도 하며 주여 주여 하며 예수의 피 뿌림 예수천당 기타 성경 용어를 인용합니다. 그러나 그 속에는 미혹하는 영이 가득하여 열매를 맺지 못합니다. 예언도 맞고 능력도 행하고, 병도 치료됩니다. 여기에서 많은 사람들이 속는 것입니다. 예언이 맞는다. 병을 고친다. 방언을 받는다. 이런 것들이 다 성령의 은사 인줄 알고 속는 것입니다. 우리는 오직 성령님께서 우리와 함께 하시면 성령님께서 나를 가르치시고 깨닫게 하십니다.(요 14:26) 남을 의지 하려고 하지 말고 나와 함께 계신 성령님의 인도함과 가르침을 받는 습관을 길러야 합니다. 잘못된 예수 점쟁이들에게 속아서 영적 간음을 해서 주님의 진노를 사는 과오를 범하지 말아야 합니다. 사단, 마귀도 성령님께서 하시는 능력을 모방합니다. 다만 사랑이 없을 뿐입니다. 여기에 속는 것입니다. 또한 겉 다르고 속 다른 사람들이 많습니다. 교회서는 거룩한 척 하는데 집안에서나 사회에서는 거룩함은 온데 간데 없고 이중 성격을 지닌 이런 사람들은 그 행위대로 심판 때에 갚아주신다는 것입니다. 이런 사람들은 대부분이 순간적으로(양신) 더러운 귀신이나 마귀의 조종을 받는 사람들입니다.

24~26절

24절 두아디라에 남아 있어 이 교훈을 받지 아니하고 소위 사단의 깊은 것을 알지 못하는 너희에게 말하노니 다른 짐으로 너희에게 지울 것이 없노라
25절 다만 너희에게 있는 것을 내가 올 때 까지 굳게 잡으라.
26절 이기는 자와 끝까지 내 일을 지키는 그에게 만국을 다스리는 권세를 주리니

이세벨의 교훈에 물들지 않고 사단의 깊은 것을 알지 못하는 사람에게(순수한 사람에게는) 예수님께서 재림하실 때까지 미혹 당하지 말고 굳게 승리해 나가면 만국을 다스리는 권세를 주신다고 하심은 예수님의 권세를 말합니다. 이런 영적 이단 사이비 단체들에게 미혹 당하는 것을 주님은 아주 싫어하십니다. 그러므로 미혹의 영들을 멀리하고 대항하면 더욱 큰 권능을 주신다는 것을 알 수 있습니다.

27절

그가 철장을 가지고 저희를 다스려 질그릇 깨뜨리는 것과 같이 하리라 나도 내 아버지께 받은 것이 그러하니라.

권세가 철장으로 질그릇을 깨뜨리는 것과 같다고 하심은 철장이란

쇠몽둥이를 말합니다. 이 쇠몽둥이로 질그릇을 내려치면 깨어지지 않을 질그릇이 없다는 것입니다. 마귀를 이길 수 있는 철장의 권세를 우리에게도 주실 것을 구하여야 합니다. 질그릇이란 흙으로 만든 토기 그릇입니다. 지금은 토기 그릇이 많이 사라지고 없지만 얼마 전만 하여도 이 토기 그릇을(질그릇) 많이 사용했습니다. 이 토기 그릇은 아주 잘 깨어집니다. 마귀를 이처럼 깨뜨린다는 것입니다.

28절

내가 또 그에게 새벽별을 주리라

새벽별을 주신다고 함은 새벽별은 예수님이며(계 22:16) 성령님을 주신다는 것입니다. 이것은 예수님과 함께 한다는 것도 됩니다. 우리가 예수님의 신부와 같은 자격이 되면 예수님은 신부인 우리 것이지요. 또한 재림 때 우리를 신부 같은 자격으로 맞이하며 예수님의 모든 것을 주신다는 것입니다.(※ 신부는 상징적인 의미임. 신랑 · 신부 처럼 예수님과 가까이 있게 된다는 것)

28절

귀 있는 자는 성령이 교회들에게 하시는 말씀을 들을지어다.

성령의 음성을 들을 수 있는 귀가 있는 자는 성령의 음성을 들으라는 말씀입니다.

13부 요한계시록 3장

행위의 잘못된 것을 회개하면 주실 복

사데 교회에 보내는 말씀

1절

하나님의 일곱 영과 (성령) 일곱별을 가진 이가 가라사대 내가 네 행위를 아노니 네가 살았다 하는 이름은 가졌으나 죽은 자로다.

사데는 종교적으로 시벨리라는 여신을 섬기고 황제 숭배가 극심했습니다. 지형으론 난공불락의 천년 요새의 도시로서 상업의 도시입니다. 염직공업과 양털 염색이 유명했고 사금이 많아서 매우 풍요로운 곳이며 사치와 부의 도시로 전락했습니다. 물질적 부요로 인해서 내적인 피폐와 안일과 부도덕의 모습이 교회까지 침투합니다. 사데 교회는 일곱 교회 중 외적인 핍박이 가장 적었지만 이교적 문화와 주변 환경과 타협하므로 생명력을 상실하여 죽었다는 지적을 받습니다. 그러므로 교회가 물질로 인해서 매우 번성하고 활동적이나 부도덕한 영향을 받으므로 점점 사랑이 식어지고 세상으로 흘러가서 영적으로 볼 때는 죽은 교회가 되는 것입니다. 이 점을 예수님께서는 지적을 하신 것입니다. 돈이 많아지고 생활이 풍요해지면 사치와 허영에 사로 잡혀서 주님을 잊어버리고 세상방법으로 하나님을 대하려고 하고 육신, 정욕의 생각에 합리화 시키는 잘못을 범하게 됩니다. 이 점을 주님께서는 지적하신 것입니다. 오늘날의 많은 교회들이 이런 유형에 속하여 있습니다. 교회는 사람의 교제하는 장소 또는 스트레스를 해소하는 모임의 장소가 되어 가고 있습니다. 모든 하나님의 일들을 물질과 돈으로 해결하려는 사상이 만연한 교회로 전락해 버렸습니다. 이런 교회들은 성장하는 것 같으나 실제로 그 속에는 사람들의 생각뿐입니다. 이렇게 타락해가는 교회에 일곱별 일곱 영(성령)을 가진 이가(예수님) 말씀하십니다. 일곱별과 일곱 영을 가졌다는 것은 일곱별은 일곱 유형의(계 1:20) 주의 종들과 예수님의 사람 하나님 나라의 백성이 된 사람들을 말씀하시는 것이며 일곱 영은 성령님을 가리킵니다. 예수님께서 성령을 가졌다는 것은 우리에게 성령을 주시겠다는 것을 의미합니다. 사데 교회처럼 점점 타락한 교회는 성령의 충만함만이 해결방법입니다. 그러나 이런 교회들은 성령 받기를 거부합니다. 교회는 성장하고 발전했지만 영적으로는 죽은 것을 말씀하시는 것이십니다.

2절

너는 일깨워 그 남은바 죽게 된 것을 굳게 하라 내 하나님 앞에 네 행위의 온전한 것을 찾지 못 하였노니.

사데는 난공불락의 천년 요새와 물질적 부요를 믿고 안일한 생활을 하다가 2번이나 점령을 당합니다. 이처럼 교회들도 안일한 생각과 활동으로 인해서 결국은 사단의 계략에 빠져서 타락되어 가는 교회를 지적하시며 주 앞에 온전한 행위와 믿음을 볼 수 없다는 것이며 현시대에 많은 교회들과 많은 사람들을 볼 때 주 앞에 온전한 행위와 온전한 믿음을 보기가 힘든 세상이 되어 버리고 말았습니다. 많은 영혼들이 죽게 되었고, 하나님 앞에 온전한 것이 없다는 것은 하나님의 말씀에서 멀어져서 겉으로는 하나님을 믿는 것 같지만 모든 행위는 세상 사람들과 다를 바가 없으며 그 속에는 미혹의 영을 가지고 하나님의 말씀을 지키지 않는다는 것입니다.

3절

그러므로 네가 어떻게 받았으며 어떻게 들었는지 생각하고 지키어 회개하라 만일 일깨지 아니하면 내가 도적같이 이르리니 어느 시에 네게 임할는지 네가 알지 못하리라

하나님 앞에 행위의 온전한 것을 찾지 못했으니 그러므로 하나님의 말씀을 어떻게 받았으며 어떻게 들었는지 생각하여 회개하라고 권면하십니다. 회개하지 않으면 도적이 예고없이 살며시 오는 것 같이 주님 재림의 날이 도둑처럼 생각지 못한 날에 살며시 임한다는 것입니다. 우리 속에 성령님께서 안계시면 주님 오실 그 때를 짐작 못하고 안일하게 세상 즐거움과 편안함에 취한 생활을 하고 있으니 그날이 도적처럼 예고 없이 살며시 임한다는 것입니다. 그러나 성령 충만한 사람에게는 그날이 도둑처럼 살며시 오지 않고 보혜사 성령님께서 알려 주신다는 것입니다. 고전 2장 10절 성령님은 하나님의 깊은 것이라도 통달하신다고 하십니다. 하나님의 깊은 것을 통달하시는 성령님께서 우리 속에 거하시면 생각나게 하시고 깨닫게 하시고 가르치는데 그날이 도둑처럼 살며시 오지 않습니다. 그러므로 처음 예수님을 영접할 때 그 때를 생각하고 어떻게 성령을 받았는지 기억해서 처음 믿음을 찾으라는 말씀이십니다.

4절

그러나 그 옷을 더럽히지 아니한 자 몇 명이 네게 있어 흰 옷을 입고 나와 함께 다니리니 그들은 합당한 자인 연고라

교회가 물질과 이교적 문화와 주변 환경과 타협하여 타락의 길을 가고 있어도 그래도 교인 중에는 몇 명이 영적으로 살아 있다는 것입니다. 오늘날 타락된 교회 속에서 그래도 교회가 바로 서기를 기도하며 기다리는 교인이 있다는 것입니다. 어쩌면 이렇게 현실의 교회 사정을 정확하게 지적하시는지 감탄하지 않을 수 없습니다. 교회 속을 잘 살펴보면 교인들의 신앙이 파당이 있는 것을 알 수 있습니다. 흰 옷을 입은 은혜파 이들은 성령 충만하여서 기도도 많이 하고 때로는 모든 것이 관심이 없어 보이나 가끔 쓴 소리와 바른 말도 합니다. 그러니 별로 인기가 없습니다. 그다음은 학문 지식파 이들은 자기들이 모든 것을 다 아는 것처럼 말하며 목에 힘을 주지요. 이들은 자세히 살펴보면 율법주의자들입니다. 그다음은 마귀파입니다. 교회 목사님들이 이 마귀파들에게 많이 놀아 납니다. 이 마귀파들은 목사님 앞에서는 목사님을 치켜 올리고 물질공세도 펴고 하나, 뒤에서는 흉보고 이간질을 하며 마귀의 일을 합니다. 이 마귀파들을 목사님들께서는 조심해야 합니다. 우리 주님께서는 세속적으로 예배하지 않고 진정으로 하나님께 예배하고 미혹된 영들의 유혹을 물리치며 승리 생활하는 성도들을 주님께서는 칭찬하시며 흰옷을(믿음과 행함으로 의롭게 됨을 말함) 입혀서 구분하시며 생명책에 그 이름을 기록하신다는 것입니다.(여기서 주의 종이 목회자라고는 하지 않음) 그러므로 성도된 우리들은 교회 목회자들이 성령 체험이 없고 세상적인 설교를 하고 세상 방법으로 하나님의 적이 되어 있더라도 실망하지 말고 오직 성경말씀에 의지하여 옳은 길을 가도록 노력해야 합니다. 주님께서는 행실이 바른 진실한 믿음으로 의롭다 함을 입은 자와는 꼭 함께 하십니다. 사실 목회자를 잘못 만나면 사망의 대기소인 음부로 백보 좌 심판을 받을 확률이 높은 것은 말할 것도 없지만 잘못된 것을 좀 잘못되었다고, 바른 소리를 하면 교만의 영이 발작을 하여서 노발대발하는 목회자들이 얼마나 많습니까? 내가 목사인데 하며 교만해 집니다. 오늘날의 목사가 뭐가 그리 대단하다고요 자기들의 생각이다 옳다고 생각하며 오히려 지적해 주는 사람을 잘못되었다고 하며 불평한다고 비판하지요. 바른 말과 불평을 분간도 못하는 오늘날의 목회자들과 신도들은 예수님의 복음도 아닌 것을 가지고 고집하면서 자기가 하나님과 함께 하고 주의 종이기 때문에 순종하라고 으름장을 놓습니다. 교회가 하나님의 공동체라는 것을 잊어버리고 자기 개인의 사업체로 생각을 합니다. 교인이 교회를 떠나고 세상으로 흘러가는 것은 목회자 책임이고 목회자들의 잘못이지 어찌 교인들만의 잘못이겠습니까? 마지막 때에 살고 있는 우리는 영분별의 은사를 꼭 받으셔서 세상 초등학문으로 목회하는 목회자들과 이단 목회자와 잘못된 예수 점쟁이들에게 속지 말아야 합니다. 말세지말 시대에는(과학(지식)의 만능주의) 하나님보다 쾌락을 더 좋아하며 경건의 모양은 있으나 경건은 없고(딤후 3:1~5) 자기들의 지식과 지혜로 먹이는 목회자들이 많이 나타난다고 성경은 말씀하고 있습니다. 또한 목회자들은 영분별의 은사를 받아서 목회를 해야 합니다. 영분별의 은사가 없으니 눈뜬 소경이 되는 것입니다. 성경을 자세히 보면 보혜사 성령을 부인하고 성령의 사역을 부인하고 거부하며 성도들에게 보혜사 성령을 체험하지 못하게 막는 목회자들이 막 3장 28~30절, 유다서 1장 12절~13절 말씀에 해당되는 종들입니다. 이들은 동료 목사가 공개적으로 성령을 받아야 한다고 하면 너만 목사냐고 따집니다. 사실 목사면 다 목사입니까? 아닙니다. 하나님의 말씀을 그대로 심부름하는 목사가 하나님의 종 목사입니다. 이들이 갈 곳은 정해져 있습니다. 하나님의 귀한 자녀 백성의 영혼을 잘 돌보라고 맡겨 놓았더니 더러운 것들을 먹여서 병들게 한 대가는 성경 말씀에 많이 기록되어 있습니다. 지혜로운 성도들은 그 음부에 같이 갈 생각을 버리고 요한복음 14장 26절 말씀대로 성령님의 인도함을 받으셔서 지혜롭게 생명의 길을 찾아 가야 합니다.

5절

이기는 자는 이와 같이 흰 옷을 입을 것이요 내가 그 이름을 생

명책에서 반드시 흐리지 아니하고 그 이름을 내 아버지 앞과 그 천사들 앞에서 시인하리라

이런 타락한 목회자와 교회들에게 말씀으로 이기는 자들과 타락했더라도 깨닫고 회개하여 행위가 온전해지면 흰옷을 입게 되고 그 이름을 생명책에 기록하시고 하나님 앞과 천사 앞에서 예수님께서 회개한(이기는) 내백성이라고 시인하신다는 큰 복이 기다리고 있습니다. 그럼 예수님께서 하나님과 천사 앞에서 왜 시인을 하신다는 것입니까? 우리는 이것을 알 필요가 있습니다. 예수님을 믿는 우리들에게는 하나님께서 성령으로 개인 모두를 지키신다는 것입니다. 또한 천사가 매일 우리가 한 일들을 하나님에게 보고를 한다는 것입니다. 그 보고하는 천사 앞과 하나님 앞에서 예수님께서 우리를 인정 및 변론하신다는 것입니다. 이 5절에 있는 복을 받는 자들은 참으로 감사 할 일일 것입니다.

6절

귀 있는 자는 성령이 교회에게 하시는 말씀을 들을지어다.

귀 있는 자는(성령의 음성을 들을 수 있는 성령 받은 자) 이 말씀을 들으면 자기에게 복이 되고 못 들으면 불행이고 손해입니다.

빌라델비아 교회에 보내는 말씀 (3:7~13)

7절

> 빌라델비아 교회의 사자에게 편지하기를 거룩하고 진실하사 다윗의 열쇠를 가지신 이 곧 열면 닫을 사람이 없고 닫으면 열 사람이 없는 그이가 가라사대

빌라델비아는 고원의 도시며 포도생산지로 유명하고 동방의 관문이고 농업과 공업이 발달해서 상당한 부를 누렸던 곳입니다. 지진이 자주 나며 많은 신전들이 있고 교회 또한 많이 성장하였습니다. 그러나 이곳에는 외적인 우상숭배 황제 숭배 이런 것들보다 유대인들과 마찰이 심했습니다. 사 22장 15~25절 엘리아김이 다윗의 집 열쇠를 맡아 관리한 것처럼 그리스도께서 하나님 나라의 열쇠를 받아서 다스리고 관리하여 그리스도 예수님께서 열면 열리고 닫으면 열사람이 없다는 말씀과 하나님 나라에 들어갈 자와 들어갈 수 없는 자를 결정합니다. 그러나 유대인들은 이 말씀을 부인하고 다윗의 열쇠는 자기들만 받아서 관리할 수 있다고 주장합니다 그러므로 유대인들과 마찰이 생길 수밖에 없었습니다. 빌라델비아 교회는 칭찬과 권면만 하십니다. 이제 모든 권세를 가지신 예수님께서 그 행위대로 나누어 주시기 위해서 말씀하십니다. 예수님께서는 천국 들어갈 수 있는 문을 열어두고 들어오기를 바랍니다. 이 문은 그 누구도 닫을 수가 없다는 것입니다. 천국 들어갈 수 있는 문은 예수님 자신이고 또한 예수님께서 전하신 복음의 문입니다. 천국복음은 어디에나 있습니다.

그리고 이 복음을 금하고 막을 자는 없습니다. 공산주의 세력들이 복음을 말살하고 금하지만 영원히 금할 수가 없습니다. 복음은 여러 방법으로 역사하며 전파됩니다. 그리고 복음을 금한 세력들은 심판없이 영원한 불못에 들어갈 자들입니다.

8절

볼지어다. 내가 네 앞에 열린 문을 두었으되 능히 닫을 사람이 없으리라 내가 네 행위를 아노니 네가 적은 능력을 가지고도 내 말을 지키며 내 이름을 배반치 아니 하였도다

그러나 예수님을 바라보는 사람들은 적은 능력으로 말씀을 지키며 주님을 배반하지 아니하고 행위를 깨끗이 하였다는 것입니다. 주님을 배반하지 아니 하고 행위를 올바르게 하면 하나님 성전의 기둥이 되게 하며 새 예루살렘의 이름과 하나님의 이름을 그 위에 기록한다는 것입니다. 적은 능력이란 겸손을 말하며 겸손하므로 하나님을 기쁘게 하며 잘못된 사람들과 타협하지 않으며 명예 권세를 탐하지 않으며 이름없이 빛도 없이 기도생활하며 보혜사 성령님과 동행하며 하나님께서 주시는 은혜의 모든 것은 조그마한 것이라도 소중히 여기며 감사할 줄 알며 조용히 겸손히 살아가는 것을 말합니다.

9절

보라 사단의 회 (會) 곧 자칭 유대인 이라 하나 그렇지 않고 거짓

말하는 자들 중에서 몇을 네게 주어 저희로 와서 네 발 앞에 절하게 하고 내가 너를 사랑하는 줄을 알게 하리라

사단의 회 곧 자칭 유대인이라 하나 그렇지 않고 거짓말 하는 자들, 그리스도를 인정하지 않고 부인하는 무리들이며 예수님을 십자가에 못박은 장본인들입니다. 오늘날로 말하자면 보혜사 성령님을 부인하고 사람의 학식 지식으로 가르치는 자들과 교회를 말합니다. 초림예수님 시절 유대교인들이 예수님을 그리스도로 인정하지 않고 핍박하고 하나님께서 주시는 복을 인정하지 않는 유대인처럼 예수님 승천 이후 우리에게 보내주신 보혜사 성령님을 받아드리지 않고 오히려 보혜사 성령님을 무시하고 자기들의 학문과 지식이 최고인 것처럼 생각하는 이들이 현대판 유대인들입니다. 하나님께서는 사람의 지식 사람의 지혜 학식으로 거짓말 하는 자들을 예수님의 말씀을 겸손하게 지키는 사람 앞에서 부끄럽게 하시겠다는 것입니다. 사단의 회란 오늘날로 본다면 세상의 방법에 오염된 교회나 단체 지도자들을 가리키며 이들은 거룩한 척하며 자기들이 하나님의 진리를 다 알고 있는 것처럼 행동하지만 결국은 성령님의 인도함으로 겸손하고 올바른 하나님의 백성 자녀 앞에 무릎을 꿇을 그날이 옵니다. 지금은 거짓말로 사람들을 속이고 있지만 예수님 앞에서 그 것이 밝혀질 날은 결국 곧 올 것입니다.

10절

네가 나의 인내의 말씀을 지켰은즉 내가 또한 너를 지키어 시험

의 때를 면하게 하리니 이는 장차 온 세상에 임하여 땅에 거하는 자들을 시험할 때라

거짓말 하는 자들에게(삯군목회자들) 동조하지 아니하고 인내하여 하나님의 말씀을 지키며 바른생활을 하였기에 주님께서 지키시며 장차 온 세상에 임하여 시험할 때(대 환난) 그 시험들을 면하게 하신다는 것입니다. 이것은 장차 온 세상에 임하는 시험 그전에 이 땅에서 예수님의 말씀을 지키며 예수님에게 붙어 있는 사람들은 들림받을 것이며 죽은 자들은 그 육신이 1차로 부활할 것을 말씀하시는 것입니다.

11절

내가 속히 임하리니 네가 가진 것을 굳게 잡아 아무나 네 면류관을 빼앗지 못하게 하라

보혜사 성령님을 거부하며 성령님의 사역을 훼방하는 지도자나 영이 잘못된 자들에게 미혹 당하지 않고 핍박과 고난과 시험을 당하며 어렵게 받은 면류관을 마귀에게 끝까지 빼앗기지 말라는 당부의 말씀입니다. 현시대에서 하나님의 백성된 성도들은(보혜사 성령 받은 사람) 어찌 보면 마귀들과의 싸움보다도 보혜사 성령을 부인하는 사람들과의 싸움인 것 같습니다.(참고 갈 3:1~14)

12절

이기는 자는 내 하나님 성전에 기둥이 되게 하리니 그가 결코 다

시 나가지 아니하리라 내가 하나님의 이름과 하나님의 성 곧 하늘에서 내 하나님께로부터 내려오는 새 예루살렘의 이름과 나의 새 이름을 그 위에 기록하리라.

세상의 초등학문으로 가르치는 자들의 거짓말에 속지 아니하고 세상의 유혹 사이비들의 미혹 악령들의 유혹을 물리치고 이기면 하나님의 성전에 기둥이 되게 하고 영원한 나라 그곳 주님이 다스리는 새 예루살렘을 그런 사람들의 위에 세우시겠다는 말씀입니다. 기둥이란 큰 역할을 말합니다. 이것보다 더 큰 복이 어디에 있겠습니까? 12절 말씀의 복을 우리가 받을 수 있다면 이 세상 모든 것 전부를 버려도 무슨 아까움이 있겠습니까? 주님의 나라에서 기둥 역할을 하는 중임을 주신다는 약속인데 더 이상의 바램이 무엇이 있겠습니까?

13절

귀 있는 자는 성령이 교회들에게 하시는 말씀을 들을지어다.

성령의 음성을 들을 귀가 있는 자는 이 복된 말씀을 들으라는 것입니다. 성령 충만을 받은 성도만이 이 복된 말씀을 깨닫을 수 있습니다. 빌라델비아 교회에 주시는 복을 생각할 때 감사가 저절로 나옵니다. 조그만 것을 지키는 자에게 주시는 복은 우리의 생각을 넘어서는 큰 복인 것입니다. 조금만 정신 차려서 주님을 바라보고 신앙생활하면 충분히 해낼 수 있습니다.

라오디게아 교회 보내는 말씀

14절-15절

14절 라오디게아 교회의 사자에게 편지하기를 아멘이시요 충성
되고 참된 증인이시요 하나님의 창조의 근본이신 이가 가
라사대
15절 내가 네 행위를 아노니 네가 차지도 아니하고 덥지도 아니
하도다 네가 차든지 덥든지 하기를 원하노라

라오디게아는 그 당시 교통의 요충지며 모직물 공업의 중심지며 안약과 의학교가 있고 금융거래가 활발하여 풍요로운 생활을 누렸습니다. 그러나 이곳은 물 사정이 어려워서 6키로 떨어진 히에라볼리에서 온천수를 수로로 해서 공급 받았으나 이 온천수 물은 이곳에 도착하면 미지근하여 마시면 토하는 현상이 있었다고 합니다. 해서 16키로가 떨어진 골로새에서 물을 수로로 해서 공급 받았으나 그것도 오는 도중 미지근 해진 것입니다. 현재는 여러 번의 지진으로 해서 사라진 도시입니다. 창조의 근본이신 예수님께서 말씀하십니다. 충성되고 참된 증인이고 창조의 근본이란 말씀은 하나님의 아들로 이 세상에 오셔서 십자가에 못 박히시기까지 충성하시고 이제 하나님 앞에서 우리의 증인이 되어 주시는 예수님 그 자체가 삼위일체 하나님이신 예수님이라는 것입니다. 이런 분께서 꾸중을 하십니다.

일곱 교회 중에 칭찬이 없는 교회는 이 라오디게아 교회입니다.

빌라델비아 교회는 칭찬만 있고 꾸중이 없지만 이 라오디아 교회는 시작부터 꾸중입니다. 오늘날 교회들이 라오디게아 교회와 제일 많

이 닮았다고 봅니다. 차지도 덥지도 아니하다는 말씀입니다. 차든지 더웁든지 하라는 것은 차든지는 시원함을 말하며 무슨 일이라도 냉정하게 판단하라는 것을 말하며 더웁다는 것은 온천수가 땅에서 올라올 때 뜨거운 것처럼 뜨겁게 또는 시원하게 성령을 체험하고 신앙생활하라는 것이며 확실히 행동하라는 것입니다. 명철함과 지혜가 필요한 것입니다. 미지근한 신앙보다는 아예 하나님을 모르면 오히려 하나님께서 마지막 때에 심판하시기가 편할 것입니다.

16절

네가 이같이 미지근하여 덥지도 아니하고 차지도 아니하니 내 입에서 너를 토하여 내치리라

미지근하다는 것은 한 발은 하나님 한 발은 세상, 말을 해보면 아는 것은 많은 것 같으나 실제로는 이것도 아니고 저것도 아닌 사람들과 교회를 말합니다. 세상의 지식도 있고 돈도 있고 명예도 있고 이제 교인도 많아서 헌금도 육신이 즐길 수 있는 필요한 만큼 나오고 하니 교회나 웅장하게 건축하고 젊은 자들을 위주로 예배 한답시고 시끄럽게 야단이고 심지어 영화관으로 예비군 훈련장이나 유행가 대회장으로 개방하여 이것이 쉼터 또는 문화라고 합니다. 이런 잘못된 사람들과 교회가 한국에 많이 있습니다. 하나님께 예배하는 곳은 신성한 곳이어야 합니다. 세상의 더러운 것들과 구분되고 거룩해야 합니다. 젊은이들이 거룩하게 예배하게(요 4:23~24) 가르치지를 아니하고 젊은이들의 기분을 맞추는 장소가 되고 있으니 정말 이 사람들이

하나님을 믿는 사람들인지 사단의 숭배자들인지 의심이 됩니다.(마 23:15, 27~28) 분별의 은사가 없는 사람들은 이런 지도자의 미혹에 이끌리고 맙니다. 성도의 교제랍시고 음식을 장만하여 배나 채우고 이웃이 굶주리는 것은 아예 외면하고 그래서야 주님께서 좋아 하시겠습니까? 우리는 좋은 음식을 배부르게 먹을 때는 이웃에 또는 이웃나라에 굶주리는 사람들을 생각해 보아야 합니다. 육신의 배가 너무 부르면 천국에 들어갈 때에 힘들 것입니다.(히 13:9) 또한 교회의 예배를 사교적인 모임으로 변질시키고 이런 교회가 미지근한 교회이며 세속적인 교회이고 사단에게 예배하는 교회입니다. 이런 사람들과 교회는 토하여 내치겠다는 무서운 말씀입니다. 성도의 교제는 먹고 마시고 즐기는데 있는 것이 아니고 성령 안에서 주님의 말씀과 감사로서 은혜 속에서 이루어지는 것입니다. 교회가 이렇게 타락하는 것은 하나님의 말씀인 성경 말씀이 이루어져가는 징조인 것입니다. 어쩔 수 없이 교회가 세상을 따라서 타락해 갈 수밖에 없는 지경이 되고 말았습니다. 이런 것을 볼 때는 성령님과 함께 한 성도들께서는 마음에 와 닿는 것이 있을 것입니다. "주 예수여 오시옵소서. (계 22:20) 예배란? 요 4장 24절 하나님은 영이시니 예배 하는 자가 신령과 진정으로 예배할지니라. 성경말씀, 기도, 찬양, 감사, 축복이 없는 예배는 잘못된 예배입니다. 악기 소리가 크고 이상한 소리로 노래하고 인간의 스트레스를 해소 하려는 행위는 예배가 아니고 사단의 잔치입니다. 하나님은 고요하고 은밀한 중에 계십니다. 하나님의 성경말씀 대로라면 사람의 정신을 빼앗을 정도로 큰 악기소리와 광란적인 모습으로 찬양한답시고 난리를 떠는 것은 사단에게 찬양하는 것이며 성령의 역사가 아닙니다. 광란적인 찬양을 하는 모습을 볼 때 정말 저 사람들이 성령이 충만해서 저러나 하며 생각을 많이 해보았지만 역시 성령의 역사는 아니었습니다.

17절

내가 말하기를 나는 부자라 부요하여 부족한 것이 없다 하나 네 곤고한 것과 가련한 것과 가난한 것과 눈먼 것과 벌거벗은 것을 알지 못하도다.

자기는 예수를 잘 믿는다고 믿음이 좋다고 착각하나 주님이 보시기에는(영적으로) 가련하고 가난하고 눈이 멀고 벌거벗은 것을 깨닫지 못하는 불쌍한 사람들입니다. 말로는 성령으로 기도하며 성령으로 한다고 하나 실제로는 성령이 무엇인지도 모르고 아예 성령 받는 것을 거부하니 참으로 가련하고 눈은 멀고 영적으로 벌거벗은 불쌍한 미지근한 신앙의 사람들이 아니겠습니까? 그러면서 성령 대 집회, 성령 대망 회는 자주합니다. 물론 엉터리이지요. 교인들을 모아서 헌금을 거두려는 방법입니다.

18절

내가 너를 권하노니 내게서 불로 연단한 금을 사서 부요하게 하고 흰 옷을 사서 입어 벌거벗은 수치를 보이지 않게 하고 안약을 사서 눈에 발라 보게 하라

그래도 주님께서는 권면하십니다. 주님께서 불로 연단한 금을 사서 부요하게 하고 불같은 예수님의 신성 예수님의 은혜로 성령을 받으라는 말씀입니다. 흰옷을(계 19:8 바른 행실) 사서 입으라고 하심은 예수님께서 십자가위에서 피 흘려서 그 보혈(생명)의 대가로 우리의 죄 씻음 받음을 믿고 행할 때 의롭다 함으로 입혀 주시는 옷, 흰 옷을 입으면 벌거벗은 수치가 보이지 않고 가려지며, 보혈의 능력을 믿지 못하고 보혜사 성령을 받지 못하면 벌거벗은 것과 같습니다. 안약을 사서 발라 보라는 것은 안약은 주님을 바로 볼 수 있는 약(성령)입니다. 보혜사 성령의 은혜로 주님을 볼 수 있는 눈을 말합니다. 성령님께서 인도하시지 않으면 주님을 바로 볼 수 없습니다. 여기서 전부 사서 해보라는 것입니다. 이 사서라는 말씀은 스스로 부유하다고 하는 그것을 투자하라는 것입니다. 즉 물질 권세 명예 지식 지혜 시간 그런 것들을 투자하라는 것입니다.

19절

무릇 내가 사랑하는 자를 책망하여 징계하노니 그러므로 네가 열심을 내라 회개하라

우리가 잘못해서 삯군이나 이단들의 사설에 미혹 당했어도 주님께서는 미혹한 자들이나 미혹 당한 사람들을 미워하시지를 않으시고 회개하고 돌아오기를 기다리시며 그래도 사랑하시기 때문에 책망하고 징계하신다는 것이며 열심을 내어 회개하라고 권면하십니다. 회개하면 모든 잘못들을 다 사하여 주시고 오히려 상을 주신다는 복된 말씀입니다.

20절

> 볼지어다. 내가 문 밖에 서서 두드리노니 누구든지 내 음성을 듣고 문을 열면 내가 그에게로 들어가 그로 더불어 먹고 그는 나로 더불어 먹으리라

주님께서는 미혹 당하고 타락한 사람들과 학문을 중요시 하는 사람들이 마음의 문을 꼭꼭 잠그고 있으니 들어가지 못하시고 문밖에서 두드리고 계시며 애타게 문을 열어라. 내가 들어가서 너와 함께 하리라 하나 알아듣지 못하는 것입니다. 예수님의(성령님) 안타까움을 표현하고 있습니다. 사람이 보아도 안타까운데 주님께서 보실 때는 오죽하시겠습니까?

21절

> 이기는 그에게는 내가 내 보좌에 함께 앉게 하여 주기를 내가 이기고 아버지 보좌에 함께 앉은 것과 같이 하리라

혹시 성령의 음성을 듣고 문을 열면 주님의 보좌에 함께 앉게 해주신다는 말씀입니다. 정말로 안타까운 일입니다. 주님께서는 이렇게 애타게 부르시고 계신데 왜 음성을 듣지 못하고 마귀의 음성만 듣고 죽음의 길로 가는지 안타까운 심정뿐입니다. 현대판 라오디게아 교회는 세속화된 교회를 가리키며 많은 교회와 지도자 신도들이 여기에 해당되어 있습니다. 보혜사 성령의 사역을 거부하고 자기들의 세

상학문 지식으로 가르치며 쑥물을 먹이고 있는 것입니다. 주님께서 제일 안타까워 하는 것들입니다. 또한 말세에는 미혹 당하기 쉬운 세상적인 것들입니다. 미혹 당했더라도 회개하면 예수님이 앉은 보좌에 함께 하시겠다는 크신 약속입니다. 21절 말씀을 이단들이 잘 인용하고 있습니다. 세상에서 이단이라고 하나 그것을 이기면 자기가(사이비교주) 보좌에 앉을 때에 함께 앉게 해준다고 거짓말을 합니다. 이런 엉터리에 미혹을 당한 그 자신들이 미혹되어 있다는 것을 깨닫지 못합니다.

14부 요한계시록 2장~3장

회개 권면 은혜의 시대 결론

2장~3장 말씀은 일곱 지역 일곱 교회를 예수님께서는 모델로 삼으셔서 우리들이 믿음 생활하는데 도움을 주시고 있는 것입니다 이 일곱 지역은 각기 다른 환경 조건을 가지고 있으며 그에 따라 교회들도 그 지역에 따라서 다른 영향을 받고 있습니다. 예수님께서는 한 교회만 두고 말씀하시는 것이 아니라 일곱 지역을 택해서 일곱 유형으로 세상을 보시고 우리에게 교훈하시는 것입니다. 일곱 교회에 전하는 말씀 후에는 예비된 복의 약속이 꼭 있고 오직 성령의 음성을 들으라고 당부하십니다. 이단이나 잘못된 자들에게 미혹을 당했더라도 회개하면 주시겠다는 약속의 그 말씀을 우리는 마음속 깊이 새겨서 기뻐해야 할 것입니다. 요한계시록 1장~22장 중에서 2장~3장 말씀을 지키고 믿으면 영원한 그곳 천국에 갈 수 있는 길이 활짝 열리게 됩니다. 이것이 예수님의 도이고 예수님의 계시입니다. 그러므로 보혜사 성령을 받으라고 권면하고 계시며 모든 것이 보혜사 성령님만이 우리를(예수님께로) 신천신지 천국으로 인도할 수 있다는 것을 가르치고 있습니다. 우리들의 의지나 세상의 지식이나 학문은 전혀 아닙니다. 사람의 의지가 아무리 강하고 지식, 학문에 아무리 능통해도 보혜사 성령님을 받지 않으면 들림이나 육신의 1차 부활 때에 참여하지 못하여 기회를 놓치게 되며 7년 잔치 때 예수님에게로 못가며 또한 천국에 가는 것은 어려워 집니다. 육신의 2차 부활 때에 부활해서 백 보좌 심판을 받아야 합니다. 성경 66권이 중요하지 않은 곳이 없겠지만 그중에서도 요한계시록 2장~3장의 말씀은 우리에게 너무나 중요하고 생명 그 자체이신 말씀이고 예비된 복의 결정이십니다. 말씀 중에 말씀입니다. 계시록 4장~22장은 깨달아 지켜만 보시면 됩니다. 이미 정해져 있는 것이기 때문입니다. **어떤 사람들은 대환란을 통과해야 들림이 있다고 또는 중간에 있다고 합니다.** 이것은 성경을 깊이 깨닫지 못하고 인간의 지식으로 해석하였기 때문에 그런 해석이 나옵니다. 들림의 역사는 반드시 대환란 전에 이루어집니다.(살전 4:16~17, 5:1~11) 어떤 사람들은 요한계시록에는 들림이라는 말이 없기 때문에 들림이 없다고 말합니다. 물론 들림이라는 직접적인 말은 없습니다. 그러나 요한계시록 말씀을 잘 살펴보면 환난 전에 피난시키신다는 것을 알 수 있습니다. 환난 전에 피난하는 것이 들림이라는 것을 깨닫기 바랍니다.(창 7장 노아홍수, 창 19장 롯의 때) 이것은 오직 보혜사 성령받은 사람만이 깨달아 알 수 있습니다. 성령님의 도움이 없이는 이 크신 은혜를 깨닫지 못합니다. 4장부터는 저 높은 주님의 보좌가 있는 그곳에서 신부와 같은 자격으로 그저 지켜만 보면 됩니다. 요한계시록이 어려운 것처럼 마치 특별한 사람만이 해석할 수 있는 것처럼(세상학식이 풍부한 사람) 어렵게들 생각합니다. 요한계시록은 어려운 말씀이 아니고 성령받은 사람에게는 너무 쉽게 깨달을 수 있는 말씀입니다. 계 1장에서 3장 말씀을 제대로 깨달은 사람은 복 있는 사람입니다. 적어도 대환란 전에 들림 받아서 주님의 보좌가 있는 그곳에 갈 자격이 있는 사람은 4장부터 22장 말씀은 참고만 하시고 대환란을 통과할 사람은 4장에서 18장까지를 잘 보시길 바랍니다. **인, 나팔, 대접, 열 뿔, 십 사만 사천 이런 것이 중요한 것이 아닙니다.** 그런 것은 이미 정해져 있어서 피할 길이 없습니다. 그러나 2장~3장의 약속의 말씀은 우리에게 주신다는 약속의 말씀이고 우리가 어찌해야 될 지를 자세히 알려 주시고 있기 때문에 더욱 중요하다는 것입니다. 우리에게는 명철함과 지혜가 꼭 필요한 것입니다. 어떤 분들은 설교 시간에 우리는 십 사만 사천 명이 들림 받을 때 거기에 포함되어야 한다고 말합니다. 이것은 성경 말씀을 너무 모르고 하는 헛소리 입니다. 4장부터 18장은 우리의 주님 곁에서 신부와 같은 자격으로서 지켜만 보고 주님께서 인도하는 대로 따르기만 하면 되는 것입니다. 성령으로 감동되어야 만이 예수님 지상 재림 때에 하나님 나라로 들림 받는 것이며, 요 3:5절 물과(**행위 계 3장**) 성령으로(**계 2장**) 나지 않고는 하나님 나라에 들어 갈 수 없다는 것입니다. 방언 말함을 부인하고 성령의 은사, 사역을 부인하는 사람이나 교회들과 형식에 치우친 교회, 지식과 학문으로 가르치는 사람들은 대환란을 통과하며 순교를 당하든지 잘 해야 겨우 이삭줍기에서 영혼만이 부끄러운 구원을 받는다고 가르치고 있습니다.(**계 2~3장**) 아니면 적그리스도의 인을 받아서 사망의 음부로 갈 것입니다.

계 13:8

죽임을 당한 어린 양의 생명책에 창세 이후로 녹명되지 못하고 이 땅에 사는 자들은 다 짐승에게 경배하리라

왜 방언을 해야 되는지 성경을 자세히 살펴보면 방언은 하나님과 대화하는 통로입니다. 하나님과 대화가 되어야 천국 백성 하나님의 자녀 예수님의 신부 같은 권한의 자격이 있는 것입니다. 또한 방언은 하나님의 인 맞은 증표이기 때문에 받아야 되고 해야 된다는 것입니다.(꼭 방언을 해야 하는 것은 아니다. 9가지 은사 중에 방언 이 먼저는 아니다. 다른 은사를 먼저 받는 사람도 많다.) 아직 성령의 체험이 부족한 분은 꼭 성령 충만함을 구하시고 기름 준비하시고 예수님의 재림 때 1차로 부활하든지 들림을 받든지 하겠다는 믿음을 가지시고 예수님의 길을 가시면 꼭 그렇게 될 것입니다. 할렐루야.

15부 요한계시록 4장

지상에는 교회휴거 천상에서는 들림 받은 자와 1차 부활한 사람들의 예배장면

서론

4장에서부터는 교회와 성도, 성령님께서는 휴거하여 예수님께서 준비하신 피난처에 가 있기 때문에 지상에는 성령님과 성령 충만한 성도는 없습니다. 2장~3장의 교회시대가(현재, 은혜시대) 끝나고 4장에는 하늘나라에서 예배하기 위해서 좌석배치와 서열배치의 모습이 펼쳐 집니다. 이 은혜 시대가 끝나면 나팔소리 같은 큰 소리로 이리 올라 오라는 음성이 들려지는 것입니다 그러므로 휴거의(들림) 역사는 3장과 4장 사이에 이루어지는 것입니다. 육신의 1차 부활의 역사가 먼저 이루어지고 말입니다. 살전 4장 16~17절에 기록되어 있는 말씀대로 되어 집니다. 은혜시대가 끝나는 시점은 세상과 교회들이 극도로 타락의 길을 갈 때 그때가 은혜시대의 끝입니다. 이때는 하나님의 은혜로서 통하지 않고 하나님을 믿는다는 사람들이 세상으로 흘러 들어가서 마음이 강팍 해지고 사랑이 없어지며 예배 대신 오락 예술 문화가 교회에 침투해서 그것들을 더 사랑하고 세상에는 간음 동성애 폭력 이런 것들을 죄로 생각하질 않고 이것이 당연하다는 것으로 생각하며 사람들이 죄를 범하면서도 죄의식이 없고 하나님을 대적할 그 때가 은혜시대가 끝나고 주님께서 공중 재림하십니다. 아마 지금이 그때가 된 것 같습니다.

살전 4:16~17

16절 주께서 호령과 천사장의 소리와 하나님의 나팔로 친히 하늘로 좇아 강림하시리니 그리스도 안에서 죽은 자들이 먼저 일어나고
17절 그 후에 우리 살아남은 자도 저희와 함께 구름 속으로 끌어올려 공중에서 주를 영접하게 하시리니 그리하여 우리가 항상 주와 함께 있으리라.

예수님의 신부와 같은 자격으로 예수님과 항상 함께 있는다는 최상의 복된 말씀입니다. 육신의 1차 부활과 들림의 역사 후에는 예수님을 믿는 사람들이 많이 들림받고 없으니 이 세상에 남아있는 사람들은 혼선을 빚습니다. 성령을 못 받아서 들림을 못 받은 교인들은 이때에 후회하나 이미 때는 늦어서 보혜사 성령님의 도움을 받지 못합니다. 그러므로 그때에 성령으로 거듭나지 못하고 형식적이고 의식적으로 교회에 드나들며 성령을 거부하고 세상의 지식과 사람의 지혜로 또는 돈으로 하나님을 섬기려 한 모든 사람과 성령을 체험했으

나 미혹의 영에 이끌리어 헛된 신앙생활을 한 사람은 들림 받는 반열에 참여치 못합니다.(교인, 신자, 미혹 자) 그 이유로는 성령님의 사역을 거부하니 성령의 음성을 듣지를 못하고 성령을 거부한 이들은 성령의 도움을 받지 못하기 때문에 대 환란을 거치면서 온갖 고생을 하고 순교해서 부끄러운 죽음으로 겨우 혼인(환영) 잔치에 참여 하나 상급은 없고 겨우 영혼만 구원받는 불쌍한 모습입니다. 이 모습은 계 6장 9~11절에 잘 설명되어 있습니다. 이들은 벌거벗은 모습입니다. 그래서 보기 흉하니까. 주님께서 흰 옷도 아닌 겨우 속이 보이지 않게 위만 걸칠 수 있는 두루마기를 주며 수가 찰 때까지 저쪽에서 기다리라고 합니다. 이것도 은혜의 복입니다. 대환란 때에는 많은 교인 신도들이 적그리스도에게 굴복하여 사단의 백성이 되고 맙니다.(계 13:8) 영혼만 겨우 올라온 이런 분들에게는 예수님께서 신랑이 아니고 목자가 된다는 것입니다. 이것도 복되다는 것입니다. 신랑과 목자는 엄청난 차이가 있습니다. 성령 세례를 체험하여 방언을 말하는 것은 확실한 보증입니다.(요 3:5) 성령을 체험했다고 꼭 방언을 한다는 것은 아니지만 사모하면 결국은 방언의 은사를 받게 되어 있습니다. 또한 성령 세례 체험이 있어도 마귀에게 얼마든지 미혹될 수 있습니다.(갈 3:3) 영적미혹 물질 명예 권세 자녀 부모 형제 교회 남편 아내를 통해서 시험하며 미혹합니다. 오히려 체험이 많을 수록 유혹의 시험은 더 심각할 수도 있습니다. 성령님을 제대로 체험한 성도들은 예수 재림의 그날이 속히 오기를 힘써 기다려야 합니다. 대환난 전에 들림이 있다 중간에 있다 후에 있다 의견들이 많지만 요한계시록과 성경 말씀을 자세히 깨달으면 분명히 대환난 전에 있습니다.

계 3:10

네가 나의 인내의 말씀을 지켰은즉 내가 또한 너를 지키어 시험의 때를 면하게 하리니 이는 장차 온 세상에 임하여 땅에 거하는 자들을 시험할 때라.

이 말씀은 성령으로 거듭나서 복음의 말씀을 준행하는 사람에 한해서입니다. 성령 충만한 성도는 환란 전에 들림이고 성령님이 함께 하지 아니한 사람은 중간이나 후에라고 생각할 수 있겠습니다. 중간이나 환난 후에는 들림이 아니고 겨우 영혼만 구원받는 부끄러운 구원이라는 것입니다. 여러 가지 증거의 말씀이 성경에 많이 있습니다. 마 24:36~40절 노아의 때와 같을 거라고 하십니다. 이때를 보면 노아의 가족과 거룩한 짐승 모두를 방주로 피난시키고 난 뒤에 심판하십니다. 소돔과 고모라 성을 멸할 때도 반드시 하나님의 선택된 자는 먼저 피난시키시는 하나님이십니다.(창 19장) 환란 중간이나 나중이 아닙니다. 누가복음 21장 34~36절, 계 2장~3장에 있는 말씀대로 깨어 있어서 성령의 음성을 계속 듣는 생활을 해서 환난을 피하여야 합니다. 그러기 위해서는 단 한 가지 성령 충만한 생활을 해야 합니다. 성령님께 맡기는 생활을 해야 합니다. 이것만이 우리가 갈 길입니다. 성령 충만한 생활을 하면 그것만으로 다 이루는 것입니다. 여러 말이 필요 없습니다. 그러므로 2장~3장에서 주님께서 우리가 예수님 계시는 곳으로 갈 수 있는 방법을 가르치고 계십니다. 4장부터는 우리가 들림 받은 후에 될 일들을 기록하고 있습니다. 그러면 가벼운 마음으로 살펴보겠습니다.

어려울 것이 하나도 없습니다. 편안한 마음으로 보시면 됩니다.

계 4:1

이 일 후에 내가 보니 하늘에 열린 문이 있는데 내가 들은 바 처음에 내게 말하던 나팔 소리 같은 그 음성이 가로되 이리로 올라오라 이후에 마땅히 될 일을 내가 네게 보이리라 하시더라.

이 일 후에 하늘에 열린 문이 있는데 라고 하셨습니다. 지금까지 은혜시대에는 사도요한이 환상으로 보았으나 4장부터는 직접 올라가서(환상으로) 그 곳에서 이루어지는 광경을 보는 것입니다. 요한계시록에는 이 일 후에라는 말씀이 여러 번 있습니다. **이 일 후에라는 말씀을 잘 이해해야만 요한계시록을 잘 이해할 수 있습니다.** 요한 사도가 지금까지 본 것은 교회에 보내는 권면 꾸중 회개하면 주신다는 복의 약속입니다. 교회시대, 은혜시대 후라는 것입니다.(은혜시대 = 초림예수님시대부터 예수님께서 공중 재림 때까지) 성령님의 인치는 시대 잘못된 것들을 회개하는 시대 권면의 시대가 끝나고 육신의 1차 부활의 역사가 있고 들림의 역사가 있고 나서 이제 대환란 직전을 가리킵니다. 3장과 4장 사이에 일어날 일들(마 24장, 눅 21장) 특히 많은 교회들이 세상 방법으로 타락되어 혼란스럽고 한쪽에서는 성령의 은혜로 기름 준비하며 재림 예수님을 기다리고, 한쪽에서는 이것도 저것도 아니고 또 한쪽에서는 하나님을 모르고 이 네 가지가 혼합되어 뒤죽박죽이 되어서 타락함이 극에 도달할 때 그때에 하늘 문이 열리고 이리로 올라오라는 나팔소리 같은 성령의 음성이 들릴 것입니다.

마 24:37~39 참조

37절 노아의 때와 같이 인자의 임함도 그러하리라.
38절 홍수전에 노아가 방주에 들어가던 날까지 사람들이 먹고 마시고 장가들고 시집가고 있으면서
39절 홍수가 나서 저희를 다 멸하기까지 깨닫지 못하였으니 인자의 임함도 이와 같으리라

우리들은 이 소리를 꼭 들어야 합니다. 이 음성을 듣지 못하면 들림을 받을 수 없습니다. **이리로 올라오라.** 하시는 나팔소리 같은 큰 음성을 꼭 들을 수 있는 귀가 열려 있어야 합니다. 이후에 될 일을 보여주신다고 하십니다. 이 후에 될 일은 대환난 때에 있을 일들과 천년왕국과 영원한 주님의 나라 신천신지 요한계시록에 기록된 그대로 입니다. 1절 말씀은 들림받은 광경을 설명하며 주님이 예비하신 피난처에서 앞으로 전개되는 환난을 보기만 하면 됩니다.

2절

내가 곧 성령에 감동하였더니 보라 하늘에 보좌를 베 풀었고 그 보좌 위에 앉으신 이가 있는데

육신의 1차 부활한 사람들과 들림받은 사람들이 그 상급에 따라서 보좌를 배정받고 정렬하는 장면이 됩니다. 성령에 감동되어야 만이 모든 것을 깨달을 수 있는 것입니다. 성령의 감동과 충만함 없이는 하나님의 음성을 들을 수 없습니다. 보좌를 베풀었고 그 보좌 위에 앉으신 이가 있다고 하심은 물론, 삼위일체 하나님을 가르치지만 여

기서 유념할 것은 보좌를 베풀었고는 보좌를 많이 준비했다는 것이고 그 위의 보좌에 삼위일체 하나님께서 앉으신다고 설명하십니다.

3절

앉으신 이의 모양이 벽옥과 홍보석 같고 또 무지개가 있어 보좌에 둘렸는데 그 모양이 녹 보석 같더라.

삼위일체 하나님의 모습을 설명하고 있습니다. 벽옥은 푸른빛을 발하는 옥돌입니다. 푸른색은 우리들에게 기쁨과 희망을 줍니다. 그러므로 푸른 것은 기쁨을 말합니다. 홍보석은 붉은 빛을 내는 보석입니다. 붉은 색깔을 보면 정의로움이 생겨납니다. 그러므로 이것은 정의로움을 가리킵니다. 녹보석은 녹색을 발하는 보석으로서 녹색은 생명체입니다.

봄에 새싹이 나올 적에 풀잎이나 나뭇잎을 보면 녹색으로서 너무나 신성해 보이며 기쁨이 넘칩니다. 여기는 신성, 정의, 생명의 근원이신 삼위일체 하나님을 가리키고 있습니다. 이때의 주님의 모습을 상상 하면 너무나 신성하게 보일 것이며 우리도 이같이 비슷한 모습으로 단장을 했을 것을 생각하면 기쁨이 넘칠 것입니다. 요한계시록에서는 예수님의 모습이 그때그때에 따라서 다르게 보이고 여러 모습으로 함께 나타나실 때도 있습니다. 이유는 예수님을 표현하는데 따른 영의 세계인 것입니다.

4절

또 보좌들에 둘려 이십사 보좌들이 있고 그 보좌들 위에 이십사 장로 들이 흰 옷을 입고 금 면류관을 쓰고 앉았더라.

여기 보좌들이란 그 숫자를 알 수 없는 많은 보좌를 말합니다.

들림받은 많은 사람들과 1차 부활한 많은 사람들이 상급에 따라서 보좌가 정해진 것입니다. 이 보좌들에 둘러 싸여 있는 이십 사 보좌는 장로들이 흰 옷을 입고 금 면류관을 쓰고 앉아 있는 것은 십이지파와 십이사도들을 가리킵니다. 십이지파와 십이사도로 표현함은 장로라고 말하는 것입니다. 육신이 1차 부활과 들림받았다고 해서 전부가 똑 같은 상급을 받는 것은 아니고 전부가 보좌에 앉는 것도 아닙니다. 상급에 따라서 왕과 같은 권한을 받는 사람 또는 백성으로 각각 다릅니다. (계 3:21 보좌 계 2:10 면류관 계 3:5 흰 옷)

5절

보좌로부터 번개와 음성과 뇌성이 나고 보좌 앞에 일곱 등불 켠 것이 있으니 이는 하나님의 일곱 영이라 하나님의 일곱 영이 (성령 계 1:4)

보좌 앞에 있다고 함은 성령님께서 여기에 와계신다는 것을 가르칩니다. 그러므로 이때 지상에는 성령님이 안 계신다는 말이 되겠습니다. 들림의 역사가 가까워지면 성령의 역사가 점점 줄어들고 심지어는 성령을 증거하는 사역자들은 이단 또는 신비주의라는 말을 듣게 됩니다. 점점 세상의 지식과 학문으로 성도들을 가르치고 성도들도 여기에 현혹되어 버립니다. 그리고 5절에서 가리키는 보좌는 장로들이 앉은 보좌가 아니고 그 위에 계시는 하나님의 보좌를 말합니다. 그 보좌에는 하나님께서 앉아 계시므로 다릅니다. 하나님의 보좌는 우리가 볼 때는 번개 같은 음성 뇌성 같은 음성으로 웅장하게 들리는 것입니다. 우리가 감히 쳐다 볼 수 가 없으나 그러나 이곳 천국에서는 주님의 은혜로 볼 수 있는 것입니다.

6절

보좌 앞에 수정과 같은 유리 바다가 있고 보좌 가운데와 보좌 주위에 네 생물이 있는데 앞뒤에 눈이 가득 하더라

수정 같은 유리 바다, 성경에 바다를 세상으로 비유합니다. 여기 유리 바다라 함은 유리처럼 맑은 속이 다 들여다 보이는 거짓이 없는 세상이란 것입니다. 수많은 성도들이 바다처럼 모여 있다는 것입니다. 들림받은 성도들과 예수님 이후로부터 보혜사 성령 충만하여 생활하다가 죽은 성도의 부활한 수가 그렇게 많다는 것이며 이들은 주님의 보혈의(생명) 대가로 정하게 되었으므로 그 속이 다 들여다 보이는 유리처럼 맑습니다. 또한 주님의 택한 백성은 다 거기에 모여 있기 때문에 그 모습이 바다처럼 보이는 것입니다. 또 보좌 가운데와 주위에 네 생물이 있고 앞뒤에 눈이 가득하다고 하였습니다. 눈이 가득 하다는 것은 모든 것을 볼 수 있다는 것입니다.

(겔 1장에 자세히 기록 되어 있습니다)

여기 네 생물은 삼위일체이신 예수님을 가리키고 있습니다.

7절~11절 예수님의 그 능력을 모습으로 설명하며 (겔 1장 참조) 들림받아서 첫 예배를 드리는 장면을 설명하고 있습니다.

9절

그 생물이 영광과 존귀와 감사를 보좌에 앉으사 세세토록 사시는 이에게 돌릴 때에

예수님께서 먼저 영광의 보좌에 좌정하셔서 감사와 존귀와 영광을 하나님께 돌려 드릴 때에 10절에는 이십사 장로들이 자기의 면류관과 영광을 주님께 드리며 감사 예배를 드리는 것입니다. 여기에 나타난 이십사 장로들은 십이지파와 십이사도들을 통해서 행위와 보혜사 성령 충만하여 이곳까지 온 사람들을 가르칩니다. 이 이십사 보좌와 장로는 구약 십이지파는 하나님께서 택하신 장자 민족이고, 이 민족을 통해서 이방인이었던 우리가 오늘날 하나님의 자녀가 된 것이고 또한 십이사도들을 통해서 예수님의 복음이 전파되었고 이방인인 우리들이 나의 아버지라고 부를 수 있는 영광을 얻게 되었기 때문에 하나님을 믿는 자들의 상징입니다. 11절 들림받고 1차 부활한 무리들이 유리바다 처럼 모여서 하나님을 찬양하며 영광을 돌리고 있습니다. 육신이 1차 부활하여 영혼과 합하여서 완전한 일체가 되어서 들림 받은 사람들과 함께 첫 예배가 시작되는 것입니다.

16부 요한계시록 5장

예수님께서 일곱 인봉한 책 인수와 찬양 예배장면

하나님의 오른손에 일곱 인봉한 책이 있는데 이 인봉한 책의 인을 떼기에 합당한 자는 예수님이라는 말씀이며 하나님 아버지와 예수님께서 영광과 찬송을 받으시는 광경을 볼 수 있습니다. 우리는 성경을 해석하려면 이스라엘 나라의 풍습을 좀 알아야 해석이 될 때도 있습니다. 옛날 이스라엘 나라에는 토지 무르기란 풍습이 있습니다.(레 25:23~28, 룻 2:20) 레위기 25장 23절 토지를 영영히 팔지 말라고 하고 있습니다. 토지는 다 하나님 것이라고 하며 사람은 나그네이기 때문이라고 설명합니다. 24절에는 그래서 토지 무르기를 허락한다고 하며 25절에는 토지를 팔았을 때 무르기를 할 수 있는 자격을 말합니다. 첫째는 근족이 와서 동족이 판 것을 무를 수 있으며 근족이 없고 판자가 부유하게 되어 무를 힘이 있으면 27절 그 판 해를 계산해서 현 시가대로 쳐주고 무를 수가 있다는 것입니다. 우리는 창세기 3장을 보면 아담이 죄를 범하므로 우주 전체가 사단에게로(마귀) 넘겨

진 것을 알 수 있고 눅 4장 5절~7절에는 마귀가 예수님을 시험하면서 천하만국(하늘나라 밑의 우주)이 마귀 자신의 것이라고 증명합니다. 이스라엘에서는 성경대로 토지를 팔 때 일곱 가지 계약 조건을 만들어서 한 가지씩 봉하여서 도장을(인) 찍어서 보관하여 나중 근친이나 본인이 와서 토지를 무를 때 그 계약 조건에 따라서 시행한다는 것입니다. 그러면 아담이 선악과를 먹으므로 우주 전체가 마귀에게로 이전되었고 하나님께서는 우주를 다시 찾으시려고 그 일곱 가지 계약서를 받아 두었던 것입니다. 그 계약서 대로 대가를 치르고 이 인류를 돌려받는 것이 일곱 인봉한 책입니다. 그 계약서의 내용은 하나님과 사단만이 아는 비밀인데 그 비밀을 예수님께서 공개해 버린 것이 요한계시록의 내용입니다. 공개한 목적은 예수님을 믿는 모든 이들이 그 환란을 알고 거기에 들어가지 말라는 목적이 있는 것입니다. 그러므로 모든 예수 믿는 사람들은 요한계시록을 알아야 합니다. 계약서 그 내용이 대환난입니다.**(다니엘서 참고)** 인간의 근족이신 예수님께서는 하나님의 친족 일족으로 성령으로 나셨기 때문에 예수님께서 인봉한 책을 개봉할 자격이 되고 이기고 승리하셨기 때문에 모든 것을 인수할 자격이 되므로 6장부터는 인봉한 책을 하나님으로부터 받아서 인을 떼기 시작합니다. 그때 사단에게 마지막으로 주기로 한 계약 조건대로 환난이 시작되는 것입니다. 이 대환난 때가 사단이 마지막으로 악한 역사를 하는 시기입니다. 이때에 사단은 못하는 것이 없을 정도로 막강합니다. 계 6장 2절 흰말 탄 자가(적그리스도) 나와서 말씀대로 이기고 이기려고 합니다. 그 징조의 그림자는 오래전부터 서서히 나타나고 있습니다. 그러나 하나님께서는 택한 백성을 성령으로 인 치셔서 피난처로 피난 시키시는 것입니다. 이것이 들림의 역사이고 노아 홍수 때 홍수전 방주에 들어가는 것과 소돔과 고모라 멸망 때 피하는 것과 같은 것입니다. 이것을 사단 마귀가 모를 까닭이 없습니다. 그래서 마지막 때가 가까워지면 마귀의 미혹은 더욱더 강하여 집니다. 마귀가 자기의 백성을 삼으려는 그 방법 중 하나가 주의 종과 사자들을 미혹케 하는 것입니다. 마귀 사단의 속셈은 너 죽고 나 죽자입니다. 신자 한 사람은 그대로 한 사람이지만 목회자나 단체장 한 사람이면 교회와 단체가 덩굴째로 넘어오니까요. 그래서 성령을 못 받게 목회자와 단체장들을 통해서 역사하는 것입니다. 지켜 보십시오. 교회는 점점 세속화 되어 갈 것입니다.(현재 2003년) 그래야만 끝이 옵니다. 그러나 미혹의 영에 이끌리어서 깨닫지 못하는 소경된 지도자들과 신자들은 마귀가 원하는 대로 끌려 갈 것입니다. 그렇지만 그들은 깨닫지 못합니다.(계 22:10~15, 고전 2:14, 유 1:11~13) 반면에 성령의 역사도 마지막 늦은 비 은혜로 역사합니다. 어떤 교회는 성령의 뜨거운 바람이 불어서 하나님의 인침 기름준비에 바쁘고 어떤 교회는 세속화 되어서 사단 마귀에게 예배를 하고 사단 마귀의 인침에 속아 넘어가고 어떤 교회는 학문과 지식에 이끌려서 미지근한 신앙으로 성령의 사역을(계 3:15~16) 거부하고 거룩한 척하며 결국은 천국 가는 것이 힘들게 됩니다. 이렇게 여러 가지로 나뉘고 각종 단체가 난무하고 이런 것들을 볼 때에 우리는 정신을 차리고 그날이 가까이 왔구나 하는 깨달음이 있어야 합니다. 개방된 열린 교회를 한답시고(벧후 3:3~5) 교회에 세상의 방법을 도입하여 예배하는 교회는 이미 영적으로는 사단 마귀에게 제단을 내어주고 사단마귀의 인을 받은 교회이고 성령을 거부하고 학문과 지식으로 하나님을 대하는 교회는 환난을 통과하면서 죽을 고생을 하며 겨우 영혼만 혼인잔치에(환영잔치) 참여하게 될 것입니다. 그러나 이들은 이미 신부와 같은 자격은 없고 백성 혹은 양같은 자격입니다.(부끄러운 구원이고 아니면 적그리스도에 미혹 당함 계 13장 8절) 그러므로 영적으로 어지러운 시대에는 신령한 교회 선택과 성령 충만한 목회자와의 만남이 중요한 것입니다. 이 글을 읽는 성도님들께서는 지금 본인이 섬기고 있는 교회나 단체가 어떤 유형에 속하여 있으며 목회자는 어떤 유형인지를 잘 살펴 볼 필요가 있습니다. 정말 정신 차려 깨어 있어야 할 때입니다. 학문이나 지식으로 청산유수로 읊어 대는 설교에 현혹되어서 말씀이 좋으니 말씀을 잘 쪼개 먹이니 하는 허무맹랑한 말들을 그만두고 오직 보혜사 성령님의 인도함을 받고 성령의 음성을 들어야 만이 예수님께로 가는 것입니다. 설교란 성경 말씀 그 속에서 전부 나와야 하며 부득이 하다면 참고서 몇 권이면 될 것입니다. 남의 설교 책이 왜 필요합니까? 기도하면 성령님께서 말씀으로 인도하시는 데 말입니다. 책들과 인터넷 속에서 추려서 작성한 설교들은 말씀에 부실한 내용들이며 세상의 초등학문과 세상의 지식으로 하는 설교입니다. 요즘은 미디어를 통해서 목사님들의 설교를 들어보면 많은 목사님들이 말만 번지르르 하게 잘하는 말쟁이들 입니다. 그럴듯한 말들을 어쩌면 그렇게 잘 하는지 내용은 하나님 말씀에서 멀어져 있으면서 말입니다. 그래도 몇 사람은 하나님의 말씀으로 설교하는 분들도 계십니다만 그들도 때로는 세상의 방법으로 전하는 그들의 눈치를 보는 말들을 합니다.

5:1

내가 보매 보좌에 앉으신 이의 오른손에 책이 있으니 안팎으로 썼고 일곱 인으로 봉 하였더라

요한사도가 보니 하나님께서 하나님의 자리에 앉으셨는데 하나님의 오른손에 일곱 책이 있고 안팎으로 무엇인가 썼고 일곱 인으로 봉해져 있다고 설명하고 있습니다. 아담이 사단에게 우주를 넘겨 줄 때 하나님께서 받아놓으신 계약서인 일곱 인봉한 계약서를 이제 때가 되어서, 인을 떼어서 개봉해서 시행하는 때가 되었습니다.(토지 무르기 레 25:23~28, 룻 2:20)

2절~4절

2절 또 보매 힘 있는 천사가 큰 음성으로 외치기를 누가 책을 펴며 그 인을 떼기에 합당하냐 하니
3절 하늘 위에나 땅 위에나 땅 아래에 능히 책을 펴거나 보거나 할 이가 없더라.
4절 이 책을 펴거나 보거나 하기에 합당한 자가 보이지 않기로 내가 크게 울었더니

천사가 큰소리로 외쳐 누가 이 책을 펴며 그 인을 떼어서 개봉하기에 합당하냐고 하니, 요한은 주위를 살펴보아도 하나님께로부터 저 책을 받아서 개봉을 하여 사단으로부터 이 우주를 인수해야 하겠는데, 그 책을 받을 만한 적임자가 보이질 않습니다.(토지 무르기에 적임자=하나님의 근족, 씨족 일족) 요한은 예수님을 생각하지 못하고 그 책을 펴고 인을 뗄 자격이 갖추어진 사람이 보이질 않으므로 답답한 마음

에 통곡을 하며 울어버립니다. 우리들도 이 요한처럼 우리 옆에 계신 하나님이시고 예수님이신 보혜사 성령님을 잊어버리고 답답해 할 때가 너무 많고 그것이 연속됩니다. 이제 이 일곱 인봉한 책의 인이 떼어지면 지상에 대환란이 시작되는 것입니다.

5절

장로 중에 하나가 내게 말하되 울지 말라 유대 지파의 사자 다윗의 뿌리가 이기었으니 이 책과 그 일곱 인을 떼시리라 하더라.

답답해서 울고 있는 요한에게 천사 중 하나가 요한에게 말합니다. 요한아 울지마라. 예수님께서 있지 않느냐 하며 예수님께서 이기셨으니 그 인을 뗄 자격이 있다고 알려 줍니다. 예수님은 십자가에 달려 죽으므로 완전히 승리하여 만왕의 왕이 되신 것입니다. 특히 유대 나라를 부각시키며 다윗의 뿌리를 부각시키는 것은 하나님께서는 유대(이스라엘) 백성을 끝까지 지키시겠다는 의지를 보여 줍니다 아마 요한은 여기서 아하 그렇구나! 하며 대단히 기뻐했을 것입니다.

6절

내가 또 보니 보좌와 네 생물과 장로들 사이에 어린 양이 섰는데 일찍 죽임을 당한 것 같더라 일곱 뿔과 일곱 눈이 있으니 이 눈은 온 땅에 보내심을 입은 하나님의 일곱 영이더라

예수님께서 인봉한 책을 하나님으로부터 받기 위해서 보좌와 네 생물과 장로들 사이에서 어린양의 모습으로 등장하십니다. 그리고 일찍 죽임을 당한 것 같더라고 합니다. 보좌는 하나님의 보좌이며, 네 생물은 예수님 자신이며 예수님의 능력을 모양으로 표현하는 것이며 장로는 사도들과 십이지파 들림 또는 1차 부활한 사람을 가리키며 그 사이에 어린양으로 나타나며 일찍 죽임을 당한 것 같다고 함은 어린양은 아무 힘이 없습니다. 그리고 어린양은 제물입니다. 예수님께서는 우리를 위해 어린양처럼 순종함으로 우리 대신 제물이 되어서 죽임을 당하심으로 승리하심을 보이고 있습니다. 일곱 뿔과 일곱 눈이 있다고 했습니다. 일곱 뿔은 모든 힘을 말합니다. 힘의 상징인 일곱 뿔의 성령, 만물을 볼 수 있는 일곱 눈을 가진 성령님을 말씀하는 것입니다. **(뿔은 힘이며 권세이고 왕을 상징함 계 17:12)** 요한계시록에서는 일곱은 완전한 숫자이기 때문에 많이 사용됩니다. 그러므로 일곱 뿔은 완전한 권세와 힘을 말하며 일곱 눈은 땅에 보내심을 입은 일곱 영이라 했습니다. 그러므로 일곱 뿔과 일곱 영은 보혜사 성령님입니다. 여기에서 예수님과 성령님은 한 몸이라는 것을 증명하고 있습니다. 또한 성령님께서 지금 지상에 계시지 않고 하나님 보좌가 있는 곳에 계신다는 것입니다. 여기서도 우리는 들림의 역사가 끝나고 보혜사 성령님과 참된 교회 모두가 이제 예수님께서 하나님으로부터 인봉한 책을 받아서 인을 떼시는 광경을 지켜 보기 위해서 하나님의 보좌 앞에서 예배드리며 준비하고 있습니다.

7절

어린 양이 나아와서 보좌에 앉으신 이의 오른손에서 책을 취하시니라

예수님께서 일곱 인봉한 책을 하나님께로부터 인수하십니다.

그런데 예수님의 모습이 어린양으로 보입니다. 그 이유로는 어린양처럼 순종하였고 제물로 바쳐지고 피를 흘려서 승리했기 때문에 승리자로서 어린양의 모습으로 책을 취하시는 것입니다. 이때의 감격은 헤아릴 수 없이 기쁨입니다. 이 시간 이 때를 기다려 왔기 때문입니다. 7절 말씀이야 말로 무어라고 표현할 수 없는 영광입니다. 하지만 사단은 그렇지가 않습니다. 이제 자기 때가 다 된 것을 생각하니 화가 날 때로 납니다. 그래서 결국은 나중에 한바탕 소란을 피웁니다.(계 12장)

8절

책을 취하시매 네 생물과 이십사 장로들이 어린 양 앞에 엎드려 각각 거문고와 향이 가득한 금 대접을 가졌으니 이 향은 성도의 기도 들이라

예수님께서 인봉한 책을 받으니 악기로 찬양과 기도가 시작됩니다.

하늘나라에서 무슨 기도냐고 생각하겠지만 하늘나라에서 성도들은 하나님께 찬양과 영광을 돌려 드리는 것이 전부인 것입니다.(계 8:3~5) 이제 일곱 인을 떼기 전에 감사와 기쁨과 감격의 예배가 시작됩니다. 부활과 들림받은 사람들의 두 번째 예배가 됩니다. 4장의 예배는 예비하신 그곳에 입성해서 첫 감사와 찬양 예배이고, 5장의 예배는 인봉할 책을 받으므로 감사 기도의 찬양인 것입니다.

<u>9절~10절</u> 먼저 사람이 기도와 찬양을 예수님께 드리는 그 내용이

9절과 10절에 기록되어 있습니다. 여기서 사람들이 들림 받아서 찬양하고 있다는 확신이 있습니다. "사람들을 피로 사서 하나님께 드리시고 저희로 우리 하나님 앞에서 나라와 제사장을 삼으셨으니 저희가 땅에서 왕 노릇 하리다." 이것은 분명히 사람들이 하는 말입니다. 그래서 7년 환난 전에 들림받는다는 것과 1차 부활한 성도들이 확실한 말씀입니다. 또한 왕 노릇한다는 것은 왕이 된다는 것이 아니라 왕처럼 권력 있는 것을 말하며 왕처럼 권위 있는 생활을 한다는 것입니다.

11절~12절

11절 내가 또 보고 들으매 보좌와 생물들과 장로들을 둘러선 많은 천사의 음성이 있으니 그 수가 만만 이요 천천이라
12절 큰 음성으로 가로되 죽임을 당하신 어린 양이 능력과 부와 지혜와 힘과 존귀와 영광과 찬송을 받으시기에 합당 하도다 하더라.

천사들이 찬양을 합니다. 천사들은 보좌와 생물 장로들 주위에 둘러 서 있습니다. 여기에 나오는 보좌는 성도들이 앉는 보좌입니다. 들림받은 사람과 부활한 사람들은 보좌에 앉아서 하나님께 감사기도와 찬양을 하나 천사들은 주위에 서서 들림받은 성도들을 섬기기 위해 서 있는 것입니다. 그리고 사람들의 찬양과는 다른 말로 찬양합니다. 그저 평범한 찬양입니다. 피와 구원 제사장 왕 이런 말이 없습니다. 천사는 죽임을 당하신 어린 양이 능력과 지혜와 힘과 존귀와 영광과 찬송을 받으시기에 합당하다고만 합니다. 이제 여기서부터 천

사들은 하나님의 나라에 자녀된 사람들의 시중을 들어야 합니다.

13절

내가 또 들으니 하늘 위에와 땅 위에와 땅 아래와 바다 위에와 땅 아래와 바다위에와 또 그 가운데 모든 만물이 가로되 보좌에 앉으신 이와 어린 양에게 찬송과 존귀와 영광과 능력을 세세토록 돌릴 찌어다

만물들이 찬양을 합니다. 만물은 무엇입니까?(느 9:6) 하나님께서 지으신 땅 위의 모든 것을 말합니다. 이 만물이 때가 가까왔다고 벧전 4장 7절에 말씀하고 있습니다. 이 만물이 지금 피난처에 가 있습니다. 대환난 때에 각종 무기로서 파괴되고 오염되어 없어지기 때문에 만물을 보존하기 위해서 필요한만큼 피난시키신 것입니다. 노아의 때와 같습니다. 계 21:5절에는 만물을 새롭게 하신다고 하십니다. 그래서 성령이 충만한 분들은 체험을 했을 것입니다. 세상 만물 모두가 빛을(사람이 만든 것 제외) 발하며 하나님을 찬양하고 영광을 항상 하나님께 돌리는 것을요. 인간들의 무자비한 자연의 파괴로 오염될 것이기 때문에 피난시키신 것입니다. 이 만물들이 지금 피난처에서 하나님과 예수님께 영광을 돌리고 있습니다. 성령 충만할 때에 만물 모든 식물이나 동물이나 길가에 돌멩이들도 금빛 은빛을 발하며 하나님을 찬양하는 광경을 볼 수 있습니다. 이런 환상을 볼 때는 기쁨의 눈물이 절로 나옵니다. 이렇게 만물 모두가 지금도 하나님을 찬양하고 감사를 하지만 만물의 영장인 사람들은 이 만물을 해치며 하나님께 감사하지 아니하고 하나님의 뜻을 거역하고 있는 모습을 볼 수 있습니다.

14절

네 생물이 가로되 아멘 하고 장로들은 엎드려 경배하더라.

사람, 천사, 만물들의 찬양이 끝나니 예수님은 아멘 하고 사람들은 엎드려 경배하므로 인을 떼기에 앞서 하나님께 드리는 의식과 예배가 끝나고 인을 떼기에 모든 준비가 완료되었습니다. 이제 예수님께서는 인을 떼기 시작하므로 지상에는 대환난이 시작됩니다. 이 환난은 아담과 하와가 범죄하므로 사단에게 넘겨준 우주만물을 사단으로부터 돌려받을 때에 주겠다고 한 계약입니다. 여기에서 우리가 깨닫고 알아야 할 것은 하늘나라에서나 우리가 살고 있는 이 우주에서나 무슨 일을 할 때는 처음에 꼭 하나님께 먼저 예배를 드려야 한다는 것을 알 수 있습니다. 하늘나라에서는 예수님이 제사장이 되어 예배를 드리지만 이 우주에서는 예수님의 영이신 성령님의 인도함으로 예배를 드려야 한다는 것입니다.

4장, 5장 후론

4장, 5장에서 환난 전에 들림이 있다는 확신을 가지게 됩니다. (계 5:8~10) 여기서 확신을 얻지 못하면 환난을 통과해야 합니다.

눅 21장 34~36절에는 환난을 피하고 주님 앞에 서도록 깨어 있으라고 당부하십니다. 계 3장 10절에도 빌라델비아 교회에 시험의 때를 면케 하리니 이는 장차 온 세상에 임하여 땅에 거하는 자들을 시험할 때라고 기록하고 있습니다. 이 시험은 대환란을 가리키며 성령님께서 계시지 아니하는 지상에서의 시험이기 때문에 남아있는 사람들이 이기기엔 너무 힘든 것이고 목숨을 내놓아야 겨우 영혼이라도 구원받는 것입니다. 이것도 두루마기만 걸친 부끄러운 구원입니다.(계 6:9~11) 우리가 할 일은 이리로 올라오라고 나팔 불 때에 나팔소리를 들을 수 있도록 깨어서 기도하며 준비하는 것입니다. 우리가 대환난을 통과해야 한다면 계시록을 알려고 할 필요를 느끼지 못합니다. 그때 가서 적당히 되는 대로 대처하면 되니까요. 6장부터는 대환난 중에 어떤 일이 일어날 것인지 살펴봄으로 우리는 이 환난을 두려워 하여 미리 깨어서 기도함으로 환난을 통과하지 않고 환난을 피하는데 목적을 두어야 합니다. 사람들은 이 준비를 어렵게 생각합니다. 그러나 어려울 것이 없습니다. 성령 충만하면 됩니다. 그러면 어떻게 하면 성령 충만한 지 모르겠다고요. 이 책의 성령받는 방법을 참고하십시오. 그냥 성령 충만 받으면 됩니다. 성령 충만한 사람은 성령 충만한 사람을 알아봅니다. 이제 6장부터는 하나님 보좌 앞에 성령님, 들림 받은 사람 1차 부활한 사람 천사, 만물, 사단, 모두 모여 있는 자리에서 예수님께서 일곱 인을 하나하나 떼기 시작하십니다. 지상에서는 무시무시하고 잔인하고 혹독한 환난이 시작됩니다.

17부 요한계시록 6장

대 환난 시작 (적 그리스도 우두머리 출현)

서론

6장부터 10장까지는 전 삼년 반 11장부터 19장까지는 후 삼년 반 20장~22장은 환난 후의 일들로 분류하며 6장 흰말(활), 붉은말(큰칼), 검은말(저울), 청황색말(검, 흉년, 사망) 이것들이 등장하므로 대환난이 시작되고 대환난 중에 일어날 일들이 18장까지 기록되어 있습니다. 네 가지 색 말들과 그 탄자들의 활약할 일들이 있습니다. 네 마리의 말 탄 자가 할 일은 세상에 환난을 가져오는 것입니다. 네 마리 중에서도 흰 말 탄 자가 제일 악한 역할을 합니다. 미혹의 영입니다. 흰색은 평화 승리를 상징하며 사단 마귀가 평화 또는 그리스도로 가장한 것입니다. 그 탄 자가 활을 가졌으니 활은 쏘아 죽이는 무기입니다. 마지막 때에는 쏘아 죽이는 무기로 전쟁할 것을 예고합니다. 또한 이것은 사람을 죽이는 권한을 가졌다는 것이며 하나님 말씀을 대적하고 예수 그리스도를 대적하는 적그리스도의 영들이고 미혹의 영이며 세상적으론 큰 세력들이며 이 세력이 처음에는 승리할 것을 예언하는 것입니다. 그러나 마지막에는 이기고 이기려고 하지만 **19장 흰 말 탄 예수님으로 하여금 멸망 당합니다.** 지금 이미 이 세상에는 이 불의의 세력들이 득세하고 있습니다. 이기려고 준비를 한 것입니다. 이 흰말 탄 자의 시작으로 인해서 세상에는 하나님의 진리가 아닌 것들이 진리인양 평화를 앞세워서 사람의 마음속에 사랑을 제하여 버리니 다음은 전쟁으로 이어집니다. 그런데 많은 사람들이 이 흰말에 탄 자가 예수님이라고 해석하는 사람들이 많습니다. 주해서 또는 성경 밑 낱 말 해석 놓은 곳에도 이렇게 글을 올려놓았습니다. "흰말은 복음의 메시지가 승리를 거두며 활발하게 전파될 것을 상징한다. 또는 어떤 주해서는 흰말 탄 자는 예수님이다. 그 이유로는 계 19장 11~16절 여기에 **흰말 탄 자가** 예수님이기에 6장 2절에 흰말 탄 자도 예수님이다 라고 합니다. **19장 흰말 탄 자는 예수님이라는 것을 확실히 알 수 있습니다. 그 흰말 탄 자가 충신이고 진실이며 공의로 심판하고 많은 면류관을 가지고 있고 피 뿌린 옷을 입고 그 이름은 하나님의 말씀이고 그 입에서 이 한 검이 나오고 그것으로 만국을 치겠고 그 옷에 만왕의 왕이고 만주의 주라고 하며 그 따르는 군대는 희고 깨끗한 세마포를 입고 백마를 타고 그를 따른다고 하십니다.** 분명히 예수님입니다. 완전한 승리자입니다. 그런데 6장에 나오는 흰말 탄 자는 그 모습도 없으며 그냥 활을 가지고 면류관도 가지고 있는 것이 아니라 "받고 나가서 이기고 이기려고 하더라" 활이란 쏘는 무기입니다. 이제 앞으로는 쏘는 전쟁을 할 것을 예고 하는 것입니다. 흰말 탄 자는 쏘는 활을 무기로 하는 전쟁을 가져오는 최고의 악신입니다. 예수님의 무기는 말씀의 이 한 검 하나님의 말씀이 무기지 활같은 이런 조잡한 것들이 아닙니다. 19장에 흰 말 탄 자와 비교를 해보면 전혀 틀리다는 것을 알 수 있습니다. 예수님이 무슨 면류관을 받고 입니까? 예수님은 면류관을 가지고 계십니다. 그것은 남에게 줄 수도 있다는 말이 됩니다. 또 예수님께서 이기고 무슨 또 이기려고 합니까? 이미 예수님은 모든 것을 이기고 완전한 승리의 만왕의 왕이며 만주의 주입니다. 그러므로 6장에 흰말 탄 자는 예수님으로 허술하게 위장한 마귀 사단이라는 것을 분명히 알 수 있습니다. 평화 승리로 위장한 적그리스도입니다. 또한 6장에 네 마리의 말은 세상에 재앙을 주려고 예비된 악이 최후 발악하는 것들입니다. 붉은말 탄 자가 나타나서 세상의 화평을 제하니 이것은 사랑이 없어져서 서로 죽이고 전쟁을 하게 되며 그 전쟁으로 인해서 검은말 탄 자가 등장하는데 전쟁들을 하다 보니 세상의 경제가 어려워 져서 특히 식량난이 오는데 이 식량난으로 해서 청황색말 탄 자가 등장하며 많은 사람이 죽을 것을 의미하고 있습니다. 그런데 음부가 그 뒤를 따른다고 합니다. 음부는 죄지은 영혼들이 가는 곳입니다. 그럼 이때에 죽은 영혼들은 음부로 간다는 것입니다. 그 권세가 땅 사분의 일이라고 합니다. 많은 사람이 죽을 것을 예고하는 것입니다. 이 네가지 색 말과 그 탄 자는 사단의 최고 역사함을 예고하며 이 인류는 멸망의 길로 한층 더 가까이 가는 것입니다. 그러나 아직 핵무기는 사용치 않습니다. 이제 좀 더 악해져야 사용할 것입니다. 그때가 일곱 나팔 불 때입니다. 성경 말씀 중에는 대환난이란 직접적인 말씀은 없습니다. 그런데 어째서 대환난이 있다고 생각하며 믿는 것인지? 바로 6장부터가 대환난인 것입니다. 또한 다니엘서를 보시면 깨닫게 됩니다.(단 9장, 12장 참조) 그리고 이 대환난은 성령 충만하여 기도생활 제대로 하시는 분들은 해당이 되지 않지만 보혜사 성령님을 체험했더라도 미혹의 영에 이끌리는 사람들과 성령님을 거부해서 받지 못한 사람들, 자기의 지식과 지혜 학문으로 하나님을 이해하고 해석하여 성령의 음성을 듣지 못하여서 들림의 역사가 환난 중에 또는 대환난 후에 있다는 사람들이 겪어야 할 대환난입니다. 대환난은 하나님께서는 선민 백성인 이스라엘 유대 민족을 마지막으로 권면하여 구원하는 기간이며(십사만 사천 계 7장 14장 참조) 잘못을 하는 사람들과 믿지 않는 사람들에게 지상(땅)에서 육신을 심판하여 벌주는 기간이 되기도 하며 사단의 역사가 인류역사상 가장 막강한 때이기도 합니다. 또한 초림 예수님이 이 땅에 오셔서 하나님의 복음의 씨를 뿌리고 그 익은 곡식을 1차 부활과 들림의 역사로서 알곡은 예수님 곡간에 들이고 쭉정이들은 불태워 없애는 기간이기도 합니다. 보통 우리들은 안일한 마음에 사로 잡혀서 신앙생활을 합니다. 대환난 기간이 있다지만 설마 있으랴. 생각하며 설마, 나에게는 해당이 되지 않겠지 설마, 설마 하다가는 그 날이 도둑처럼 살며시 닥칠 것입니다. 그날에는 슬피 울며 하나님께 기도하며 부르짖어 봐도 소용이 없습니다.(마 25장 참조) 성령님께서 성도들과 함께 하나님 보좌 앞에 가서 하나님께 예배하고 계시니까.(계 4장, 5장) 지상에 계실 리가 없습니다. 성령님께서 지상에 계시질 않기 때문에 보혜사 성령님의 도움을 받지 못하여 기도가 상달이 되지 않습니다. 이 세상은 사단 마귀 귀신들만 뱀 굴처럼 우글거리게 됩니다. 성령 충만하여 들림받는 성도들과 죽어서 1차 부활할 사람들이 마귀의 미혹에 유혹되지 않도록 하기 위하여 이 글을 작성하기 때문에 6장부터 18장은 예수님을 확실히 믿고 성령 받아서 바르게 기도생활 하는 성도들은 대 환난을 깊이 생각지 않아도 됩니다. 머리만 복잡 해집니다. 6장에서 18장 사이에는 일곱 인봉 일곱 나팔까지는 인봉한 책의 계약대로 사단이 자기들의 권리로서 사람을 괴롭히는 일이고 일곱 대접(심판)은 하나님께서 벌주는 단계로서 이렇게 삼단계로 구성되어 있습니다.

6:1~2

1절 내가 보매 어린 양이 일곱 인 중에 하나를 떼시는 그 때에 내가 들으니 네 생물 중에 하나가 우레 소리 같이 말하되 오라 하기로

2절 내가 이에 보니 흰 말이 있는데 그 탄 자가 활을 가졌고 면류관을 받고 나가서 이기고 또 이기려고 하더라.

네 생물 중에 하나가 요한에게 큰소리로 요한아 잘 보아라고 말합니다.

이는 예수님께서 잘 보라고 말씀하시는 것입니다. 요한이 보니까 예수님께서 첫 번째 인을 떼니 **흰말** 탄 자가 나오며 **활**을 가졌고 **면류관**을 받고 나가서 **이기고 이기려고** 하더라. 이는 적그리스도의 완전 출현을 말합니다.(적그리스도는 예수님 당시에도 존재하고 계속 존재해 왔습니다) 적그리스도란? 악의 축이며 어떤 개인을 말하는 것이 아니라 예수님께서 그리스도이심을 부인하며 대적하는 큰 세력 무리를 말하

는 것입니다. 하나님의 진리 말씀을 거역하고 불의한 것이 옳다고 주장하는 세력들이 적그리스도인 것입니다. 다시 말해서 적그리스도란 악의 축인 것입니다. 이 적그리스도는 흰말을 타고 있습니다. 흰말은 평화 또는 승리를 상징합니다. 대 환란 기간에 이기고 이기려고 합니다. 그러나 결국 예수님의 재림으로 끝이 나고 마는 것입니다. 여기 흰말 탄 자와 계 19장 11절에 나오는 백마 탄 자를 같이 취급하면 큰 잘못입니다. 19장에 예수님은 완전 승리자인 예수님으로서 심판의 주로 오시는 만왕의 왕의 모습입니다 지금 예수님께서는 인을 떼고 계시는 분인데 여기에 뭐 하러 나옵니까? 예수님은 무슨 활을 가지고 그런 분이 아닙니다. 활은 쏘아 죽이는 무기입니다. 이때는 서로 쏘아 죽이는 무기로 전쟁할 것을 예고합니다. 예수님의 무기는 초림 때나 재림 때나 오직 하나님의 말씀입니다.(이 한검) 말씀으로 천지를 창조 하시고 말씀으로 승리하시지 칼이나 활이 아닙니다.(마 26:52에 검을 가지는 자는 검으로 망한다고 하심) 하나님 말씀을 잘못 해석하여서 여기 흰말 탄 자를 예수님으로 오해해서는 안 됩니다. 흰말 탄 자 적그리스도 세력이 지상에 확실히 윤곽을 드러내는 그 때부터 대환란은 시작됩니다. 그러나 지상에 있는 사람들은 이것이 적그리스도인지 구분하지 못하고 평화의 방법이라고 생각합니다. 이 세력은 평화를 외치며 나오기 때문입니다. 활을 가진 것은 죽이는 권세이며 면류관은 사단자신의 승리 면류관인 것입니다. 오늘날 잘못된 사람들을 구분 못하는 것과 똑같습니다. 잘못된 사람들도 하나님의 말씀을 전하며 주의 사랑 주의 사업 한답시고 분주하기 때문에 분간하기가 어렵습니다. 제일 쉬운 분별 방법은 성령의 사역을 훼방하거나 성령받기를 거부하는 지도자, 목회자, 신도들은 적그리스도의 종이 될 확률이 높습니다. 앞으로(현재 2003년) 세상의 지도자 우상의 종교 지도자들과 교회의 지도자들은 하나같이 평화를 외칩니다.(다원주의) 그래서 기독교가 불교와 이슬람교 기타 모든 종교 지도자들과 평화의 화친을 맺으려고 할 것입니다. 이것을 적그리스도가 이용하는 것입니다. 그러므로 세상의 평화라는 말은 좋습니다. 그 속에는 사단이 둥지를 틀기 딱 좋은 조건입니다. 어찌 하나님과 사단의 종교들과 공존하여 평화할 수 있겠습니까?

3절 4절 둘째 인을 떼니 붉은말이 나옵니다. 붉은말을 탄 자가 화평을 제하고 서로 죽이게 하고 큰 칼을 받았다고 합니다. 이는 전쟁을 말합니다. 첫째 인을 뗄 때는 적그리스의 세력이 나타나서 평화를 주장하고 미혹 하지만 실제로는 적그리스도의 세력이 실권을 잡기 위해서 많은 환란이(전쟁) 있어야 그 자리가 더욱 확고하게 됩니다. 그러므로 세상의 문제를 해결하고 여러 가지 일들을 평화라는 방법으로 해결하려 할 것입니다. 사람들은 이것을 칭송하게 되고 악의 축인 적그리스도의 사상을 따르게 됩니다. 큰 칼은 큰 전쟁을 말합니다. 적그리스도는 이런 것들을 평화적으로 잘 해결할 것입니다. 그러므로 우상이 되는 것입니다.

5절 6절 셋째 인을 떼실 때 검은말이 나오며 저울을 가지고 있습니다.

이는 기근이 오므로 굶주림과 경제적 어려움을 예고합니다. 이때는 전쟁의 후유증으로 세계의 땅이 각종 화학 물질로 인하여 오염되고 기상이변으로 농사가 흉년이 되고 식량 구하기가 극히 어려워집니다.

(기상이변은 2003년 지금도 징후가 보이고 있음) 우리나라에 보릿고개라는 말이 있습니다. 지금 젊은 세대는 모르는 말이지만 이 보릿고개가 얼마나 고통스러운 것인지 겪어본 사람만이 잘 알 것입니다. 지금 이때도 배고프고 굶주림으로 죽을 것을 말해 주고 있습니다. 고문 중에 배고프게 굶기는 것과 잠못 자게 하는 고문이 제일 어려운 고문이라고 합니다. 감람유와 포도주는 해치 말라고 말씀하십니다. 감람유와 포도주는 하나님께 제사드릴 때 필요한 성물입니다. 또한 참 감람나무는 이스라엘을 상징하며 이방인은 돌 감람나무로 표현되어 있습니다.(롬 11:13~24) 그러므로 아직까지는 지상에 남아 있는 기독교인들의 박해가 심하질 않습니다. 아직까지는 예배드리는 것과 예배에 필요한 모든 것을 해하는 것을 행하지 않지만 그러나 아담이 모든 것을 내어 줄 때에 사단과의 계약조건 때문에 하나님께서도 어쩔 수 없는 대환란은 왔습니다.

<u>7절 8절</u> 넷째 인을 떼니 청황색말이 나오며 그 탄 자의 이름은 사망이라 음부가 뒤를 따르며 땅의 사분의 일의 권세를 가지며 전쟁 역병 흉년 땅의 짐승으로써 죽인다고 함은 적그리스도로 인해서 사랑이 없어지고 전쟁 기근이 발생하여 많은 사람이 죽을 것을 예고합니다. 사망이란 육신의 죽음을 말하며(육신과 영혼이 분리되는 것) 음부는 죄 있는 자들의 영이 가는 곳입니다. 그러므로 여기에서 죽은 자들은 낙원으로 못가고 많은 영혼들이 음부로 간다는 것입니다. 예수를 믿지 않고 또는 적그리스도와 타협한 사람들은 지옥의(영원한 죽음을 말함) 대기소인 음부로 간다는 것입니다. 전쟁의 후유증은 점점 더해가고 식량 파동은 극에 달하고 화학 무기들의 피해로 병까지 극성을 부

려 많은 사람이 죽을 것을 예고합니다.

9절~11절 다섯째 인을 떼니 하나님을 믿으나 성령 충만하지 못하여 들림 받지 못하고 무더기로 죽임을 당한 영들이 제단 아래에서 원수를 갚아 달라고 말하고 있으며 흰 두루마기를 얻어 입고 있습니다. 그러나 주님께서는 쉬고 있으라고 하시며 수가 차기까지 기다리면 원수를 갚아 주겠다고 하십니다.(7곱 대접 심판 때) 이 영들은 대환난 첫째, 둘째, 셋째, 넷째인 때에 죽은 영들로서 전쟁과 기근 온역으로 죽임을 당한 영들이며 육체는 오지 못하고 겨우 영만 와서 보좌에 앉지도 못하고 제단 아래에서 보좌에 앉아 있는 들림받은 사람들을 바라보며 애원하는 것입니다. 그리고 세마포를 입은 것도 아니고 알몸으로 와서 부끄럼도 모르고 원수를 갚아 달라고 졸라 대니 보기가 흉해서 주님께서는 겨우 흰 두루마기를 나누어 주어서 속이 안보이게 수치만 면하게 했습니다. 이들은 수치도 모르고 원수를 갚아 달라고 애원하고 있는 부끄러운 모습입니다. 이 영들은 마 25장 1~13절 나오는 열 처녀 비유에 기름준비 못한 사람입니다. 다시 말해서 성령을 받았더라도 아주 미약해서 잘못된 사람들의 가르침을 받다 보니 들림을 받지 못한 사람과 지금 성령 받아야 만이 이 환란을 피한다고 해도 전혀 말을 듣지 않고 학문과 인간의 지식으로 예수님을 이해하고 믿는척 하다가 환란을 피하지 못하고 늦게나마 깨닫고 겨우 고생 끝에 전쟁과 기근 온역으로 죽임을 당해서 그 영만 겨우 온 것입니다. 사실 이렇게라도 되려고 얼마나 많은 고생과 고통을 당했겠습니까? 우리는 조금 더 정신 차려서 바라보면 이런 부끄러운 구원이 아니라 일찍 들림을 받아서 주님의 신부와 같은 큰 영광을 누릴 수 있지만 미혹하는 영들의 유혹을 분별하지 못하고 세상 물질과 권력 명예 욕심을 사랑하므로 그런 것들이 우상이 되어서 깨닫지 못하는 것 입니다.

<u>**12절~17절**</u> 여섯째 인을 떼니 지진이 나며 해가 검어지며 달이 피와 같이 되며 하늘의 별들이 땅에 떨어지며 하늘은 종이 축처럼 떠나가고 산과 섬이 옮기우고 이렇게 천재지변이 일어나니 땅에 거하는 권세자들은 주 앞에 회개하고 돌아올 생각은 하지 못하고 바위틈에 숨어서 산과 바위 보고 자기들을 예수님의 진노에서 숨겨달라고 말하는 어리석은 인간들을 말합니다. 다섯째 인까지는 인재로 인해서 해를 받았는데 여섯째인은 자연의 재해를 말합니다. 이제까지 없었던 강한 지진으로 섬들이 사라지고 이 지진으로 인해서 해일이 세계를 강타하고 폭우와 태풍으로 지구와 인류는 아수라장이 됩니다. 예를 들어 일본이라는 나라는 신사라는 우상을 우리나라 기독교인들에게 강요하고 참배하게 하고 나쁜 짓만 골라서 하는 일본을 하나님께서는 왜 그냥 놓아두는지 알 수 있습니다. 이때에 쓸어버릴 것입니다. 그래서 일본 나라의 사람의 이름을 따서 해일을 쓰나미라고 미리 이름 지어놓았습니다. 이 쓰나미(일본 사람 이름)가 그들의 나라를 강타할 것입니다. 큰 지진 화산 폭발로 인해서 일본 열도를 쓸어 청소해 버릴 것입니다. 물론 일본 뿐 아니라 세계가 온전하질 못합니다. 화산의 폭발로 인해서 햇빛을 가리고 태풍 비 온갖 재난이 닥치는데도 부자들과 권력자와 하나님 앞에서 자유를 좋아하는 이기주의자들은 자기들의 착각 속에 빠져서 하나님께 회개하지 아니하고 자기들이 만들어 놓은 대피소에서 하나님의 진노를 물리쳐 달라고 자기들의 우상에다가 비는 어리석은 짓을 하는 것입니다.

18부 요한계시록 7장

여섯째 인과 일곱째 인 사이의 (중간) 장면 십사만 사천 명

1절~4절

1절 이 일 후에 내가 네 천사가 땅 네 모퉁이에 선 것을 보니 땅
의 사방의 바람을 붙잡아 바람으로 하여금 땅에나 바다에
나 각종 나무에 불지 못하게 하더라.
2절 또 보매 다른 천사가 살아 계신 하나님의 인(印)을 가지고
해 돋는 데로부터 올라와서 땅과 바다를 해롭게 할 권세를
얻은 네 천사를 향하여 큰 소리로 외쳐
3절 가로되 우리가 우리 하나님의 종들의 이마에 인치기까지
땅이나 바다나 나무나 해하지 말라 하더라.
4절 내가 인 맞은 자의 수를 들으니 이스라엘 자손의 각 지파
중에서 인 맞은 자들이 십사만 사천이니

네 천사가 네 모퉁이에 선 것을 보며 사방의 바람을 붙잡아 바람으로 하여금 각종 나무나 땅이나 바다에 불지 못하게 하는 것은 인재나 자연의 재해가(바람은 전쟁으로 해석할 수 있습니다.) 일어나지 못하게 하여 그 사이에 하나님의 인 치시는 작업을 하신다는 것입니다. 이때는

성령님이 계시질 않기 때문에 복음을 전하기도 힘들고 전하려고 하는 사람도 별로 없습니다. 그래서 하나님께서는 이스라엘 민족을 장자의 민족으로 마지막 이삭줍기 작업을 하시는 것입니다. 천사가 와서 이스라엘 민족의 12지파대로 만 이천 명씩 선택하여서 십 사만 사천 명에게 하나님의 인을(도장) 쳐서 복음을 전하여 구원하고자 합니다.(4절) 그러므로 십 사만 사천은 이스라엘 12지파 민족에게 해당되며 이방인인 타민족에게는 해당이 없습니다. 또한 이들은 전부 남자이며 간음하지 않고 깨끗한 자들입니다.(계 14:4 참조) 그리고 십 사만 사천 명은 하나님의 인을(택함) 받았기 때문에 사역이 끝나는 전 삼년 반 끝날 무렵에 들림 받습니다. 십 사만 사천 인 맞은 이들이 복음을 전할 때는 세상 모든 것이 어렵기 때문에 성령의 사역이 없어도 복음을 받아드리는 사람들이 많습니다. 이들은 후 삼년 반을 통과하면서 순교도 당하고 합니다. 십 사만 사천 명은 세계 곳곳에서 복음을 전합니다. 십 사만 사천 명을 통해서 복음을 받고 구원받는 자들의 수가 많다는 것이 계 7장 9절부터 소개됩니다. 이스라엘 민족은 유대교로서 하나님은 믿지만 그리스도인 예수님을 믿지 않는 자들입니다. 이들은 세계 각처에 거주하고 있으며, 또한 이들은 물질도 많이 가지고 있습니다. 하나님께서는 이런 조건들을 이용해서 복음을 전하시는 것입니다. 그러므로 십 사만 사천은 이스라엘 민족에게만 해당됩니다.(4절) 그리고 땅 끝까지 복음이 전해지면 예수님 재림하신다는 말씀은 이스라엘 민족이 땅 끝인 것입니다. 이스라엘이 점 점 예수님에게로 돌아오고 있습니다.(2003년 현재) 5절~8절 이스라엘 지파별로 하나님의 인 맞을 자의 수를 기록하고 있습니다. 이들을 합치면 십 사만 사천 명이라는 것입니다. 여기서 분명한 것은 이스라엘 지파별로 하나님의 인을 나누어서 맞는 것인데 이방인은 분명히 여기에 속하지 아니합니다. 그리고 십 사만 사천 명은 여자가 아니고 남자라는 것입니다. 계 14장 4절에는 이 사람들은 여자로 더불어 더럽히지 아니하고 정절이 있는 자라고 합니다.(계 14:1절~4 참조) 이 때에는 세상이 험악하기 때문에 연약한 여자는 복음을 전하는데 어려움이 많기 때문에 남자만 택하시는 것입니다. 사이비 이단들은 십 사만 사천이 영적인 십 사만 사천이라서 자기들 교단이나 교회에 나오며 자기들의 말을 들어야 십 사만 사천 명 안에 들어서 들림받는다고 유혹합니다. 이러한 이단들에게 속지 말아야 합니다. 지금 이 땅에 이런 사이비 이단들이 너무나 많습니다. 요한계시록을 가르친다고 하면서 이런 헛소릴 하고 있습니다. 조심해야 합니다. 심지어는 정통교단들과 성경 밑에 해설을 달아놓은 사람들까지도 헛소릴 합니다.

<u>9절~17절</u> 순교 당한 자들이 영만 하나님 보좌 앞에 서서 하나님을 찬미하고 있습니다. 요한계시록 말씀을 여기까지 정리를 해보면 7년 환난 전에 부활한 사람들과 들림받은 사람들은 예수님 신부의 자격으로 거룩한 몸이 되어서 면류관을 쓰고 세마포를 입고 보좌에 앉아서 하나님을 찬양하며 왕같은 권한을 받은 이십사 장로의 모습이며 그 앞에는 바다처럼 많은 사람들이 있습니다.

그러나 7년 환난을 통해서 순교 당하고 또는 순교가 아니고 의미없는 죽음을 당한 사람들의 영혼 올라와서 예수님으로부터 겨우 흰 두루마기를 얻어 걸치고 보좌 밑에 서서 있습니다. 초라한 모습입니다. 십 사만 사천 인 맞은 사람들로부터 전도 받아서 이삭줍기로 영만 올라 온 사람들도 보좌 앞에 서서 난처한 모습으로 겨우 하나님을 찬양하고 있습니다. 그러나 이들은 흰옷을 입고 있습니다. 흰옷을 입었다고 하는 것은 행위로 거기에 온 것입니다. 이들은 환난 속에서 들림 받는 사람들도 보았고 환난 중에는 성령님의 도움도 없고 하니 행위에 많은 중점을 두고 예수님을 믿은 것입니다. 그러니 주님께서 우선 천막을 처서 거하게 하시고 이제는 주리지도 않고 목마르지도 않고 각종 살인 무기로 뜨겁게 해를 당하지도 않을 것이라고 위로를 하시는 것입니다. **15절** 이들은 또 장막에 있습니다. 장막이란 임시 거하는 처소입니다. 언제인가는 또 다른 곳으로 옮겨가야 하는 유랑자들이 거하는 곳이 장막입니다. 그러므로 장막이란 좋은 것이 아닙니다. 우리 아버지이신 하나님의 나라에 와서 천막에 거한다는 것은 분명히 부끄러운 것입니다. 이 사람들은 상급도 없고 면류관도 없고 신랑이 되어야 할 예수님이 이들에게는 목자가 됩니다. 목자와 신랑의 차이는 실로 큰 차이입니다. 16절에는 이들은 땅에 살면서 환난으로 인해서 병에 시달리고 멸시 받고 굶주리고 살았기 때문에 이제 주리지도 않을 뿐더러 눈물을 씻어 주신다는 것입니다. 우리는 이런 부끄러운 반열에 서지 말고 깨어 있어서 7년 환난 전에 들림받아 영광의 보좌에 앉으며 신부와 같은 자격으로 하나님을 섬기는 성도가 되어야 합니다. 이들은 왕같은 당당함도 없고 권한도 없는 그저 하늘나라에 겨우 들어와서 눈치만 살피는 것입니다. 이것도 다행한 것이지만 부끄러운 영혼만의 구원입니다. 그래도 하나님을 조금이라도 알았기 때문에 하나님께서는 끝까지 하나님의 방법으로 구원을 하시고자 하시는 것입니다. 부끄러움은 영원히 따라 다니는 것입니다. 십사만 사천 인 맞아서 사역한 사람들은 죽지 않고 들림 받는 그 모습이 계 14장에 기록되어 있습니다.

19부 요한계시록 8장

핵전쟁과 세균탄 사용화 3번 더 있을 것 예고

<u>1절~5절</u> 일곱째 인을 떼니 하늘이 반 시진(잠깐 동안) 동안 고요 하다고 했습니다. 우리는 태풍 전야에 고요함을 가끔 보았을 것입니다. 이제 본격적으로 견디기 힘든 환난이 시작되기 위하여 잠깐 조용한 것입니다. 여기에서는 이제 들림 받은 사람들과 순교 당한 사람들 이삭줍기로 올라 온 사람들이 열심히 기도하므로 하나님께서 믿는 사람들을 핍박한 원수들을 벌주시는 것입니다. 여섯째 인까지는 그래도 견디어 왔는데 일곱째 인은 아주 혹독한 환란이 시작되는 것입니다.

이 일곱째 인 속에 일곱 나팔의 환란과 일곱 대접의 심판이 있기 때문입니다. 지금까지 지켜보던 1차 부활한 사람들과 들림 받은 사람들은 이 일곱 나팔 일곱 대접 심판이 가져다 줄 고통을 보고 더욱 열심히 기도할 수밖에 없는 것입니다. 그러나 아무리 기도를 해도 재난은 피해 가지 않고 닥쳐옵니다. 다만 첫째에서 여섯째 인까지를 떼

는 시기에라도 예수의 구원을 깨닫고 적그리스도와 대적하여 순교당해서 영이라도 겨우 구원 받는 것이 본인의 판단에 있습니다.

6절~7절 첫째 나팔을 부니 피섞인 우박과 불이 나서 땅의 삼분의 일이 타고 수목과 풀이 삼분의 일이 사라집니다. 이것은 핵(수소탄) 전쟁을 가리킵니다. 핵무기를 발사하면 그 열이 공중에서 발생하여 수증기와 만나 냉각 되어서 우박이 온다고 합니다. 이 전쟁은 둘째인을 뗄 때에 발생한 전쟁과는 다른 것입니다. 그때는 부분적으로 전쟁을 해서 그래도 본격적인 핵을 사용하질 않았습니다. 평화, 평화 하면서 적당히 했는데 적그리스도가 이때부터는 자기의 세력을 더욱 확장하기 위해서 정면으로 하나님을 섬겼던 국가와(미국 영국 이스라엘 등등) 들림 받지 못한 기독인들을 상대로 전쟁을 하는 것입니다. 핵전쟁은 선재 공격이 매우 중요합니다. 이제부터 적극적인 핵전쟁이 시작됩니다. 이때를 위해서 그동안 여러 국가들이 앞 다투어 핵무기를 개발하여 보유해왔습니다. 첫째 나팔부터가 예수 믿는 사람들이 견디기 힘든 고통이 주어집니다. 하나님을 섬기던 국가와 우상을 섬기는 국가와 하나님의 말씀을 말살하는 국가 간에 전쟁이며 또한 기독인과 비기독인들의 전쟁이 되는 것입니다. 결국은 종교 전쟁입니다.

8절~9절 둘째나팔을 부니 불붙은 큰 산과 같은 것이 바다에 던지우매 바다의 삼분의 일이 피가 되고 물고기 삼분의 일이 죽고 배들의 삼분의 일이 파손된다는 것입니다. 그러면 이 큰 산 같은 것은 무엇이겠습니까?

혜성이 바다에 떨어져 충돌하는 것이라고 할 수도 있습니다. 이 여파로 해서 해일이 일어나고 바다에 떠 있던 배들이 부서지고 항구들이 침몰되는 환난이 일어날 것입니다. 그러므로 적그리스도 국가에서 기독국가를 향해서 핵폭탄을 탑재한 미사일을 발사하니 그 나라에서는 요격 미사일로 격추 시켜서 이것이 바다에 떨어지는 것일 수도 있습니다. 그 위력이 엄청나서 바다의 생물이 삼분의 일이 죽고 해군의 배들이 삼분의 일이 파손되는 장면을 생각할 수 있습니다.

10절~11절 셋째 나팔을 부니 횃불 같이 타는 큰 별이 하늘에서 떨어지니 강물 삼분의 일과 물 샘에 떨어져 물들의 삼분의 일이 쑥이 되어 그 물이 쓰게 되어 많은 사람이 죽는다고 합니다. 이는 세균 폭탄이라고 생각합니다. 세균탄이 물을 오염시켜서 물을 마시는 사람들이 죽고 물 전쟁이 일어 날 것입니다. 이 때에는 오염되지 않은 물 구하기가 어려울 것입니다.

12절~13절

12절 여러 가지재앙으로 인해서 공기가 오염되어 해를 가리고 공기가 오염되어서 숨쉬기조차 곤란할 것을 예고하는 것이며 공중에는 각종 먼지로 인해서 태양의 빛을 가리고 이 오염 물질로 인해서 수증기가 올라가지 못하니 비오는 것도 일정치 못하고 모든 것이 하나님께서 창조 하신대로 되지 아니하고 혼란을 겪는 아비규환의 시대가 되는 것입니다. 그 징조는 지금도 우리주위에 나타나고 있습니다.

13절 내가 또 보고 들으니 공중에 날아가는 독수리가 큰 소리로 이르되 땅에 거하는 자들에게 화, 화, 화가 있으리로다. 이 외에도 세 천사의 불 나팔 소리를 인함이로다 하더라.

앞으로도 세 번 더 화가 있을 것을 예고하고 있습니다. 고통스럽고 괴로운 일이 사람에게 있을 것이라는 것입니다. 대환난 시대에는 사람으로서 살기 어려운 그런 시대입니다. 이 환난에 참여한다는 것은 너무 고통스럽기 때문에 잘못하면 적그리스도와 타협하고 하나님을 떠날 것이기에 믿는 자들을 환난 전에 주님께서는 우리를 데려가는 것입니다. 세 번의 화는 다섯째 나팔과 여섯째 나팔 일곱째 나팔 불 때에 행해질 재앙입니다.

20부 요한계시록 9장

황충의 고통과 사람 삼분의 일이 죽는 재앙

1절~12절

다섯째 천사가 나팔을 불매 내가보니 하늘에서 땅에 떨어진 별 하나가 있는데 저가 무저갱 (武底坑) 의 열쇠를 받았더라.

다섯째 나팔을 불매 땅에 떨어진 별 하나가 있다고 합니다.

이 땅에 떨어진 이 별이 천사라고 하는 사람 또는 예수님이라고 하는 사람 또는 이단자들은 자기를 가리킨다고 설명하는 사람들도 있습니다. 하지만 이 별은 타락한 천사로서 사단입니다. 예수님이나 천사는 땅에 떨어지지 않습니다. 이 타락한 천사가 나오는 것은 8장 13절에 말한 세 번의 화중에 첫째 화가 되는 것입니다. 9장 전체를 볼 때 이 천사가 첫째 화를 가져오는 사단입니다. 하나님께서는 그 사탄에게 각종 마귀들을 가두어 둔 무저갱 즉 음부의 감옥 열쇠를 주어 열게 하십니다. 열쇠를 주기로 이미 계약서인 인봉한 책에 정해져 있기 때문에 하나님께서 주시지 아니 할 수가 없습니다.(벧후 2:4, 유 1:6) 저가 무저갱을 여니 구멍에서 연기가 올라와서 이 연기로 인해서 어두워지며 또 황충이 연기 가운데서 나오고 이것들이 전갈처럼 쏘는 권세를 가졌다고 합니다.

그러나 황충은 괴롭히는 권세만 있지 사람을 죽이는 권세는 없습니다. 말이 쉽지 이제까지 이런 저런 방법으로 고통을 당해오는데 이제 이 황충의 고통은 순교를 당하고 싶어도 그럴 수 없고 오직 고통 속에서 살아야 합니다. 죽고 싶어도 죽을 수 없다는 것입니다. 이런 고통 속에서 사단(적그리스도)에게 항복하지 않고 견디겠는지? 또한 황충의 흉악한 모습은 계 9장 7~11절에 잘 설명하고 있습니다. 이들은 하나님 인 맞은 자들은 해하지 못하고 하나님 인 맞지 못한 사람만 해할 권세를 가졌습니다. 여기에서는 인 맞은 사람은 십 사만 사천 명을 가리킵니다. 이것은 첫번째 화로서 지금 하나님 보좌 앞에서 기도하는 사람들의 기도를 들어 주시는 것입니다.(계 9:12) 그때 지구에는 복음을 전하는 유일한 하나님의 인 맞은 십 사만 사천 명이 있습니다. 하나님께서는 이들을 해하지 못하게 막고 있습니다. 이 황충들의 우두머리가 지옥 무저갱에서 나온 파괴자라는 것입니다.

12절

첫째 화는 (禍) 지나갔으나 보라 아직도 이후에 화 둘이 이르리로다.

13절~21절 여섯째 나팔을 불 때 유브라데 강에 결박한 네 천사를 놓아 주라고 합니다. 이 네 천사는 타락한 천사들로서 전쟁의 천사(사단)입니다. 둘째 화로서 이들은 년 월 일 시(한순간)에 지구 인구의 삼분의 일을 죽일 수 있는 권세가 있습니다. 지금까지 이래저래 죽어 나는 사람의 수가 셀 수도 없이 많은데 또 인구의 삼분의 일을 죽이는 사단의 권세입니다. 이들은 적그리스도를 중심으로 연합하여 이제 그 정체를 드러내기 위해서 무력으로 힘을 과시하는 것입니다. 이 전쟁으로 인해서 하나님께서 쓰시던 나라가 무능해지고 이제 적그리스도의 발판인 적그리스도의 연합군의 통치하에 들어갑니다. 이것이 후 삼년 반의 적그리스도의 때입니다 이제부터는 예수님을 믿을 수 없는 시대가 되고 오직 적그리스도의 인 맞은 자들만이 살 수 있습니다. 이 천사들의 모습은 17절~19절에 기록되어 있으며, 이런 재앙을 당하고도 사람들은 하나님께 회개하지 않고 오히려 귀신과 우상에게 절하며 살인하고 점치며 음행한다고 합니다. 이유는 보혜사 성령님께서 계시지 않기 때문에 깨닫지 못합니다. 한마디로 세상에는 하나님의 법은 없고 사단의 법 무질서 그 자체입니다. 인간은 하나님께서 지으시고 생명을 주신 것인데(**창 1:26~28 참조) (창 2:7 여호와 하나님이 흙으로 사람을 지으시고 생기를 그 코에 불어 넣으시니 사람이 생령(生靈)이 된지라)** 하나님을 알아보지 못하고 마귀에게 속아서 사단에게 죽임을 당하고 있는 것입니다. 아담이 범죄하므로 하나님께서는 인간 모두를 구원하고자 예정하셨던 것입니다. 이것이 예정론입니다. 이것을 사단은 방해하고 있는 것입니다.

21부 요한계시록 10장

일곱 대접심판과 후 삼년반의 예고

1절

내가 또 보니 힘센 다른 천사가 구름을 입고 하늘에서 내려오는데 그 머리 위에 무지개가 있고 그 얼굴은 해 같고 그 발은 불기둥 같으며

힘센 다른 천사가 구름을 입고 하늘에서 내려오는데 그 모습은 머리 위에는 무지개가 있고 얼굴은 해 같고 발은 불기둥 같고, 힘이 센 천사는 능력이 있는 것을 표현한 것이고 무지개는 언약을 말하며 얼굴은 해 같다고 함은 빛은 어두움을 사라지게 하는 능력을 말하며 발은 불기둥 같다고 함은 태워 소멸할 수 있는 능력을 말합니다.

2절

그 손에 펴 놓인 작은 책을 들고 그 오른발은 바다를 밟고 왼발은 땅을 밟고

바다와 땅은 세상을 그대로 말하는 것입니다. 작은 책은 후삼 년 반의 일들을 기록한 책입니다. <u>3절</u> 사자의 부르짖는 것같이 큰 소리로 외치니 외칠 때에 "일곱 우뢰가 그 소리를 발하더라. 큰소리는 큰 환난을 예고하는 것이며 여기서 알아야 할 것은 이 천사가 어떤 분들은 예수님이라고 하는데, 예수님이 아니고 말 그대로 천사입니다. 예수님의 심부름을 하는 천사도 예수님께서 능력을 주시면 이렇게 빛을 발하는 능력을 행할 수 있는 것입니다. 이 땅에서 성령 받은 분들도 빛을 발할 수도 있고 우뢰같은 소리를 낼 수도 있습니다. 이것이 주님의 능력인 것입니다.

<u>4절 7절</u> 일곱 우뢰가 발한 것을 인봉하고 기록하지 말라고 하십니다.

그러나 7절에 일곱째 나팔을 불 때(계 11:15)에 하나님의 비밀이 선지자들에게 전하신 복음과 같이 이룬다고 말씀하시고 있습니다. 이는 후삼년 반에 되어질 일들을 말합니다.(또한 예수님께서 세상을 인수하는 선언) 후 삼년 반 동안은 사단의 최후 마지막 때이므로 최고로 역사하는 기간이기 때문에 특별히 다루는 것입니다. 계 11장 15절에부터 일곱 나팔이 시작되어 무서운 환란이 시작됩니다. 셋째 화입니다. 11장은 후 삼년 반의 있을 일들을 설명하고 있으며, 12장은 후 삼년 반이 시작되기 전에 이스라엘 민족을 피난시키는 내용이며, 13장은

한 짐승과(적그리스도) 다른 짐승에 대한 설명을 하고, 14장은 한 번 더 여러 가지를 설명하고 있으며, 15장은 일곱 대접 심판 전에 예배드리는 광경을 설명하며, 16장부터는 일곱 대접 심판이 이루어 집니다.

8절~11절 바다와 땅을 밟고 서 있는 천사의 손에 펴 놓인 책을 먹어 버리라고 함은 요한이 이 말씀을 기록하여서 전하려면 이 말씀을 완전 통달해야 하므로 먹어 버리라는 것입니다. 우리가 하나님의 말씀을 깨달았을 때는 너무 기뻐서 말씀이 달다고 표현하지만 그 말씀을 지키려면 힘이 들기 때문에 배에서는 쓰다고 합니다. 그러므로 입에서는 달고 배에서는 쓰다고 표현하는 것입니다. 11절 방언과 임금에게 다시 예언하리라 합니다. 이 말씀은 후 삼년 반 동안 일어날 일들을 말합니다. 후 삼년 반 동안은 적그리스도의 최고의 날들이며 인류 역사상 가장 혹독한 고난의 날들입니다. 전 삼년 반 동안에는 적그리스도는 평화의 가면으로 존재하다가 후 삼년반 동안 때가 되면 살육과 파괴 온갖 악행을 하다가 예수님께서 재림하실 때에 아마겟돈 전쟁으로 끝납니다. 그러므로 요한에게 세상 빈부귀천 모두가 알 수 있게 다시 예언하라는 것입니다.

22부 요한계시록 11장

두증인과 일곱 나팔

1절~2절 성전과 제단과 그 안에서 경배하는 자들을 척량하고 성전 밖 마당은 척량하지 말라 하고 이는 이방인에게 주었고 거룩한 성을 마흔두 달(3년 반) 동안 짓밟는다고 합니다. 성전과 제단 안에 경배하는 자들은 주님께서 뜻하시는 숫자가 되었다는 것이며 이방인은 예수를 믿지 않은 악한 자들 적그리스도의 세력들을 말하는 것이며 이미 계약서에 3년 반 동안 이들에게 내어 주기로 계약이 되었다는 것입니다. 후 3년 반 동안 적그리스도의 핍박과 통치에서 견디어 내기가 어려우므로 두 증인이 내려와서 성전에서 복음을 전하며 그래도 좀 경건하여 목숨을 걸고 적그리스도와 타협하지 않은 신도들을(성령 체험하고 실족한 신도) 보호하고 성전 밖에 있는 신도들은 쭉정이 교인(성령의 체험이 전혀 없고 지식, 학문으로만 하나님을 믿는 신도)이어서 성전 밖에 두어 적그리스도의 통치에 시험을 받는다는 것이며 지금부터는 육적 영적 최고의 시험입니다. 여기서 이겨내는 사람은 영이라도 부끄러운 구원으로 주님께서 목자가 됩니다. 이들은 말귀를 잘못 알아듣기 때문에 목자가 필요한 것입니다.

3절 그래도 이들도 사랑하시므로 두 증인에게 권세를 주어 최후까지 이삭줍기로 한 영이라도 구원 하시겠다는 것이며

4절 두 증인에 대하여 설명하고 있습니다. 두 증인이란 두 사람씩 짝이 되어서 역사하는 것이며 많은 숫자가 됩니다. 두 증인은 두 감람나무와 두 촛대라고 소개하고 있습니다. 두 증인이 어떤 사람은 모세와 엘리야 또는 교회 등등 해석이 많지만 그 사람이들이 누구든 간에 하나님께서 특별한 능력을 주셔서 영혼들을 마지막 이삭줍기라도 하신다는 것입니다.

5절 두 증인은 많은 능력과 권세를 하나님으로부터 부여 받았기 때문에(철장의 권세) 적그리스도도 저들을 해하지 못합니다. 입에서 불이 나오고

6절 이들이 비도 오게 하고 못 오게도 하고 물이 변하여 피가 되게 하고 아무 때든지 원하는 대로 재앙을 내릴 수 있습니다. 그 능력의 한계는 모세의 열 가지 재앙을 생각하시면 됩니다. 이는 이 땅에 보혜사 성령님께서 계시지 않기 때문에 이런 능력을 보여주지 못하면 하늘나라의 복음을 전하지 못하기 때문에 이런 능력이 필요한 것이며 지금은 보혜사 성령님께서 우리와 함께 계셔서 우리를 인도하며 가르치고 계십니다. 보혜사 성령님께서 계신 이 때에는 이런 능력과 권세가 필요하지 않는 것입니다. 보혜사 성령님께서 그때그때 인도하시기 때문에 그렇습니다. 우리들은 지금 보혜사 성령님께서 이 땅에 계시는 이 기회를 놓치지 말고 기름을 준비하는 것이 지혜 있는

사람입니다. 그러나 많은 사람들은 지금도 마귀의 음성은 즐겨 들어도 보혜사 성령의 음성은 듣지 않으려고 합니다. 그 이유는 물질문명이 너무 발달함으로 그것에 마음을 빼앗기기 때문입니다. 참으로 안타까운 현실입니다. 두 증인이 권능을 행하며 복음을 전하고 사역을 할 때 예수를 믿지 않는 사람들과 적그리스도와 그 추종자들은 이 두 증인을 아주 미워 합니다. 그러나 그 능력에 밀리다가

<u>**7절**</u> 무저갱으로부터 올라오는 짐승이 적그리스도와 힘을 합쳐서 (최첨단 과학무기로) 두 증인과 싸워서 이기고 두 증인을 죽여서

<u>**8절**</u> 그 시체를 길가에 버려두며 그 장소는 영적으로 보면 소돔이나 애굽 또는 예수님이 십자가에 못 박히신 곳이라고 합니다. 이는 중동지방을 가리키며 또한 적그리스도의 본거지가 있는 곳이 될 것입니다. 적그리스도의 거주지는 중동 유럽의 어느 곳이 될 것입니다.

<u>**9절**</u> 두 증인의 시체를 길가에 버려두고 땅속에 장사도 못하게 하고 저 시체를 하나님께서 다시 살리는지 시험하자고 하며 적그리스도와 그 추종자들이 승리를 자축하며 자기들이 옳다고 승리했다고 선전용으로 이용하려고 합니다.

<u>**10절**</u> 이때 적그리스도는 10절 말씀대로 대대적으로 선전합니다. 아마 이렇게 선전할 것입니다. 평화를 사랑하는 전 세계 사람들이여! 예수교란 사이비의 교리로서 평화를 깨뜨리고 우리의 영혼을 어지럽히던 악마를 정의와 평화의 사자께서 우리의 능력과 권능으로 말살 하여 그 시체를 공개하여 그 허황됨을 만민에게 알립니다. 이제 이 땅에는 이런 하나님을 믿는 어리석은 이단자들을 다시는 용납하지 않을 것입니다. 이들은 평화를 사랑하지 않는 집단입니다. “평화

를 사랑하는 통합 대통령" 지금도 인터넷 사이트에 기독교를 개독교라고 말하며, 성령을 똥령이라고 하며 말도 안 되는 말들로 온갖 비방과 비판을 하는 짐승보다도 못한 악마의 자식들이 등장하여 온갖 거짓말로 하나님을 모독하며 사람들을 유혹하고 있으며 악의 씨앗들이 자라고 있습니다. 이들은 세상의 학식이 아주 풍부한 악마들입니다. 이 자들은 자기들의 부모들과 자기도 예수를 믿었다고 거짓말들을 서슴없이 합니다. 이들이 이제 조금 있으면 적그리스도의 사자들이 될 것입니다.

11절 그러나 3일 반 후에 하나님께서는 생기를 두 증인들에게 불어넣으셔서 죽어서 버려진 시체가 다시 살아나니 기뻐하던 자들이 놀라고 보복을 두려워 하며 안절부절 하며 다시 살아난 것을 숨기려고 고심할 것입니다. 마 28장 12~15절 말씀처럼 할 것입니다.

12절 **하늘로부터 큰 음성이 있어 이리로 올라오라 함을 저희가 듣고 구름을 타고 하늘로 올라가니 저희 원수들도 구경하더라.**

이들은 이제 이 땅에서 사명을 다했기 때문에 더 이상 싸우지 않고 하나님의 부르심을 받고 하늘로 올라갑니다. 우리들은 이 12절 말씀을 잘 깨달아야 합니다. 이리로 올라오라는 음성을 듣고 저희가 구름을 타고 하늘로 올라가니 바로 이 말씀입니다. 우리들도 머지않아서 이리 올라오라 하는 음성을 듣기 위해서 지금부터라도 열심히 준비해야 하며 들림의 역사가 시작되면 이 음성을 꼭 들어야 합니다.

13절 이 때에 많은 사람들이 이 광경을 바라보며 이 소리 저 소리로 자기들 나름대로 이야기를 나눌 때에 그때에 하나님께서는 지진으로 사람들의 악함을 벌하십니다. 이때 살아남은 사람들은 겁에 질려서 떨 것이며 그래도 두 증인의 복음을 받은 신도들은 하나님을 찬양합니다. 이것으로 후삼 년 반에 있을 마지막 이삭줍기 복음 전파의 끝이 되는 것입니다. 두 증인은 후삼년 반 동안에 복음을 전할 사명이기 때문에 두 증인의 사역이 끝나면 다음 계획을 시작하시는 것입니다.

14절 둘째 화는 지나갔으나 셋째 화가 속히 온다고 합니다. 이 셋째 화는 일곱째 나팔을 불면 시작되는 일곱 대접 심판을 말합니다. 후삼 년 반은 하나님의 진노의 심판입니다. 11장은 후삼 년 반 동안에 될 일들을 설명한 것입니다.

15절 이제 일곱째 천사가 나팔을 부니 하늘에서 큰 음성들이 나서 하나님을 찬양하고 있습니다.

16절~18절 먼저 들림 받은 사람들이 앞으로 될 일들이 보이므로 하나님께 영광을 돌리며 찬양하는 장면입니다. 이제 하나님께서는 이제까지 참아왔던 것들이 진노로서 악한 자들을 벌하기 때문에 감사 예배드리는 것입니다. 이처럼 하늘나라에서도 무슨 일이 진행될 때는 꼭 먼저 예배드리고 찬양합니다. 이 땅에 있는 우리도 마음을 다하여 예배드리는 모습으로 하나님께 영광을 돌려야 할 것입니다. 그런데 현실에서는 하나님께 영광 돌리는 것이 아니라 사람들의 만족과 목사들의 설교 듣는 것으로 일관하고 있습니다. 이제 칠년 환난이 끝나고 천년왕국과 죽은 자들이 일어나 백 보좌 심판이 있고 신천신지가 이루어지는 광경을 미리 보며 찬양하며 하나님께 예배드리는 장면입니다.

19절 후 삼년 반 후에 마지막으로 있을 주님 재림 시 아마겟돈 전쟁 때 주님께서 마지막으로 지진과 번개와 음성과 뇌성으로 쓸어버리는 장면이 나옵니다. 언약의 궤가 보인다는 것은 하나님의 약속이 이루어졌다는 표현입니다. 또는 예수님의 입에서 나오는 불과 날선 검으로(말씀) 심판합니다.

23부 요한계시록 12장

여자와 붉은 용

1절

하늘에 큰 이적이 보이니(놀라운 일) 해를 입은 한 여자가 있는데 그 발아래에는 달이 있고 그 머리에는 열두 별의 면류관을 썼더라.

성경 말씀에 여자는 이스라엘 나라를 비유해서 많이 기록하고 있습니다.(이사야 54장) 해를(빛) 입은 이 말씀은 하나님의 은혜를 받은 것을 말하며 그 발아래는 달이 있고 달은 이스라엘 민족이 어두움의 이 세상을 희미하게 밝혀 줄 것을 의미하는 말입니다. 밤은 어둡습니다. 어두우면 답답합니다. 답답한 이 세상을 달빛처럼 희미하게 밝혀 줄 교회를 탄생시킨 것을 말하며 교회는 이 세상에서 이 세상 전체를 햇빛처럼 환하게 밝혀 주질 못했습니다. 그것은 사단과 마귀들의 방해로 그렇게 되는 것입니다. 그 머리에는 열두 면류관을 썼더라는 것은 이스라엘 민족의 열두 지파를 말합니다. 이스라엘 열두 지파가 붉은용 즉 사탄에게 고난 받을 것을 예고하는 것입니다. 환난 때에는 물론이고 평상시에도 이스라엘 민족이 다른 민족보다 많이 고난을 받습니다. 그 이유는 사단이 싫어하는 교회와 예수님 메시아를 탄생시키고 또한 하나님을 믿으면서도 구세주인 예수 그리스도를 믿지 않고 모르기 때문에 고통을 제일 많이 받습니다. 하지만 하나님께서는 이 장자의 민족을(창 37:9~10) 포기 하시지 않고 한 생명이라도 더 구해 내려고 여러 방법으로 역사를 하십니다.

2절

이 여자가 아이를 배어 해산하게 되니 아파서 부르짖더라.

이 여자는 이스라엘이며(이사야 54장) 아이는 이스라엘을 통해서 기독교가(교회) 탄생했으며 즉 아이는 교회를 말합니다. 결국은 이스라엘 나라가 기독교 교회를 탄생시키나 양육은 하지 못했습니다. 해서 이방나라들이 이 교회들을 양육하나 성장을 시키지 못하였고 교회는 이 세상을 완전히 복음화시키지 못하고 아이의 모습으로 7년 대 환란 전에 하나님 보좌 앞으로 올려가는 것입니다. 12장은 이스라엘의 처음과 나중 될 일들을 보여주는 것입니다.

3절 사단의 모양을 설명하고 있습니다.

용의 머리가 일곱이요 이것은 일곱 민족을 말하며 뿔이 열이라고 하고 열 뿔은 열 나라를 말하며 (계 17:12 왕) 면류관이 일곱이라고 하며 면류관이 일곱이란 일곱 민족의 권한을 말합니다.

4절

그 꼬리가 하늘 별 삼분의 일을 끌어다가 땅에 던지고 용이 해산하려는 여자 앞에서 그가 해산하면 그 아이를 삼키고자 하더니

꼬리는 용의 능력, 힘을 말하며 사단의 능력으로 하늘의 많은 숫자의 천사들이 사단의 추종자가 되었다는 것을 말하며 이것들이 이 땅에 꽉차 있는 것입니다. 사단은 이스라엘이 낳은 교회를 삼켜 멸하려 했으나 결국 그 교회는 아이의 모습으로 하나님 보좌 앞으로 올려가고 맙니다.

5절

여자가 아들을 낳으니 이는 장차 철장으로 만국을 다스릴 남자라 그 아이를 하나님 앞과 그 보좌 앞으로 올려 가더라.

이스라엘을 통해서 교회가 탄생하여 이방인으로 인해서 그 교회가 양육 받으나 성숙하질 못하고 아이처럼 하나님의 보좌 앞으로 올려가서 성숙해집니다. 이 성숙해진 남자 즉 교회는 앞으로 천년왕국에서 예수님과 함께 철장의 권세로서 만국을 다스린다는 것입니다. 남자는 교회를 상징합니다. 4절~5절은 기독교 역사를 보여주는 것입니다.

6절

그 여자는 광야로 도망하매 거기서 일천이백육십일 동안 저를 양육하기 위하여 하나님이 예비하신 곳이 있더라.

1절에서 6절까지를 종합해보면 여자는 이스라엘 나라이고(이사야 54장)(계 12:15), 이스라엘이 아이를 배어서는 5절 그 아이를 낳으니 남자아이고 이는 장차 철장으로 만국을 다스릴 남자라고 합니다. 여기서 문제가 되는 것이 남자아이가 하늘로 올려 가는데 이 아이가 많은 학자들과 계시록을 해석하는 사람들이 이 아이가 예수님이라고 하는데 문제가 있습니다. 그러나 나는 이 아이가 예수님이 아니라고 말합니다. 예수님은 완전한 승리자로 하나님 우편에서 우리 있을 곳을 예비하고 계시며 아이로서 사탄에게 쫓겨서 하늘에 가 계시는 것이 아닙니다.

예수님은 사탄을 이기시고 십자가에 못 박히시므로 완전한 승리자로 우리 있을 곳을 예비하려 하나님 나라에 가서 계시며 예수님을 믿고 따른 성도들을 신부같은 대우로 맞을 준비를 하시는 분이신데 어찌 조그마한 남자 아이로서 도망가다시피 하늘로 들려올라 가겠습니까? 이스라엘이 낳은 것은 세상의 교회와 그 열매인 교인들입니다. 그러나 정작 여자 이스라엘은 이 아이 즉 세상의 교회를 잘 양육하지 못해서 이방나라에 의해서 양육 받으나 교회들은 완전하게 성숙하질 못하여 7년 환난에 견디지 못할 것이기 때문에 환난 전에 교회와 교인들은 하나님 나라로 올려 간 것입니다. 이것이 휴거입니다. 5절 남자는 교회와 교인입니다.

교회는 남자에 비유됩니다. 이스라엘은 여자에 비유되고 결국 교회는 여자인 이스라엘을 통해서 이 땅에 태어났습니다. 지금까지의 역사를 보면 이스라엘은 남자 곧 기독교 교회를 탄생하게만 했지 양육은 하지 못했습니다. 그 이유는 사탄이 양육하지 못하게 방해를 했기 때문입니다. 지금도 이스라엘은 예수님을 모르고 메시아를 기다리고 있는 신앙을 가지고 있는 사람이 많습니다. 이것이 양육을 못한 것입니다. 이 땅에서 사탄은 교회를 삼키려고 안간힘을 써보지만 결국 실패하고 교회와 교인들은 7년 환난 전에 하늘로 피난 가는 것을 우리는 휴거 또는 들림 받아 올라간다고 하는 것입니다. 교회와 교인들이 철장의 권세를 받아서 예수님을 왕으로 모시고 만국을 다스릴 것입니다.(천년왕국 때에) 많은 교회와 교인들이 환난 전에 하늘로 올라가고 없으니(성령의 음성을 듣는 교회에 한해서) 사탄의 세력인 짐승 적그리스도의 세력은 더욱 교회와 교인들을 낳은 여자 이스라엘을 미워하여 멸망시키려 하나, 이스라엘 민족은 하나님께서 예비하신 곳으로 대피시켜서 환난 때를 피합니다. 그 기간이 삼년 반인 것입니다.

<u>**7절~9절**</u> 하늘에 전쟁이 있으니 미가 엘과 용이 싸우나 용은 미가엘 천사를 이기지 못하고 용이 하늘에서 쫓겨나는 곳이 땅이니 이 용의 정체는 옛 뱀 곧 마귀라 고도하고 사단이라고도 하는 온 천하를 꾀는 자라 이 사단이 적그리스도에 들어가니 적그리스도는 더욱 흉악한 짐승이 되어 이때부터 땅에서는 더욱 비참한 시대를 맞게 됩니다. 그러면 왜 하늘에서 전쟁이 있었습니까? 이는 예수님께서 인을 떼시는 자리에 사단과 들림 받은 성도 부활한 성도 천사 모두가 모여 있습니다. 사단은 이제 모든 공중 권세와 권한을 예수님에게 내어 주어야 하며 중간 중간 예수님의 권세로서 특별 구원의 사역을 하시니 사단은 불만을 가지고 반항을 하는 것입니다. 이 반란의 전쟁에서 미가엘 천사가 상대해서 싸웁니다. 이 전쟁에서 사단이 패하여서 땅으로 내어 쫓깁니다. 9절 말씀을 가지고 이단들은 사단 마귀는 용의 영

이니 하는 허튼 소리를 하는 이단들이 있습니다. 사단이 용 뱀의 속에 들어갔기 때문에 성경 말씀에서는 사단 마귀를 용 뱀으로 표현하는 것입니다. 사람 속에도 마귀가 들어가면 그 사람은 마귀야 라고 표현합니다.

<u>**10절~12절**</u> 큰 음성으로 찬송하는 소리가 들립니다. 이것은 하나님에게 밤 낮 참소하던 자가 땅으로 쫓겨나니 하늘에 있는 자들은 즐거워 합니다. 이 말은 사단이 하나님 앞에서 계속 자기 권리 주장을 하며 하나님께 불만을 터뜨리며 따지는 것입니다. 그 이유는 하나님께서는 한 생명이라도 더 구원해서 하나님 나라의 백성 삼으려고 이것도 하지 말라 저것도 하지 말라 하니 사단은 불만인 것입니다. 사단은 계속 들림 받은 사람들이나 중간에 올라온 사람들을 하나님께 참소하는 것입니다. 들림 받은 사람들도 7년 대환난 때에 시험을 받아야 옳다거나 중간에 올라온 영혼들은 음부에 가야 맞다 거니 이런 주장을 계속하나 그러나 사단의 불만을 들어 줄 수 없는 것입니다. 그러니 사단은 분 내어 한바탕 소란을 피우고 땅으로 내려가서 얼마 남지 않는 자기 때에 권한을 행사하려고 화가 나서 땅으로 내려옵니다. 이때에 이미 들림 받은 사람과 일찍 죽은 사람들은 이제 귀찮게 하는 사단이 없는 곳이 되었다고 즐거워 하나, 그 사단이 자기의 때가 얼마 남지 않은 것을 알고 분 내어 땅으로 내려왔으니 땅에 사는 사람들은 혹독한 화가 있을 수밖에 없습니다. 이제 들림 받지 못한 신도들의 환난이 한층 더해질 것입니다.

<u>**13절**</u> 용(사단) 이 자기 땅으로 내어 쫓긴 것을 보고 남자를 낳은 여자를 핍박하는지라. 이 말씀은 아담 이후로 이 땅은 마귀의(사단) 것

입니다.

그러나 얼마 남지 않아서 예수님에게 내어 주어야 하는 것을 알기 때문에 이 땅에 교회(남자 또는 예수님)을 낳은 이스라엘을 한층 더 핍박합니다.

지금까지는 평화를 말하며 종교 통합이니 해서 간접적으로 공격했으나 이때는 아예 드러내 놓고 박해를 가하는 것입니다. 적그리스도의 세력은 이스라엘과의 평화조약을 깨고 이스라엘 민족 말살 작전을 전개하는 것입니다. **<u>들림 받기 전 이스라엘이 주변의 세력 나라들과 평화조약을 맺는 그때를 주의 깊게 보아야 합니다.</u>**

<u>14절</u> 이스라엘 민족은 적그리스도의 세력에 대항할 힘이 이미 없습니다.(지금도 없습니다. 하나님께서 보호하고 계시기 때문에 지탱하고 있습니다.)

하나님께서는 미리 이런 일이 있을 것을 아시고 피난처를 마련해 놓으신 것입니다. 그 피난처가 어디인지는 우리는 알 수가 없습니다. 그러나 독수리의 날개를 받아서 광야 자기 곳으로 날아간다고 하니 아마도 비행기로(또는 헬기) 대공수 작전이 전개될 것을 생각해봅니다. 그리고 그곳은 밀림의 오지 또는 산악지대 이런 곳이 될 수도 있습니다. 하나님의 능력으로 예비된 곳으로(피난처) 가서 삼년반 동안 무장하는 것입니다. 그 피난처에서 때가 될 때까지 보호를 받습니다.

<u>15절</u> 적그리스도는 많은 군대를 보내어서 피난처를 섬멸하려고 합니다. 그러나

<u>16절</u> 하나님께서는 지진과 같은 천재지변으로 그 군대를 삼켜 버

립니다. 천재지변으로 그들을 보호하시는 것입니다. 적그리스도는 도저히 안 되겠다는 생각을 하고 거기서 얼마나 견디나 보자하며 철수하고 맙니다.

17절 군대를 철수는 했지만 적그리스도는 단념하지 않고 이 땅에 아직도 남아 있는 하나님을 믿었던 나라와 사람들과 전쟁을 선포하며 싸우려고 더욱 핍박을 가합니다. 이제 예수 믿는 사람들은 더욱 살기가 어려워진 것입니다. 이때에 적그리스도는 인류의 적은 예수 믿는 예수쟁이라고 선전을 하며 현혹합니다. 바다 모래위란 것은 바다는 세상을 말하여, 모래위란 많은 군대를 동원한다는 것입니다.

24부 요한계시록 13장

짐승과 짐승의 표

1절 바다에서 한 짐승이 나오는데 뿔이 열 있고 열 면류관이 있고 그 머리에는 하나님을 모독하는 이름이 있더라고 합니다. 바다에서 나온다는 것은 바다는 세상을 가리키니 세상 사람이라는 것이며 뿔이 열이라는 것은 뿔은 힘을 상징합니다.(왕)(계 17:12) 적그리스도는 강한 열 나라의 힘을 가지고 출현한다는 것이며 머리가 일곱이라는 것은 일곱 민족이 열 나라를 이룬다는 것입니다. 참람 된 말은 거짓 되고 헛된 것들이 가득하다는 것이며 하나님을 모독하고 불경스러운 말로 삼년 반 동안 괴롭힌다는 것이며 평화를 외치나 그 속에는 거짓 됨이 가득하다는 것입니다.

2절 짐승의 모습을 설명하고 있습니다. 표범 비슷하고는 표범은 육식동물로서 두려움의 상징입니다. 발은 곰의 발같다고 함은 곰의 발은 힘이 세고 발톱이 날카롭고 억세므로 한번 차이면 큰 상처가 납니다. 입은 사자의 입 같은데 함은 사자는 한번 물면 놓지 않으려는 짐승입니다. 이것은 무시무시한 살인자를 표현한 것입니다. 이런 자에게 하늘에서 쫓겨난 용이(사단) 자기의 능력과 권세를 주었으니 그 위력은 대단할 것입니다.

<u>**3절**</u> 짐승의 머리 하나가 상하여 죽게 된 것 같더니 그 죽게 되었던 상처가 나으며 온 세상이 이상히 여겨 짐승을 따르고 이는 일곱 민족 중 한 민족이 곤경에 처하나 짐승인 적그리스도의 도움과 지혜와 중재로 소생하게 되니(문제가 해결되니) 적그리스도의 통치력을 찬양하며 그를 위대한 정치가 평화의 상징으로 여겨 찬양합니다.

4절~3절에서처럼 정치적인 재능을 보이니까.

용이(사단) 또 권세를 적그리스도에게 줌으로 그 세력은 점점 더 커집니다. 그러니 세상 사람들은 적그리스도를 신처럼 여기고 평화의 상징으로 찬양하게 됩니다. 이제 세상에서는 이 적그리스도를 대항할 세력과 사람은 없습니다.

<u>**5절**</u> 이제 적그리스도는 확고히 자기 위치를 굳힙니다. 적그리스도는 용으로부터 하나님을 모독하고 거짓된 말을 하는 입을 받고는 자기 마음대로 하나님, 예수님을 비판하고 모독을 해도 그 말이 옳다고 사람들은 따릅니다. 하나님을 비방하고 거짓된 말을 할 수 있는 권세를 가진 것입니다. 어떤 말을 해도 인간들은 그 말을 신임할 수 있게 된 것입니다. 그렇게 됨으로 이제 마흔 두 달(삼년 반) 동안 짐승의 역할을 다할 권세를 굳힌 것입니다.

<u>**6절**</u> 적그리스도는 자기의 권세로 하나님과 1차 부활한 사람들과 들림 받아서 하늘에 거하는 자를 향하여 모독하며 별의별 방법으로 하나님을 대적합니다.

7절 이제 용으로부터(사단) 권세를 받아서 12장 17절에 말씀대로 하나님의 나라와 교인들과 싸워서 승리하고 이 땅에 기독교를 말살해 버리려 합니다.

8절 하나님 생명책에 기록되지 못한 이 땅의 사람들은 짐승에게 경배하고 맙니다. 영적으로 기독교 말살인 것입니다.(물질문명이 필요치 않는 사람은 제외) 우리는 이 말씀을 깊이 새겨 들어야 합니다. 이때 이미 적그리스도에게 짐승의 표를 받고 짐승이 되거나 그 외의 사람들은 모두 죽임을 당하거나 끝난 것입니다. 그래서

9절 누구든지 귀가 있거든 들을 지어다 라고 성경말씀과 성령님께서는 긴박함을 알려 주고 있습니다. 8절~9절 말씀을 들으라는 것입니다. 이것은 오직 성령의 음성을 들어야 하는데 지금 이 시대 많은 사람들은 이 말씀을 들으려고 하지를 않습니다. 또한 들을 수도 없습니다. 물질문명으로 인해서 마귀의 음성을 즐겨 듣기 때문입니다. 이 모든 것이 지금 이 순간 현실로 나타나고 있다는 것을 깨달아야 합니다.

10절 짐승인 적그리스도에게 잡혀 죽든지 적그리스도에게 항복하든지 전쟁에 죽든지 다 끝났다는 것입니다.

11절 다른 짐승이 나타난다는 것입니다. 이 짐승이 하는 일들이 이제 소개됩니다. 이 짐승은 땅에서 올라온다고 합니다. 땅에서 올라온다는 것은 깊숙한 음부 감옥(무저갱)에서 풀려 나온다는 것입니다.

12절 이 두 번째 짐승은 재림 예수님처럼 두 증인(계 11:3~13)처럼 흉내를 내며 적그리스도를 찬양하며 그를 우상화 시킵니다.

13절 여러 가지 이적을 행하며 불이 하늘에서 내려오게 하나 실지

로는 과학이나 여러 가지 방법으로 속임수를 쓰는 것입니다.

14절 적그리스도 앞에서 여러 가지 이적을 행하므로 적그리스도에게 인정을 받아서 거짓을 꾸며 내어 적그리스도가 암살 당하여서 예수님처럼 다시 살아난 것처럼 꾸며 적그리스도의 우상을 만들고

15절 그 우상에게 과학의 힘으로 우상이 말을 하게 하고 우상에게 절하지 않는 사람은 죽여 버립니다. 여기서 짚고 가야 할 것은 이 두 번째 짐승은 과학의 힘으로 미혹하는 것입니다. 그 이유는 16절~18절에 설명됩니다. 우상에게 최첨단 전자 칩을 주입하고 말을 하게 하는 것입니다. 또한 하늘에서 불이 내려오게 하는 것도 과학으로 할 수 있습니다. 그래서 결국 사람들은 사람의 지식으로 만들어진 전자제품의 우상 앞에 절하게 되는 잘못을 저지르게 됩니다. 이런 일들은 현재에도 가능한 일들입니다.

16절 과학의 힘으로 미혹하는 증거는 이마에 짐승의 표를 받게 하는 것입니다. 이 짐승의 표는 많은 사람들이 지금도(2003년) 거론하고 있습니다. 지금은 카드로 거래를 편하게 하고 있지만 멀지 않아 이 카드 사용도 불편해서 아주 작은 칩을 손이나 이마 사람의 몸 어느 부위에 주입시켜서 이 칩이 신분증 역할을 하고 상거래를 할 수 있게 합니다. 이 과학을 적그리스도는 이용해서 적그리스도의 인을(도장) 칩으로 만들어 이마나 손 신체 부위에 주입시켜서 이 표를 받지 아니하면 모든 거래가 되지 않기 때문에 받을 수밖에 없게 되는 것입니다. 다만 미개인이나 오지에 사는 사람들은 이런 것이 필요하지 않기 때문에 적그리스도의 인을 받지 아니해도 됩니다. 이들이 나중에 천년 왕국에까지 들어가는 사람도 있어서 천년왕국에서 생산합니다.

17절 7년 대환난 후반기에는 조그마한 칩을 이마나 사람 손에 또는 몸속 팔목에(계 14:9) 주입 시켜서 그것을 기계가 식별하여 구분하며 모든 상거래도 그것으로 성립됩니다. 후 삼년 반 시대에는 이런 기술을 이용해서 적그리스도는 짐승의 표를 받기를 권합니다. 이짐승의 표를 받지 못하면 일상생활이 불편해서 생활할 수 없으며 활동도 못합니다. 주민등록증이나 그 어떤 것이라도 신체에 주입하는 것은 받지 말아야 합니다. 적그리스도가 이것을 이용하기 때문입니다. 그러나 나중에 이 칩으로 인해서 부작용을 일으킨다는 것이 계 16장 2절에 기록되여 있습니다.

18절 이 짐승의 수는 (사탄의 수) 사람의 수 666이라고 말씀하고 있습니다.

이 666수를 활용하는 것은 이미 오래전부터 사용되고 있습니다.

그러니 이미 적그리스도의 세력이 세상에 태어나서 지금 자라고 있다는 것입니다. 지금 곳곳에 그 징조들이 나타나고 있으나 하나님의 백성들은 깨닫지 못하고 안일한 생활을 하고 있는 것입니다.

25부 요한계시록 14장

십 사만 사천의 노래와 세 천사의 예언 마지막추수

<u>**1절~5절**</u> 하나님의 인을 받아서 전 삼년 반 동안 복음을 전하다가 후 삼년 반이 되기 직전에 들림 받은 십 사만 사천 명이 예수님과 함께 시온산에 서서(예수님께서 준비 하신 곳) 누구도 부를 수 없는 노래를 부르고 있습니다. 이 노래를 아무도 부를 수 없다는 것은 이들이 전 삼년 반 동안 환난과 고난 속에서 복음을 전하면서 모진 고통 속에 고난을 당했기 때문에 누구도 그 고난을 흉내 내지 못하기 때문입니다. 이들은 여자로 더불어 더럽히지 아니하고 정절이 있는 자라. 어떤 이는 십 사만 사천 명은 결혼하지 아니한 자라고 해석을 합니다. 그 이유로는 헬라 원어로 보면 정절이란 미혼자라고 해서 랍니다. 저는 아니라고 하겠습니다. 왜냐 하면 말 그대로 여자로 더럽히지 아니하고는 간음을 하지 아니했다는 말이지 결혼을 하지 않았다는 것이 아닙니다. 그러면 결혼한 사람은 다 여자로 인해서 더럽혀진 사람이겠습니까? 그건 아닙니다. 다만 여자로 더럽히지 아니하고 라는 말

씀은 간음하지 않은 남자를 말합니다. 그래서 십 사만 사천 명은 결혼을 했건 아니했건 행위가 깨끗한 남자라는 것입니다. 또한 이들은 환난 중에 음란한 세상에서도 간음하지 않고 하나님을 배반하지 않은 남자들 입니다. 특히 5절 말씀에 거짓말을 하지 않은 흠이 없는 자들이라고 말씀하고 있습니다. 우리는 거짓말을 참 잘 합니다. 우리가 주의 일을 하려면 무엇보다도 입으로 거짓말을 하지 말아야 합니다. 성경 말씀 속에서는 거짓말을 많이 거론하고 있습니다.

거짓말을 하는 자는 천국에 못 들어간다고 하는 무서운 말씀들이 많습니다.

6절~7절 천사가 복음을 가지고 전합니다. 이는 십 사만 사천 또는 두 증인으로 하여 복음을 전하였으나 이제는 인간으로는 도저히 복음을 전할 수 없는 악한 세상이 되어 마지막으로 천사를 통해서 복음을 전하는 것입니다. 천사가 복음을 가지고 전하러 가기 전에 하나님께 영광을 돌리며 경배하며 이제 심판 때가 되었다고 하는 것입니다. 이처럼 하나님께서는 여러 가지 방법을 통해서라도 마지막 한 영혼이라도 구원하려 하시는 하나님께서 인간들에 대한 사랑이시고 애착이신 것입니다. 이것을 사단이 기뻐할 리가 없습니다.

8절 첫째 천사는 복음을 전하고 둘째 천사는 앞으로 닥쳐 올 일을 예언합니다. 바벨론은 구약시대에 있던 나라로서 바벨론 나라의 수도입니다. 여기서는 적그리스도의 궁전이 있는 도시를 가리킵니다. 또한 이 바벨론은 적그리스도의 영향을 받아서 적그리스도와 타협한 나라들을 가리키며 이 나라들은 타락하여 사치와 하나님을 모독하는 악한 것들을 말합니다. 또한 개인적으로 악한 사람들의 마음속에도 이 바벨론이 있습니다. 이 모든 바벨론들을 적그리스도와 함께 쓸어버린다는 것입니다.

9절, 12절 셋째 천사는 적그리스도의 우상에게 경배하고 이마나 손에 짐승의 표를 받으면(계 13:13~17) 하나님의 진노함으로 천사와 예수님 앞에서 유황불 속으로 던져진다는 것을 말씀하고 있으며 이 말씀은 영원토록 죽는다는 것입니다. 유황불이 타는 지옥은 둘째 사망인 것입니다. 지옥은 영영히 꺼지지 않는 불을 뜻합니다. 이 죽음은 영과 육이 한꺼번에 영영히 벌받는 것을 말합니다. 특히 이마나 손에 짐승의 표를 받으면 반드시 하나님의 진노를 산다는 것입니다. 받지 않는 그 인내가 여기 있다고 했습니다. 그러나 그 인내는 너무나 힘든 것입니다.

13절 지금 이후로 죽는 자들은 복이 있다고 함은 이제 마지막 복음을 천사가 전하고 그 복음을 받아서 적그리스도를 대항하고 순교 당하는 최후의 이삭줍기 구원이기 때문에 이들은 불행 중 다행한 복이 있다는 것입니다. 이때에 순교하지 못하면 적그리스도 추종자들과 함께 영원한 죽음인 유항불로 가기 때문에 차라리 죽는 자들이 복이 있다는 것입니다. 이것이 하나님의 마지막 방법이기 때문에 여기에서 영혼이라도 구원을 받는 것이 적그리스도와 영원히 죽은 것보다는 복되다는 것입니다. 성령님께서 그러하다고 하시는 것은 환난 중에 얼마나 고생을 했겠습니까? 이것을 성령님께서 말씀하시는 것입니다. 성령님께서 지상에 계시면서 그들을 도와주었으면 환란에 견디기가 쉬웠을 것인데 성령님께서 하실 일을 마치시고 천국 하나님 보좌 앞에 가서 계시니 도울 수가 없어서 그렇게 위로를 하시는 것입니다.

14절~16절 사람의 아들 같은 이가 머리에 금면류관을 쓰고 예리한 날선 낫을 가지고(이(利)한 낫=이롭다, 유익하다, 이기다, 이익, 승전, 날카롭다) 구름 위에 앉아 있다가 천사가 나와서 땅에 곡식을 거둘 때가 되었으니 낫을 휘두르매 땅에 곡식이 거두어 진다고 합니다. 이는 마지막으로 천사들이 뿌린 복음의 씨앗을 이제 거둘 때가 되어 익은 곡식을(신도를) 거두는 것입니다. 이 천사는 사람의 영혼을 보호하는 천사입니다.

17절~20절 불신자를 벌하는 것을 말합니다. 이때 하나님을 모독하고 예수님을 핍박한 악한 많은 사람이 죽을 것을 말씀하시는 것입니다.

포도즙을 짜는 것처럼 피가 흘러내린다는 무서운 죽음을 뜻하는 말씀입니다.

26부 요한계시록 15장

마지막 재난을 가져온 일곱 천사 (일곱 대접의 심판준비)

1절

또 하늘에 크고 이상한 다른 이적을 보매 일곱 천사가 일곱 재앙을 가졌으니 곧 마지막 재앙이라. 하나님의 진노가 이것으로 마치리로다.

16장부터 시작될 일곱 대접 심판을 예고하는 말씀입니다. 이제 이 일곱 재앙이 끝나면 예수님께서 지상 재림하여서 총 정리를 하시고 이 땅에는 천년왕국이 탄생되는 것입니다. 일곱 재앙은 하나님의 진노로 불신자와 타락한 자들을 하나님께서 벌 주시는 것입니다. 여기까지가 하나님께서 백성들을 여러 방법으로 구원하시고 이제 남은 사람들은 도저히 구원의 여지가 없는 하나님을 모독하는 악한 사람들 뿐입니다. 이렇게 하나님께서 마지막 한 생명이라도 구원하시려고 모든 것을 계획하시고 진행하시는 것입니다. 여기서 들림의 역사가 7년 대환난 후에 있다고 주장하는 사람들의 생각이 잘못됐다는 것을 알 수 있습니다. 이 일곱 대접의 재앙은 하나님께서 이 세상에 무차별 재앙을 내리시는데 어찌 하나님을 믿는 하나님의 자녀들이 이곳에 있겠습니까? 절대로 그렇지 않습니다. 이 일곱 대접 심판 중에 하나님을 믿는 자들은 재앙이 피해가고 하는 그런 말씀은 없습니다. 예를 들어 한 도시에 원자폭탄이 터지면 그곳에서 예수 믿는 사람들만 무사하고 예수 믿지 않는 사람만 죽는다고 할 수 있겠습니까? 그렇지 않기 때문에 의인들은 이런 환난 전에 피난시키신다는 것입니다.(노아 방주와 롯의 소돔 고모라 참조)

2절, 4절 대환난 중에서 여러 방법으로 이제까지 구원한 영들이 유리 바다를 이루고 있으며 불이 섞인 유리바다는 불같은 시험과 온갖 고생을 하면서 그래도 짐승의 표를 받지 않고 승리한 영들을 말하며 이들이 악기로서 연주하며 하나님을 찬양하며 영광을 돌리며 예배하는 장면입니다. 그러나 이들은 먼저 구원받은 자들인 유리바다 주위에 앉지도 못하고 서서 찬양하는 초라한 부끄러운 모습입니다.

5절, 8절 환난 마지막까지 구원한 이들의 예배가 끝나니 일곱 재앙이 임할 것을 예고하며 일곱 천사가 일곱 재앙을 준비하여 이제 16장에서는 진노의 대접을 땅에 쏟아서 재앙을 내립니다. 이 일곱 대접은 하나님의 진노가 가득한 대접들입니다. 그동안 오래 참고 기다린 하나님의 모든 진노의 심판인 것입니다. 그러므로 이 일곱 대접의 재앙은 이제까지 한 영혼이라도 구원하고자 하나님께서 참아 오신 모든 악인들에 대한 진노의 재앙인 것입니다.

여기에 예수님을 믿는 사람들은 없습니다.

27부 요한계시록 16장

하나님의 진노가 담긴 일곱 대접

1절

또 내가 들으니 성전에서 큰 음성이 나서 일곱 천사에게 말하되 너희는 가서 하나님의 진노의 일곱 대접을 땅에 쏟 으라 하더라.

일곱 천사에게 그동안 참아왔던 하나님의 모든 진노가 담긴 일곱 대접(그릇) 심판을 시행하라는 명령이 하달됩니다. 지금까지 온갖 언어와 행동으로 하나님을 비웃고 욕하였으나 하나님께서는 참고 계셨지만 이제는 더 참을 이유가 없는 것입니다. 우리는 이것을 꼭 알아야 합니다. 하나님께서는 오래 참으시지만 끝까지 참으시지는 않습니다. 행한 대로 갚아주시는 것입니다.(마 22:27, 롬 2:6) 장차 적그리스도의 추종자들이 세상의 온갖 지식 학식으로 하나님을 모독 하는 것을 볼 수 있을 것입니다.(지금은 2003년) 학계에서 유명하다는 사람의 더러운 글도 있습니다. 이런 자들이 7년 대환란 때까지 살아 있으면 이 일곱 대접의 심판을 받을 자들입니다 그때까지 하나님께서는 참고 또 참으며 회개하고 돌아오기를 기다리고 계시는 것입니다.

2절

첫째 대접을 땅에 쏟으매 악하고 독한 헌데 가 (종기) 짐승의 표를 받아 그 우상에게 경배 하는 자들에게 나더라.

후 삼년 반 시대에는 문화생활을 하는 모든 사람이 짐승의 표를 받았습니다. 이 표를 받지 아니하고는 생활을 할 수 없을 뿐 아니라 또한 편리하니까 그것을 찬양하며 적그리스도의 통치를 찬양하는 우매한 백성들입니다. 그러나 이 표를 이마와 손에 받을 때는 전혀 부작용이 없다고 하였고 또한 그러했습니다. 그런데 하나님께서 그 표를 받은 자들에게 부작용을 일으켜서 인 맞은 그 자리와 그것으로 인해서 온몸에 피부병이 생겨나게 하시는 형벌을 내린 것입니다. 피부병을 앓아 보신 분들은 가려움증 그 고통을 짐작하실 것입니다. 가려워서 긁으면 피부가 상해서 피가 나고 그 자리가 곪아서 종기가 됩니다. 뼛속까지 가려운 느낌이 드는 고통입니다. 이 재앙은 육신을 가지고 하나님께 영광을 돌리지 않고 육신으로 사단을 섬겨 왔기 때문에 이런 재앙이 내려지는 것입니다.

3절

둘째가 그 대접을 바다에 쏟으매 바다가 곧 죽은 자의 피같이 되니 바다 가운데 모든 생물이 죽더라.

바다가 죽은 자의 피같이 변한다는 것은 죽은 사람의 냄새를 맡아 보신 분은 그 냄새를 아실 것입니다. 죽은 사람의 썩는 냄새는 정말 고약합니다. 이 냄새를 맡으면 다 토해내고 고통스럽습니다. 하물며 바다가 이처럼 썩어 변하여 냄새를 발하니 그 광경을 상상 해보십시오. 바다에 사는 모든 생물이 죽어서 그 냄새까지 포함해서 냄새가 나니 생선을 못 먹는 것은 말할 수 없고 세상은 고통의 세상이 되고 맙니다. 이 재앙은 그동안 바다에서 나오는 고기들로 배불리고 즐겼기 때문에 이 재앙을 내리는 것입니다. 그런데 이런 재앙 속에서 만일 하나님을 믿는 사람들이 있다고 하면 하나님을 믿는 사람들만 싱싱한 생선을 잡아서 먹을 수가 있을까요? 전혀 아닐 것입니다. 해서 여기에는 하나님을 믿는 하나님 나라의 자녀 백성은 없습니다. 하나님께서 전부 피난시키고 난후에 멸하시는 것입니다.

4절~7절

셋째가 그 대접을 강과 물 근원에 쏟으매 피가 되더라.

바다도 피로 변해서 못쓰게 되었고 이젠 강과 샘물 전체가 피로 변해버리니 사람들이 이용할 모든 식수와 물이 못쓰게 되어 버린 것입니다. 이제까지 물로서 온갖 나쁜 것을 만들고 물로서 육신을 더럽히고 했기 때문에 이물로서 고통을 당하게 하시는 것입니다. 이제 이쯤만 해도 세상 살아 갈 수가 없음을 알 것 같지 않습니까? 그러나 하나님을 믿지 않고 모독하는 모든 악한 사람들은 이때도 깨닫지 못하고 하나님을 원망합니다. 그러나 하나님께서는 예수님을 믿는 사람을 핍박하고 죽이고 박해한 그 죄 값을 갚아 주시는 것입니다. 지금 예수 믿지 않는 사람이나 믿는 사람이나 나쁜 짓을 해도 벌하지 않고 내 버려 둡니다. 때로는 하나님 저들을 왜 벌 주지 않으냐고 생각하지만 하나님의 사랑으로 오래참고 기다리시다가 마지막 백 보좌 심판 때에 심판하신다는 하나님이십니다. 또한 하나님께서는 이들도 혹시나 돌아오기를 기다리시는 것입니다. 이들도 구원의 예정에 들어 있기 때문입니다. 이렇게 해도 예수님을 믿지 않으니 심판하시는 것이 의롭다고 제단 앞에 있는 모두가 하나님을 찬양하며 영광을 하나님께로 돌리고 있습니다.

<u>**8절~9절**</u> 넷째 천사가 그 대접을 해에 쏟으매 해의 온도가 높아져서 사람이 타서 죽습니다. 우리는 40도만 되어도 더워서 죽겠다고 하는데 태양열이 사람을 죽일 정도로 뜨거워져도 그래도 악인들은 회개하지 아니하고 하나님을 모독합니다. 태양이 뜨거워지는 징조가 벌써 나타나고 있습니다. 지금은 지구 온난화니 오존층 파괴니 해서 코스모스가 봄에 피고 개나리가 가을 겨울에 피고 하는 괴변이 나타나고 있지만(2003년) 하나님의 진노로 하나님께서 태양에게 명할 때는 일시에 온도가 상승할 것입니다.

<u>**10절~11절**</u> 다섯째 대접을 짐승의 보좌에 쏟으니 그 나라가 어두워지고 사람들이 아파서 자기 혀를 깨물고 아픈 것과 종기로 인하여 고통이 와도 회개하지 않고 하나님을 모독하며 인간의 악함을 나타내고 있습니다.

짐승의 보좌는 적그리스도 세력의 본거지를 말하며 또한 적그리스도세력의 표를 받은 모든 사람은 다 짐승에 속합니다. 15절 말씀에

는 그래도 자기양심을 버리지 않고 벌거벗지 않고 부끄러움을 보이지 아니하는 자가 복이 있다고 함은 특별히 그들에게 어떤 복을 주실 모양입니다. 이때는 음란하고 더러운 세상이라서 속이다 보이는 벌거벗은 것과 마찬가지의 차림을 하고 거리를 활보할 것입니다. 지금도 그 징조는 얼마든지 보이고 있습니다.(지금은 2003년)

12절~16절 여섯째 대접을 유브라데 강에 쏟으니 강물이 마르고 강이 길이 되어 버리고 세 더러운 영이 나타납니다. 이 영은 용의 입 짐승의 입 거짓 선지자 입에서 나온다고 합니다. 용은 사단이고 짐승은 적그리스도(적그리스도는 과학의 힘을 잘 이용한다.) 거짓 선지자와 이 세 가지가 합하여져서 귀신의 영이 되어 이적을 행하며 세계를 다니며 지도자들을 설득하므로 이제 예수가 지상 재림할 것인데, 예수는 자기들을 죽일 것이기 때문에 우리는 힘을 합쳐서 싸워야 한다고 하여 그 군대를 아마겟돈 들판으로 모이게 합니다. 아마겟돈의 위치는 요단강 서편이며 평야를 이루고 있는 곳이라 합니다. 이곳에서 전쟁이 자주 있었다고 합니다. 이곳 이름을 따서 아마겟돈 전쟁이라고 합니다.

17절~21절 일곱째 대접을 공기 가운데 쏟으니 번개와 음성들과 뇌성이 있고 지진이 있어 이 지진은 지형을 바꾸어 버리는 큰 지진으로서 세상의 모든 도시들이 다 무너지는 큰 지진이 됩니다. 특히 큰 성 바벨론 적그리스도의 도성이 완전히 무너지는 장면입니다. 이것으로 하나님께서 내리는 재앙은 끝이 나고 예수님께서 자기 백성들과 지상 재림하셔서 예수님이 만왕의 왕으로 다스리는 천년왕국이 시작 됩니다. 이때에 예수님과 1차 부활한 사람들과 들림 받은 아주 많은 사람들이 구름처럼 하늘을 덮으며 내려 올 것입니다. 그 영광의 광체가 눈이 부실 정도로 찬란할 것입니다. 흔히들 예수님과 성도들이 재림할 때 구름 타고 오실 거라고 합니다만 구름은 느려서 천국에서 지구까지 오려면 수억 광년을 와도 못 옵니다. 예수님의 영광의 구름인 빛을(구름) 타고 오십니다.

우리가 생각하는 수증기로 된 구름이 아니고 영광의 구름인 것입니다.(마 24:30) 이 일곱째 재앙에는 만국의 성들이 다 무너지고 섬도 없어지고 산악도 간 데가 없다고 하십니다. 이 말씀은 높은 빌딩과 높은 산 모두가 무너져서 없어지고 새로운 지형으로 바뀌어지는 것입니다. 천년왕국이 되려면 이 모든 것들로 인해서 오염되고 더러워진 그대로는 천년왕국이 될 수 없기 때문입니다. 그러므로 천년 왕국에서는 지금의 세상의 것들은 볼 수가 없습니다. 천년왕국 때에는 전혀 새로운 세상인 것입니다.

28부 요한계시록 17장

타락한 종교의 심판 (음녀)

1절~2절 타락한 기독교 단체들을 심판하는 것을 요한에게 보여주겠노라고 합니다. 하나님을 믿는다고 하지만 말씀에서 멀어진 타락한 교회나 단체들을 영적 음녀라고 합니다.("예" 천주교) 음녀 즉 타락한 기독교 단체는 여러 측면으로 또는 크게 작게도 볼 수 있습니다. 크게 말하면 전 삼년 반 동안에 적그리스도는 평화를 외치며 각 종교들을 서로 협력하여 연합하게 합니다. 세계 종교 연합회(WCC) 평화를 외치며 일어납니다.(그 예로 천주교와 불교가 서로 협력한다고 불교 스님들이 명동성당에서 염불을 하는 광경이 일어나고 있다. 2006년 4월 6일자 조선일보와 천주교 평화방송) 그 예로 천주교가 타락한 종교이며 큰 음녀입니다. 하나님과 석가모니가 한 자리에 앉을 수 없습니다. 물론 천주교는 이미 하나님에게서 멀어진 단체이지만, 또 작게 보면 우리 기독교 단체들이 세상의 방법을 도입하여 예배하며 가인의 예배를 드리는 것을 말합니다. 열려 있는 교회를 한다고, 젊은이 위주로 교회를 한다고 예배가 무슨 음악회나 극장 같은 방법으로 시끄럽고 현란한 예배를 드린다고 하는 이런 교회나 단체입니다. 이런 교회들은 이미 타락했고 적그리스도가 나타나면 평화라는 핑계로 적그리스도 세력과 뜻을 같이 합니다. 이런 교회나 기독교 단체들이 영적 음녀인 것입니다. 또 음녀는 많은 물 위에 앉아 있다는 것입니다. 이것은 많은 사람을 말하며(**물은 백성 계 17:15, 약 4:4**) 그 음행의 포도주에 취하였다고 합니다. 이미 또는 앞으로도 우리 하나님의 자녀 백성된 사람들이 예수를 쉽게 믿으려 하고 세상 방법에 취합니다. 이미 그렇게 나뉘어져 있습니다. 무슨 기도회니 부흥회니 세미나니 한다면서 큰 소리 나는 여러 악기로 사람의 감정을 사로 잡아서 이상한 춤을 추며 서로 부둥켜안고 잡고 포옹하고 눈을 맞추고 야단들입니다. 이런 방법에 이미 익숙해져가고 있습니다. 이것이 음녀의 정체입니다. 교회가 스트레스 해소하는 장소로 알고 있습니다. 몸을 흔들고 광란적인 행동으로 이상한 노래를 만들어서 자기들의 감정을 충족하는 데에 초점을 맞춥니다. 복음 수출국인 우리나라 교회가 이렇게 변질 되어가고 있으니 곧 전 세계 교회가 변질될 것입니다. 또한 정치와도 타협해서 오염된다는 것이며 이런 기독교 단체와 교회 교인들을 심판하시겠다는 것입니다. 이제 17장과 18장에서는 이런 타락한 음녀인 기독단체와 적그리스도 세력의 본거지며 발생지인 바벨론을 특별히 다루는 것을 설명하고 있습니다. 또한 개인적인 음녀도 많이 있습니다. 예언한다, 병 고친다, 문제 해결해 준다, 기타 등등 미혹의 영을 받아 점쟁이 노릇하는 사람들도 영적 음녀인 것입니다.

<u>3절~4절</u> 이 여자 즉 음녀는 짐승을(적그리스도) 탔다는데 이것은 타

락한 교회나 단체가 적그리스도의 세력을 힘 입어서 정치적으로 권력을 행사한다는 것입니다. 짐승의 몸에는 하나님을 모독하는 이름들이 가득하며 일곱 머리와 열 뿔이 있으며 이는 일곱 머리는 일곱 민족이며 열 뿔은 적그리스도를 바탕으로 하는 열 나라들입니다.(**열 뿔은 왕 계 17:12**) 또 음녀는 자주 빛, 붉은빛 옷을 입고 금과 보석 진주로 꾸미고 손에는 금잔을 가지고 가증한 물건과 그의 음행의 더러운 것들이 가득하다고 설명하고 있습니다. 이 음녀는(타락한 기독교의 단체 및 교회 또한 마귀 귀신에게 미혹당한 인간들) 적그리스도의 세력을 정치적으로 등에 업고 가증하게도 호화로운 생활을 즐기고 있습니다. 이징조도 이미 보이고 있습니다. 교회들이 비대 해져서 목사들이 최고급 승용차에 최고급 양복에 최고급 가전제품 고가의 주택에다 골프까지 줄기며 고급스러운 생활을 하고 있습니다.(2003년) 이런 사람들은 뒤로는 정치인들과 타협하기도 합니다. 정치는 적그리스도의 분신이며 무기입니다.

그리고 음녀는 불교나 유교나 이런 사이비 종교가 아니라 하나님을 믿는다고 하면서 타락한 기독교 단체와 영적 타락한 자들을 음녀라고 합니다.

5절 음녀의 이마에는 비밀이라 큰 바벨론이라 땅의 음녀들과 가증한 것들의 어미라 하였더라. 이는 큰 바벨론이란(**계 14:8에 설명**) 항상 하나님을 거역하고 모독하며 사치하고 타락한 것들을 말하며 또 여기서 음녀의 어미라는 것은 타락한 기독교 종단들인 것입니다.

6절~7절

6절 또 내가 보매 이 여자가 성도들의 피와 예수의 증인들의 피에 취한지라 내가 그 여자를 보고 기이히 여기고 크게 기이히 여기니

7절 천사가 가로되 왜 기이히 여기느냐 내가 여자와 그의 탄 바 일곱 머리와 열 뿔 가진 짐승의 비밀을 네게 이르리라

이것은 타락한 종교 단체가 성도들을 타락시키는 그 재미에 취하고 성도들의 피를 빨아 먹는 행위로서(생명을 해하는) 성도들의 재산과 몸과 영혼과 모든 것을 착취하는 것을 말합니다. 헌금을 강요해서 그 헌금으로 향락을 즐기면서 행복해 한다는 것입니다. 이런 환상을 본 요한이 기이히 여기니까 천사가 와서 적그리스도의 비밀을 말하겠다는 것입니다.

8절 이 짐승은 처음에는 있었다가 지금 요한이 환상을 보고 있을 때는 무저갱에 갇혀 있기 때문에 없고 9장에 등장하는 파괴자를 가리키고 있습니다. 이 짐승은 무저갱으로(밑이 보이지 않는 음부, 구렁텅이, 지하 감옥)부터 올라와 멸망으로 들어갈 자라고 설명합니다.

9절~11절 일곱 머리는 일곱 산이라고 합니다.

일곱 머리는 일곱 민족을 여기서 산이라는 것은 이것 역시 민족을 말합니다. 산이란 나라, 땅이란 것입니다. 어떤 사람은 로마를 둘러 있는 산이 일곱이라서 그곳을 가리킨다고 하나 그것은 아닙니다. 9절에서 11절에는 짐승에 대해서 설명하고 있습니다.

12절 열 뿔을 설명하고 있습니다. 열 뿔은 열 왕이라고 하며 적그리스도로(짐승) 더불어 임금처럼 권세를 잠시동안 받는다고 합니다.

이는 적그리스도 세력과 권세를 누린다는 것입니다. 또한 적그리스도 세력의 발판입니다.

<u>13절</u> 적그리스도와 이 열 뿔들이(왕 나라) 뜻을 같이 하여 모든 능력과 권세를 적그리스도에게 이양합니다. 이것은 이제 예수님께서 지상 재림할 것을 아는 적그리스도와 추종자들은 단합해야 만이 예수님 재림을 막을 수 있다고 어리석은 생각을 하는 것입니다.

<u>14절</u> 예수님께서 만왕의 왕으로 재림하시어 땅에서 전쟁을 준비하고 있는 적그리스도와 그 추종 세력들을 이기시고 예수님과 함께 한 자들은 평안할 것을 말하고 있습니다.

<u>15절</u> 음녀가(타락한 기독교단체) 앉은 물은 백성들이며 여기서 열국이란 전 세계를 말합니다.

<u>16절</u> 열 뿔(적그리스도를 추종하는 왕. 나라)과 짐승이(적그리스도) 음녀를(타락한 기독교) 미워하여 망하게 하고 이는 초반에는 적그리스도와 타락한 기독교 단체들 간에 의견과 호흡이 잘 맞다가(전 삼년 반 시절) 후 삼년 반 들어서는 적그리스도는 타락한 기독교 단체나 사람들이 이제 더 이상 이용가치가 없으니 배반하여 버립니다. 왜냐하면 적그리스도 자신이 신이 되어 자기상을 세우고 큰 힘을 얻으므로 거추장스러운 기독교 단체들의 힘은 더 이상 필요치 않으니 아주 짓밟아 버립니다.(후 삼년 반중에) 이것이 사단과 마귀들의 하는 짓들입니다. 필요하면 이용하고 그렇지 아니하면 죽여 버리거나 배신을 합니다. 이런 짓을 하지 않으면 마귀 귀신 사단이 아니지요. 하나님에게만 있는 사랑이 없기 때문입니다.

<u>17절</u> 짐승 적그리스도 세력과 타락한 기독교와 그 단체(음녀)들이

이렇게 하는 것은 하나님께서 허락하신 뜻을 이루게 하시고 그 기한은 하나님의 말씀이 임하기까지라는 것입니다. 하나님께서는 아담과 하와가 타락하므로 이 땅과 하늘을(우주) 사단에게 내어 준바 되고 후에 이것을 도로 찾으려니(한 뜻을 이루려면) 그 처음 정해진 계약으로 성령 받지 않는 사람들을 마귀의 시험에 내어 줄 수밖에 없는 것입니다. 그 기한은 7년 환난 시작부터 예수님 지상 재림할 때까지라는 것입니다. 이것이 하나님께서 예정하신 것입니다.(일곱 인봉한 책)

<u>**18절**</u> 여자는 땅의 임금들을 다스리는 큰 성이라는 것은 이것은 한때는 이 타락한 종교가 세계 정치 지도자들을 다스리는 성 다시 말하면 정치인들이 타락한 거대한 종교 단체를 어쩌지 못하고 그 단체의 지배를 받는다는 것입니다. 성이란 이 단체 총본부가 있는 곳입니다.

29부 요한계시록 18장

적그리스도 본거지 수도의 (바벨론성) 멸망

1절~3절

이 일 후에 다른 천사가 하늘에서 내려오는 것을 보니 큰 권세를 가졌는데 그의 영광으로 땅이 환 하여지더라

요한계시록을 살펴보면 이 일 후에 라는 말씀을 여러 번 볼 수 있습니다. 이일 후에라는 말씀은 사도 요한이 환상을 본 바로 앞의 일들을 말합니다. 그러므로 이 일 후에라는 말씀을 잘 생각해 보면 요한계시록을 해석하고 이해하는데 큰 도움이 됩니다. 순서가 있다는 것입니다. 천사가 하나님으로부터 큰 권세를 받아서 내려오는데 그 천사의 영광으로도 땅이 환해진다는 말씀입니다. 우리들도 기도 많이 하고 성령 충만할 때는 얼굴에 빛이 나는 것을 볼 수 있습니다. 천사가 권세를 받고 내려와서 적그리스도가 있는 도시(바벨론 성)를 무너뜨려 버린다는 것입니다. 그 곳은 적그리스도와 각종 더러운 영들

과 귀신들의 집결처라고 말씀합니다. 음란하고 온갖 더러운 것들이 거기에 다모여 있는 곳입니다. 여기 큰 성 바벨론 성이란 세계 전체의 사치와 음행으로 타락한 도시를 가리킬 수도 있습니다.(3절) 여기서 상고들이란 대기업들이나 음란한 장사를 하는 사람들을 말합니다.(11절) 이때는 기업들도 적그리스도 세력과 손잡고 사업을 하지 아니하면 살아남지 못하기 때문입니다. 사업이나 장사를 하는 사람들은 적그리스도 세력과 뜻을 같이 하지 않으면 장사나 사업을 도저히 할 수 없기 때문에 운명을 같이 합니다. 사치와 음란으로 가득차 있다는 것입니다. 그 징조는 2003년 현재 이미 보이고 있습니다. 배 부르고 모든 것이 풍부해지니 생각하는 것이 그런 더러운 생각들뿐 입니다. 앞으로 사치 음란 이런 퇴폐풍조는 점점 더 해져서 극에 도달할 것입니다.

4절~7절 하나님께서는 이 멸망할 바벨론에 미혹 당하지 말라고 경고하고 계십니다. 바벨론이란 사치와 허영을 말합니다. 원래 바벨론이란 곳은 계속 하나님을 거역하고 하나님을 모독하는 곳입니다. 그러므로 바벨론이란 하나님을 두려워 하지 않고 사치하고 간음하고 죄악이 많은 곳입니다. 마지막 때는 이 바벨론처럼 된다는 것입니다. 그러나 사람들은 이런 심판을 당하지 않을 것이라고 안일한 마음에 사로잡혀 살아갑니다. 이 말씀은 지금 이 세상에 살고 있는 우리에게 하시는 것입니다. 지금 우리 생활은 사치스럽고 음란하고 하나님과 멀어지는 사치품들이 너무나 많습니다. 이런 물건들을 상고 들이 계속 개발하여 만들어 내고 있습니다.(12절~13절) 그러나 이 기업들이나 바벨론 정치인들에게 심판의 그날이 올 것이라고 경고하시는 말씀입니다. 하나님의 말씀과 계시를 깨닫고 하나님을 바라보고 생활하는 사람은 점점 줄어들고 교회와 성도들은 사치로 인해서 그 영혼이 하나님을 떠나 살고 있습니다. 마지막 때 적그리스도의 세상에서는 모든 것이 물질 만능과 사치와 음란한 것으로 그 생활이 채워져 갑니다. 그러므로 하나님께서는 오래 참으시다가 이런 악한 것을 다 벌하신다는 것입니다.

8절 하루 동안에 빠르게 이 모든 것을 심판 한다는 것입니다. 이 말씀은 심판이 시작되면 심판의 대상들에게 틈을 주지 않고 순식간에 심판하신다는 것입니다. 예수님이 오실 때에 적그리스도의 세력들이 대항해도 말씀으로 순식간에 끝낸다는 것입니다.

9절~10절 음행하고 사치하던 사람들이 불에 타는 도시를 보고 그 때에야 가슴을 치고 통곡을 해도 너무나 때늦은 후회인 것입니다. 노아의 때와 같은 것입니다. 소돔과 롯의 때와 갖습니다.

11절~24절 기업들은 자기들의 물건을 이제 살 사람들이 없기 때문에 애통합니다. 그 상품들은 12절~13절에 나열하고 있습니다. 온갖 사치품들입니다. 심지어는 사람의 영혼까지 판다고 합니다. 그러다 마지막 때는 사람들이 자기 영혼과 양심까지도 사치하는데 던져버리니까요. 실제 2003년 지금도 영혼을 판다는 말이 있습니다.

20절 하늘과 성도들과 사도들과 선지자들아 그를 인하여 즐거워 하라 하나님이 너희를 신원하시는 심판을 그에게 하셨음이라 하더라.

허영과 사치를 부추기는 상인들과 풍류하는 자들과 복술하는 자들과 모든 악한 일을 하던 자들이 심판을 받는 것을 이미(들림) 부활해서 하늘에 있는 성도와 사도들과 선지자들은 즐거워 하라는 말씀입니다. 하나님께서 억울함과 모든 원수를 갚아 주니까 하나님께 영광을 돌리는 것입니다. 22절 음란한 음악하는 자들도 멸망할 것을 말하며 음란한 음악은 이미 교회 깊숙이 파고 들어와 있습니다. 음란한 악기와 음률로 사람의 감정을 사로잡아서 그것이 마치 성령의 은혜인양 야단들입니다. 또한 세공은 보석을 말하며 보석으로 몸을 장식하여 홀리며 온갖 음식들로 배불리는 이런 것들이 다 사라진다는 것을 말합니다.

그러므로 예수 믿는 사람들은 사치품인 금, 은, 보석으로 장식하고 그것을 귀히 여기면 그것이 우상이 되며 하나님께서 싫어하시는 사치에 해당이 되니 조심하여야 합니다. 23절에는 이런 물건들을 만들어 장사한 상인 기업들과 왕들이 만능이란 복술에 미혹되어 하나님과 멀어져서 심판을 받습니다. 선지자들과 성도들과 순교를 당한 모든 자의 피가 이 바벨론 성 때문이라는 것입니다. 마지막 때에는 이 세상의 물질 만능 과학 만능 때문에 멸망합니다. 우리는 분명히 깨달아야 합니다. 이 세상이 지금 어떻게 되어져 가고 있는지를… 눅 12장 56절 예수님께서는 이 시대를 분변하라고 말씀(눅 12:54~57 참조) 하십니다. 지금 이 세상은 학문, 지식과학이란 마술에 걸려 있습니다. 온갖 신기한 물건들이 만들어지고 이 물건들에 매혹 당하고 있습니다. 결국은 이런 가증한 것들 때문에 이 세상은 멸망의 길로 더 빨리 달려가는 것입니다. 24절 복음을 전하기 위해서 순교 당하고 핍박당하고 고통당한 선지자들과 신도들의 그 생명이 이 멸망의 성에서 발견된다는 것입니다. 이들은 바벨론과 사치하던 기업들을 심판할 때 그들과 함께 죽은 자들입니다. 그러나 그 영혼은 가려내어 하나님의 성으로 인도되더라는 것입니다.

30부 요한계시록 19장

예수님의 혼인잔치와 지상 재림

1절

이 일 후에 내가 들으니 하늘에 허다한 무리의 큰 음성 같은 것이 있어 가로되 할렐루야 구원과 영광과 능력이 우리 하나님께 있도다.

이일 후에라는 것은 7년 대환난이 끝난 후를 말합니다.(일곱 대접 심판 이후) 이제 7년 대환난은 끝나고 적그리스도와 지상 연합군과 거짓 선지자(20절)들이 연합하여 아마겟돈 평야에 진을 치고 예수님과 전쟁을 하는 일 외에는 모든 것이 끝난 것입니다. 이때에 큰 음성으로 요한사도에게 보여주시는 광경은 하늘에 먼저 올라가 있는 성도들이 찬양을 시작하는 장면입니다.

<u>2절~3절</u> 하나님의 심판은 참되고 의로운 지라 음행으로 땅을 더럽게 한 큰 음녀를(타락한 기독교 단체) 심판하사 하나님의 종들이 피 흘

림을 갚으심이 당연하다는 것입니다. 또한 타락한 기독교 단체가 심판 받아서 유황불에 태우는데 그 연기가 영원토록 난다는 것입니다. 앞에도 많이 거론했지만 이 타락한 종교는 특별히 지정된 종교(교단)가 아니라 오늘날 우리가 섬기고 있는 이 기독교라는 것을 잊어서는 안 됩니다. 예수님을 십자가에 못 박은 자들도 하나님을 믿은 유대교라는 것을 깨달아야 합니다. 그래서 마지막 때는 목회자와 교회 또는 믿음의 이웃을 잘 만나야 복이 되는 것입니다. 예를 들어서 성령님의 가르침과 인도함으로 목회를 하지 않고 자기의 지식과 학문 지혜 기타 사람의 생각으로 목회하는 교회에 출석하면 꼭 손해를 보고 멸망의 길을 함께 가게 될 수도 있습니다. 그러나 복 있는 자 외에는 이 말을 듣기는 들어도 성령을 체험하기는 해도 깨닫지 못합니다. 또 알기는 알아도 그 영혼들이 불쌍해서 남아서 기도해야 하기 때문에 그 교회를 떠나지 못합니다. 또 인간의 정 때문에 또 집안이기 때문에 여러 가지 이유 때문에 이별을 못하는 성도들은 빨리 깨닫기 바랍니다. 이미 그런 목회자들은 깨닫지 못하는 미혹의 영이 점령하고 있기 때문에 아무리 기도해도 그 사람은 깨닫지 못하고 그 길을 갑니다. 그 자리에서 탈출하지 못하면 결국 같이 음부로 갈 수 있다는(음부로 간다는 것은 심판을 받는다는 것이 됩니다.) 것을 알아야 합니다. 교회 출석을 해도 마음의 평안함을 얻지 못하고 좌절하고 실망 하는 성도들은 속히 평안함을 찾아야 합니다.

<u>**4절~8절**</u> 천국잔치에 참여한 모든 분들과 예수님께서 하나님께 경배하고 찬양을 합니다. 신부와 같은 자격으로 혼인잔치에 참석한 모든 사람들은 세마포를 입고 있습니다. 이 세마포는 옳은 행실로 인해

입게 된 것입니다. 그러니 우리는 이 세마포를 입으려면 이 세상 살면서 옳은 행실로서 흰옷을 준비하며 살아야 한다는 것을 명심하고 옳지 못한 행동은 결코 하지 말아야 합니다. 이것이 세마포를 예비하는 것입니다. 특히 어떠한 입장에서라도 거짓말하는 것은 하나님이 제일 싫어 하시는 것입니다. 교회 일로나 또는 사업으로나 돈 관계로나 거짓말하는 것을 조심해야 합니다. 부도를 냈거나 빚을 지고 있는 분들, 돈 관계가 깨끗하지 못한 분들은 빨리 회개하고 교회의 임직을 받지 말고 교회의 중한 자리에 있지 마시고 그저 이름없이 말없이 봉사하여야 합니다. 그렇게 하는 것이 옳은 행실입니다. 또한 남의 빚으로 사업을 한다든지 빚이 많이 있는 분들도 교회의 중책을 받지 말고 교회서도 이런 분들을 교회 요직에 임명하면 안 됩니다. 이런 것들로 인해서 하나님의 영광을 가리기 때문입니다. 물론 남의 돈으로 사업해서 돈을 많이 버는 사람도 있습니다. 그러면 성공하고 나서 교회 임직 받아서 교회일 열심히 하시면 됩니다. 어디까지나 교회는 거룩해야 합니다.**(교회는 예수 그리스도의 몸이 되기 때문입니다. 엡 1:22~23)** 사회적으로나 어떤 일에든지 문제가 있는 분들은 교회 임직자로 세우면 거룩한 하나님을 욕되게 하는 것입니다.

<u>9절~10절</u> 어린양의 혼인잔치에 청함을 입은 자들도 복이 있다고 합니다. 신부와 같은 자격으로 들림 받은 사람과 1차 육신의 부활에 참여한 사람 외에 모든 사람들은 청함을 받은 손님 자격으로 혹은 신부의 들러리와 같은 자격으로 7년 혼인 잔치에 참여했습니다. 천국 입성 환영 잔치에 참여만 해도 복되다는 것입니다. 이 장면을 본 요한은 너무 감동해서 안내하는 천사에게 절을 하려하니, 천사는 말립

니다. 오직 하나님께만 경배하라는 것입니다. 오늘날 성도들이 하나님께 경배하고 감사해야 할 조건들을 사람들이 가로 채는 것을 흔히 볼 수 있습니다 감사할 일이 있으면 먼저 하나님께 감사해야 합니다.

11절~16절 또 내가 하늘이 열린 것을 보니 보라 백마와 탄 자가 있으니 그 이름은 충신과 진실이라 그가 공의로 심판하며 싸우더라.

백마 탄 자는 예수님께서 지상 재림하시는 장면입니다. 아마겟돈 전쟁이 시작되는 것입니다. 6장 2절에도 백마 탄 자(흰말)가 나옵니다. 6장의 백마 탄 자는 영적 사단이며 적그리스도입니다. 19장 여기에 백마 탄 자는 예수님입니다. 예수님을 소개하는 말씀을 보면 완전한 승리자로서 많은 면류관을 가지시고 심판 자로서 만왕의 왕으로 오시는 것입니다. 그런데 어떤 요한계시록 해석자들은 6장에 나오는 흰말 탄 자를(예수님을 흉내 내는 적그리스도) 예수님이라고 맞지도 않는 것을 주장합니다. 예수님은 공의로 심판하며 싸우더라. 13절까지는 예수님의 모습을 소개했으며 14절에는 천군을 소개했으며 15절 싸우시는 모습을 소개했습니다. 이 한 검은(날카로운 검, 승리의 검, 이기는 검) 말씀으로 만국을 치시며 철장(권세)으로 진노의 포도주 틀을 밟겠고 는 포도주를 짜듯이 짓이겨 버리겠다는 것입니다.

17절~18절 예수님께서 재림하셔서 적그리스도의 군사와 그를 따르던 지도자들 적그리스도를 힘입어 기업과 장사하는 사람들 짐승의 표를 받은 자들 모두를 다 멸하시고 그 시체들을 새나 짐승들에게 먹인다는 것입니다. 이것은 장례도 치르지 않고(많은 수라서 장례도 할 수 없음) 그 시체들을 새들과 짐승에게 던져 준다는 것은 그동안 하나님을 모독하며 대적하던 자들의 비참한 최후의 모습입니다.

19절~21절 예수님과 아마겟돈의 전쟁에서 적그리스도는 잡히고 이적을 행하며 적그리스도를 경배하던(적그리스도의 우상에게) 거짓선지자도 잡히고 이 거짓선지자는 적그리스도의 우상에게 절하며 짐승의 표를 받도록 이적을 행하며 미혹하든 자입니다. 여기서 이적을 행했다는 것은 앞에서도 거론했듯이 과학의 힘으로 사람들을 속이는 것입니다. 이들을 모두 잡아서 마지막 백 보좌 심판 없이 산채로 영원한 유황불에 던져 버린다는 것입니다. 여기 유황불은 지옥입니다. 지옥은 둘째 죽음 영원한 영벌입니다. 이것이 적그리스도의 최후인 것입니다. 계 20장 10절 말씀을 보면 천년왕국이 끝나면 사단과 마귀도 영원한 유황불에 던져서 적그리스도와 거짓선지자들이 이곳에서 최후를 맞습니다. 아마겟돈 전쟁으로 인해서 적그리스도와 거짓선지자는 산채로 영원한 유황불에 던져지고 사단과 마귀는 천사들이 내려와서 음부 감옥에 가두어서 천년왕국이 끝날 때까지 두었다가 잠깐 한 번 더 놓아서 사람을 시험하게 하고(계 20:1~3) 적그리스도를 따르던 지도자들과 모든 이들은 그 시체가 버려져서 새들의 먹이가 됩니다. 또한 짐승(적그리스도)과 거짓 선지자들은 백 보좌 심판 없이 바로 유황불에 던진다는 것입니다. 유황불은 영벌을 말합니다. 적그리스도를 따르던 거짓 선지자들의 벌이 얼마나 비참한 가를 보여 줍니다. 이제 그러면 이 지구상에 살아남은 사람들은 어떤 사람들일까요? 유대민족 중에 피난처에서 환난을 피한(계 12장) 이스라엘 백성입니다. 이스라엘 민족은 하나님의 장자 민족으로 특별히 하나님께서 친히 보호하시고 구원해서 씨받이로 선택한 백성들입니다. 또한 과학 문명이 필요치 않는 사람들 즉 오지에서 세상이 어떻게 되는

지 모르고 사는 순박한 사람들입니다. 짐승의 표를 받지 아니해도 생활하는데 불편함이 없는 사람들 문화생활을 할 필요가 없는 사회와 극소수의 사람들입니다. 천년왕국에서는 이런 사람들이 자식을 생산한다는 것입니다. 그러나 들림 받은 사람들과 부활한 사람들은 변화된 몸이기 때문에 자식을 생산을 할 수 없으며 변화된 몸으로 천년왕국에서 왕 같은 편안한 생활 걱정이 없는 생활을 하며 천년왕국이 끝나면 들림 받은 사람들 중에서 선택된 사람들은 백 보좌 심판관으로 주님을 도웁니다.(계 20:4~6) 도시에 사는 사람들은 다 짐승의 표를 받았을 것입니다. 아마도 아프리카나 아시아의 가난한 나라일수록 살아남을 사람이 많을 것입니다. 적그리스도의 본거지는 이슬람국가 또는 공산주의 국가들로 시작하며 그런 나라들이 중심지가 되어 전개되니까. 부자로 편안한 문명의 생활을 하는 사람과 장사하는 사람과 사업하는 사람들은 전부 짐승의 표를 받았기 때문에 심판을 받아서 멸망하는 것입니다.

31부 요한계시록 20장

천년왕국의 설명

1절~3절

1절 또 내가 보매 천사가 무저갱 (無底坑) 열쇠와 큰 쇠사슬을 그 손에 가지고 하늘로서 내려와서
2절 용을 잡으니 곧 옛 뱀이요 마귀요 사단이라 잡아 일천년 동안 결박하여
3절 무저갱에 던져 잠그고 그 위에 인봉 (印封) 하여 천 년이 차도록 다시는 만국을 미혹하지 못하게 하였다가 그 후에는 반드시 잠간 놓이리라

천사가 음부 감옥의 열쇠와 쇠사슬을 가지고 내려 와서 사단 마귀들을 잡아서 무저갱(음부의 밑이 보이지 않는 구렁텅이 감옥)에 천년동안 가두어 버립니다. 그러다가 천년이 차면 사단과 마귀를 잠간동안 놓아서 천년 왕국 동안에 태어난 사람들을 시험하게 됩니다. 사람이 죽지 않고 병도 없는 세상에서 천년동안 생산된 사람들의 그 수가 엄청나게 많습니다. 이 때에 시험받는 사람은 천년 왕국 때 태어난 사람과

그 사람을 생산한 사람이며 들림받거나 부활하여 변화된 사람은 이 시험에 해당이 되지 않습니다. 이들은 천사 처럼 신령한 영체이며 예수님의 몸과 갖습니다.(마 22:30, 막 12:25, 눅 20:35~36) 무저갱이란 마귀, 악령 사단을 가두는 음부의 감옥입니다.(무저갱=밑이 보이지 않는 구렁텅이) 천년왕국의 이 땅에는 사단과 마귀가 없으니 이제 이 땅에는 고통과 슬픔이 없습니다. 도둑과 사기 모든 범죄 그 자체가 없는 삶이 되는 것입니다. 또한 지금의 문화 과학 물질문명은 천년왕국에서는 없습니다. 고층빌딩 여러 가지의 과학의 힘으로 만들어진 것들은 7년 대환난과 아마겟돈 전쟁으로 인해서 모두 사라지고 심지어는 땅의 지형도 변하여져서 전혀 새로운 세상이 되는 것입니다. 천년왕국에서 지금처럼 물질문명이 발전한 세상이라고 생각하면 잘못된 생각입니다. 그러나 시간이 지나면서 인간의 지혜지식이 발전해 갑니다. 그러므로 천년이 다 되어 가면 사람들은 또 물질문명을 발전시키고 싶어져서 편리한 기계들을 개발하고 지금처럼 혼란해 집니다. 마귀를 유황불이 타는 사망의 지옥으로 보내지 않고 무저갱 감옥에 가두어 두는 것은 할 일이 한 번 더 남아 있기 때문입니다. 이처럼 하나님께서는 사단 마귀도 적절하게 쓰신다는 것입니다. 죄지은 사람이 죽어서 사망의 유황불에 타는 곳으로 바로 가지 않고 지옥의 대기소인 음부에서 벌 받고 있는 것은 마지막 백 보좌 심판 때 부활시켜서 심판을 해서 구원시킬 자가 있나 해서 음부에 가 있는 것입니다. **(행 24장 15절)** 하나님께서는 공의와 사랑의 하나님이시기에 한 번 더 확인을 해 주시는 것입니다. 백 보좌 심판 때 일일이 생명책과 대조해서 심판하십니다. 2차 부활 때 육신이 부활한 모든 사람은 백 보좌 심판을 받아서 지옥으로 가서 둘째 사망으로 영원히 세세토록 고통 받거나 아니면 간신히 천국에 가서 영원히 살거나 하는 것입니다. 그러므로 음부는 백 보좌 심판 때까지 죄지은 영들이 임시 거하는 대기 장소입니다.

4절~5절

또 내가보좌들을 보니 거기 앉은 자들이 있어 심판하는 권세를 받았더라. 또 내가 보니 예수의 증거와 하나님의 말씀을 인하여 목 베임을 받은 자의 영혼들과 또 짐승과 그의 우상에게 경배하지도 아니하고 이마와 손에 그의 표를 받지도 아니한 자들이 살아서 그리스도로 더불어 천 년 동안 왕 노릇 하니

심판하는 권세를 받은 사람들은 이 땅 나그네 일 때에 예수님 안에 있던 사람들로서. 이들은 보좌에 좌정하여서 장로로서 위엄을 보이고 있습니다. "할렐루야" 하나님의 말씀을 인하여서 목 베임을 받은 영혼과 우상에게 경배하지 않고 짐승의 표를 받지 않는 사람 이들은 첫째 부활 때 육신이 부활한 사람들이며 예수님 이후로 복음을 전하다가 순교 당한 자들과 우상에게 경배하지 않고 짐승의 표를 받지 않고 순교당한 사람들이 부활해서 천년동안 예수님과 왕같은 생활을 합니다.

6절 첫째 부활에 참여하는 사람들은 복이 있고 거룩하다는 것입니다.

이들은 둘째 사망이 없고 천년 동안 제사장 노릇을 합니다. 신부와 같은 자격으로 심판하는 권세는 예수 안에서 살든 사람들이며 오직 예수만 사랑하며 말씀 속에 거하던 사람들입니다.

7절~9절 천년이 차서 갇혀 있던 사단이 그 추종자인 마귀와 무저갱에서 나와서 천년왕국에서 태어난 사람과 사람을 생산한 그 사람들을 시험하는데 그 수가 바다 모래알 같이 많다는 것입니다. 이 사람들이 천년왕국에서 살았지만 사단이 나와서 미혹하니까. 그것에 미혹 당해서 예수님과 대적하여 성도들과 그 거룩한 성을 포위해서 전쟁을 하려 하나 하늘에서 불이 내려와 간단히 소멸해 버립니다.

10절 사람을 미혹한 마귀가 잡혀서 지옥 유황불에 던져 집니다. 마귀는 이제 존재하지 않습니다. 마귀의 최후인 것입니다. 마귀는 심판이 필요하지 않고 심판없이 지옥불로 갑니다. 그런데 그곳에 짐승과 거짓 선지자가 먼저 가 있습니다. 짐승은 적그리스도이며 거짓 선지자는 짐승인 적그리스도와 연합하여서 사람을 미혹한 것들입니다. 짐승 마귀 거짓선지자 이것들은 심판없이 영원한 멸망의 지옥 유황불로 직행합니다. 이것이 영원한 영벌이며 최후 사망인 것입니다.

11절~12절 흰 보좌 (백 보좌) 심판이 시작됩니다. 이 심판자는 당연히 우리 예수님입니다. 땅과 하늘이 그 앞에서 피하여 간데 없더라.

이 말씀은 천년 왕국이 끝나면 이제 이 지구는 전혀 새로운 모습으로 바뀌어 집니다. 낙원으로 거듭납니다. 처음 아담과 하와가 살던 에덴동산으로 단장이 되는 것입니다. 이 말씀은 계 21장으로 연결됩니다. 12절에는 심판하는 장면이 나옵니다. 생명책을 펴 놓고 일일이 대조합니다. 이 생명책에 이름이 없는 사람들은 그 행위대로 심판하여 불못에 던진다는 것입니다. 이 불못은 지옥의 꺼지지 않는 영원한 유황불을 말합니다. 영원히 나오지 못하고 영벌을 받는 것을 말합니다. 이것이 둘째 사망인 것입니다.

13절 바다에 빠져 죽어서 그 육체가 바다에서 사라진 육신 땅에 있는 육신 모두가 부활해서 음부에 있는 영혼과 합쳐서 심판을 받습니다. 이것이 둘째 부활입니다. 음부로 가서 죽을 자들을 하나님의 은혜로 마지막 백 보좌 심판 때 부활시킵니다. 그럼 왜 부활시켜 다시 심판하냐고 하겠지만 백 보좌 심판 때 재확인 후에 구원의 조건이 조금이라도 되면 구원하고 죄가 무거워서 도저히 불가능한 사람은 지옥으로 보내 영원한 영벌에(멸망) 처한다는 것입니다. 이것을 둘째 사망이라고 합니다. 지옥은 유황불이 타는 곳으로 영원한 죽음을 뜻합니다. 그럼 예수를 믿었으나 성령을 거부하고 훼방하며 성령을 받지 아니해서 생명책에 그 이름이 기록되지 않았거나 지워진 사람들 예수를 믿는다고 하면서도 하나님의 말씀을 무시하고 세상과 짝하여 죄를 지은 사람들 이들은 첫째 부활에 참여 못하고 그 영혼이 음부에 있다가 둘째 부활에 참여해서 심판을 받는데 그들은 어떻게 될까요? 성경 말씀대로 이루어지겠지요. 아마 슬피 울며 때늦은 후회를 하나 도리킬 수 없는 길을 가야 할 지 아니면 하나님의 특별한 은혜로서 부끄러운 구원의 길이 있을지 모릅니다. 하나님의 특별한 은혜가 있기를 기대해야 하겠지요. 아마 심판을 하시는 것을 보면 특별 사면 같은 것이 있지 않을까 기대합니다.(개인적인 생각)

14절~15절 백 보좌 심판이 끝나서 이제 모든 것이 정리가 되었습니다. 사망도 다시 있지 않을 것이고(육과 영이 분리 되는 것) 음부도 필요가 없으니 모든 것을 없애 버린다는 것입니다. 15절 그러므로 하나님 생명책에 그 이름이 없는 사람은 영원한 지옥 불못에 던져 저서 둘째 사망을 당한다는 것을 확실히 말씀하시는 것입니다.

32부 요한계시록 21장

새 하늘과 새 땅 신천신지

1절

또 내가 새 하늘과 새 땅을 보니 처음 하늘과 처음 땅이 없어졌고 바다도 다시 있지 않더라.

지구를 포함해서 우주 전체가 이제 하나님의 영역이 되어서 하나님의 나라에 속하게 되므로 그동안 사단에게 내어 주었던 이 우주를 새롭게 영원한 하늘과 땅으로 재창조하시는 것입니다. 이제 하나님께서 새로 창조하신 새 땅은 비가 필요치 않습니다. 그래서 바다가 없는 것입니다. 우리는 그곳을 목표로 하고 이 땅에서 믿음 생활을 하는 것입니다. 새로 창조하신 새 땅과 새 하늘은 우리가 생각하는 것보다 더 아름답고 빛납니다.

2절 하나님께서 새로 창조하신 새 하늘과 새 땅에 새 예루살렘 성이 하나님께로부터 하사됩니다. 새 예루살렘 성전은 예수님의 보좌가 있는 곳입니다. 예수님께서 통치할 만국의 중심인 것입니다. 그 안에서 살 사람들은 예수님의 신부와 같은 자격을 가진 사람들입니다. 예수님의 친구나 백성들은 성 밖에서 살아야 할 것입니다. 성 밖이라도 그곳에 갈 수 있다면 큰 은혜와 복이 될 것입니다.

3절 이제 하나님의 나라와 우주가 하나가 되므로 하나님의 성이 사람들과 함께 있게 됩니다. 사람들은 완전한 하나님의 사람이 되고 하나님은 항상 우리와 함께 하시며 영광을 받으십니다.

4절 우주와 이 땅이 예수님의 소유가 되고 하나님께서 함께 하시므로 아담 이후 이제까지 사단 마귀들로부터 고통 받으므로 눈물 사망 애통함과 몸이 아픈 것과 괴로운 것 모두가 없어지고 기쁨과 평화 영광만이 있는 것입니다. 악한 것들의 세계는 다 지나갔다는 것입니다.

5절 하나님께서 이제 만물을 새롭게 하셨다는 것은 이 땅과 우주가(하늘) 새롭게 되어서 오염되고 저주 받은 하늘과 땅은 없어지고 새로운 땅에 만물을 새롭게 하신다는 것입니다. 계 5장 13절에 의하면 7년 대환난이 있기 전에 이 땅의 만물들을 하늘로 들림(피난) 시키신 것입니다.(노아 때와 같음) 이것들을 새로운 땅에 내려놓아 새롭게 하시는 것입니다.

6절 이제 하나님의 계획과 예정이 다 이루었다는 것입니다. 계획하시고 이루시는 하나님이 십니다. 이제 영원한 생명수 샘물로 다시는 목마르지 않고 하나님께로부터 아무런 조건없이 영원히 제공 받아서 영생을 누리는 것입니다.

7절 세상과 나를 이기고 사단과 마귀의 미혹과 시험에서 이기는 자는 1절에서 6절에 말씀하신 새 하늘과 새 땅을 유업으로 받고 하나님은 우리의 영원하신 아버지가 되시고 우리는 하나님의 영원한 자녀가 되는 영광입니다.

8절 그러나 주를 위해 고난받는 것과 사단 마귀 귀신 이런 것들을 두려워 하며 실제로는 하나님은 두려워 하지 않는 사람들과 예수님을 믿지 아니한 자들과 흉악한 마음을 가진 자들과 살인 행음 살인 술객 우상숭배 자들과 거짓말 하는 자들은 위의 복에서 제외되어서 유황불에 던져 둘째 사망에 처한다는 것입니다.

9절 27절 새 예루살렘에 대해서 설명하고 있습니다.

여기는 하나님 영광의 빛이 비치니 태양이 필요하지 않고 그 성은 모든 보석보다 더 아름다운 것으로 되어 있고 이성에 출입할 수 있는 사람들은 생명책에 이름이 기록된 사람들입니다. 이 성에 거하는 사람들은 예수님의 신부와 같은 자격을 가진 사람들이고 그 외에는 출입할 수 있는 자격만 있는 사람들입니다. 성 밖에서 거하면서 왔다 갔다 하는 사람들입니다. 27절 말씀에는 속된 일을 행한 사람들과 가증한 일을 한 사람들과 거짓말하는 사람들은 하나님과 예수님께서 계시는 그 성을 들어 갈 수 없다는 것입니다. 8절 말씀을 한 번 더 말씀하시는 것입니다.

33부 요한계시록 22장

결론적으로 한 번 더 권면

1절~5절 신천신지에서는 수정같이 맑은 생명수의 강이 어린양 예수님의 보좌로부터 나서 항상 흐르고 강 좌우에는 생명나무가 열두 가지 과일을 맺고 잎사귀는 만국을 소생케 하고 다시 저주가 없고 밤이 없고 등불과 햇빛이 필요치 않고 하나님의 영광의 빛이 항상 비치니 변화된 몸으로 영원토록 왕처럼 살 곳 신천신지 새 하늘과 새 땅을 말씀하고 있습니다. 하나님의 영광의 빛은 지금 우리를 비추고 있는 햇빛 보다 더 밝고 빛납니다. 여기에는 그늘과 그림자가 없는 영원한 빛입니다.

6절~7절 예수님께서 속히 오신다고 하시며 이 책의 예언의 말씀을 지키는 자가 복이 있다고 하십니다. 그럼 이 책의 예언의 말씀을 지킬 말씀은 요한계시록에서는 2장 3장뿐입니다. 나머지 장은 어떻게 될 것을 우리에게 알려 주시는 것입니다. 2장 3장의 말씀을 지킬 때에 요한계시록에 기록된 모든 복을 다 받을 수 있는 것입니다. 속히 오신다는 말씀은 항상 주님 오시기를 기다리며 사모하며 기다리는 믿음을 가지고 살라는 말씀입니다. 또한 반복해서 하시는 말씀이 예수님의 복음을 지키는 자가 새 하늘과 새 땅을 유업으로 받는다는 말씀입니다.

8절~9절 이런 복된 것들을 보고 요한은 감격해서 또 천사에게 절을 하려 하나 천사는 말리며 다만 하나님께 경배하라 합니다.(계 19:10) 그때 요한의 심정을 이해할 수 있습니다. 큰 기쁨에 얼마나 황홀했겠습니까? 10절 이 책의 예언의 말씀을 인봉하지 말라 (1:3절) 때가 가까우니라. 요한계시록을 인봉하지 말라고 했는데 오늘 날 많은 목회자들과 주의 일을 하는 사람들과 신자들은 요한계시록을 인봉해 놓고서는 계시록을 잘못 해석하면 이단이라고 하며 꽁꽁 묶어 놓고 있습니다. 너무나 잘못된 일입니다. 너무나 성경 말씀을 모르는 사람들의 생각입니다. 계시록 1장과 22장에는 분명히 인봉하지 말라고 했습니다. 계시록을 이야기하면 마치 하나님의 뜻을 어긴 것처럼 야단입니다. 이런 사람들은 영이 미혹된 사람이며 잘못된 사람들입니다. 성경을 해석하다 보면 잘못 해석할 수도 있습니다. 잘못됐으면 바로 잡으면 되는 것이고 이것이 무슨 이단입니까? 요한계시록은 절대로 어렵지 않습니다. 계시록 전체를 생각해보면 예수님께서는 우리를 구원하시고 들림 받게 하시려고 애를 쓰시는 것을 알 수 있습니다. 2장~3장의 말씀을 잘 지켜서 들림의 확신을 갖고 그 외 6장에서 19장까지는 이런 무서운 형벌들이 있으니 깨어서 정신 차리라고 우리에게 알려 주시는 것입니다. 성경 말씀을 잘 지켜서 생명책에 이름이 기록되면 천년왕국에 들어가고 천년왕국이 끝나면 백 보좌 심판을 받지 아니하고 신천신지 영원한 새 하늘과 새 땅과 하나님 나라에서 예수님과 아름답게 영원히 영생한다는 것입니다. 그런데 무엇이 어렵습니까? 예수님을 제대로 알고 믿으며 예수님의 도를 행하면 성령님께서 모든 것을 가르치고 인도 하십니다.

11절~13절

11절 "불의를 하는 자는 그대로 불의를 하고 더러운 자는 그대로 더럽고 의로운 자는 그대로 의를 행하고 거룩한 자는 그대로 거룩 되게 하라"
12절 보라 내가 속히 오리니 내가 줄 상이 내게 있어 각 사람에게 그의 일한대로 갚아 주리라.
13절 나는 알파와 오메가요 처음과 나중이요 시작과 끝이라

우리의 가슴에 와 닿는 말씀입니다. 우리는 흔히들 예수를 믿기만 하면 천국 간다고들 합니다. 맞습니다. 예수만 믿으면 결국 천국 갑니다. 그럼 예수 믿는 것이 어떤 것입니까? 예수님이 하신 말씀을 그대로 믿고 행하는 것이 예수님을 믿는 것이지 예수님의 말씀을 믿고 행하지도 않으면서 또한 지키지도 않는 사람들은 예수님을 믿는 것이 아니고 마귀에게 속아서 사단을 믿는 것이 될 수 있습니다. 교회는 열심히 다니고 교회 일을 열심히 하여도 예수님을 믿는 것이 아니고 사단을 쫒아가는 것이 될 수 있는 것은 예수님 말씀에 보혜사 성령을 받고 부활을 믿고 또한 예수님의 재림을 믿고 기다리라 했으면 말씀을 그대로 믿고 행하는 것이 예수를 믿는 것입니다. 적당히 하는 것은 예수님을 믿는 것이 아닙니다. 이런 사람들은 예수 믿는다고 열

심히 교회 생활을 하지만 심판을 피할 수 없고 또한 어떤 판단을 받을 지는 그때에 가봐야 알겠지만 정말 두렵습니다. 또는 어정쩡하게 신학을 해서 교회를 창립하고는 교회가 하나님의 공동체라는 것을 잊어버리고 자기 사업하는 이런 사람들…… 예수님께서 "내가 너를 도무지 알지 못하겠구나" 이런 말씀 들어서는 안 됩니다. 정신 차려서 예수님을 믿어야 합니다. 똑바로 일해야 합니다. 일한 대로 갚아 주리라 하는 말씀은 예수님 믿는 사람들이 일한 것을 말씀하시는 것입니다. 예수님을 믿지 않는 사람들이 일한 것을 말씀하시는 것이 아닙니다. 구원이나 천국가는 것은 관심 없고 이대로가 그냥 좋습니다. 하는 사람들에게는 할 말이 없습니다. 성경에 기록된 하나님의 말씀대로 될 사람들이니까요.

<u>**14절**</u> 두루마기를 빠는 자들은 복되다고 합니다. 두루마기를 빠는 것은 항상 회개하며 옳은 행실로 생활하는 것을 말합니다. 두루마기는 밖에 걸치는 옷입니다. 그러므로 외적인 바른 행실을 말합니다. 회개하고 하나님 말씀대로 살려고 노력하는 외적인 행실을 말합니다. 이런 생활이 생명나무를 얻으며 새 예루살렘(신천신지 새 하늘 새 땅) 성에 들어갈 권리를 얻는 다는 것입니다.

<u>**15절**</u> 개(수치를 모르는 사람)들과 술객 행음자들과 살인자들과 우상숭배자들과 거짓말하는 자들과 없는 말을 지어내는 자들은 성밖에 있으리라고 합니다.

그럼 예수를 믿는다고 하면서 예수님의 말씀을 깨닫지 못하는 사이비, 이단자들은 개보다 못한 사람일 것입니다. 특히 거짓말하는 사람들이 21장 8절과 요한계시록에 여러번 말씀하고 있습니다. 거짓

말하는 사람들을 유황불에 던지운다고 하십니다. 다른 것들도 마찬가지지만 특히 거짓말의 죄를 짖기가 쉽습니다. 거짓말을 조심 하여야 합니다. 또는 거짓말하는 사람들을 조심해야 합니다. 특히 성령을 거부하고 지식 학문으로 성경말씀을 전하는 사람들은 거짓말하는 사람들입니다. 또한 무의식 중에 거짓말하기가 쉬우니 예수님을 믿는 사람들은 모든 관계와 모든 것이 확실해야 합니다. 있는 그대로를 항상 말해야 합니다.

16절 예수님께서는 교회들을 위하여 사자(심부름 꾼)들을 보내어 이것들을 증거하였다는 것입니다. 예수님은 새벽별이라고 소개하십니다. 새벽별은 곧 날이 밝을 것을 말합니다. 모든 사람들을 구원하고자 하나님의 비밀을 요한을 통해서 전한다는 것입니다 요한계시록은 하나님의 비밀을 예수님 요한을 통해서 성령으로 공개한 것임으로 성령님의 도움으로 요한계시록을 이해하고 깨닫고 풀면 되는 것입니다.

17절 모두 와서 값없이 생명수를 받으라고 하시나 값없이 가지라고 해도 사람들은 마귀의 유혹에 빠져서 그것을 얻지 못하는 것입니다.

18절~19절

18절 내가 이 책의 예언의 말씀을 듣는 각인에게 증거 하노니. 만일 누구든지 이것들 외에 더하면 하나님이 이 책에 기록된 재앙들을 그에게 더하실 터이요.
19절 만일 누구든지 이 책의 예언의 말씀에서 제하여 버리면 하나님이 이 책에 기록된 생명나무와 및 거룩한 성에 참예함을 제하여 버리시리라 요한계시록의 예언의 말씀에서 더하지 말라는 것입니다.(또는 성경 전체) 만일 더하면 이 책에 있는 재앙들을 내리겠다는 것입니다. 또한 제하여 버리면 천국에 들어가는 생명책에서 제하여 버리겠다는 것입니다. 오늘날 이단자들과 일부 목회자들은 성경말씀을 억지로 자기들 취향에 맞게 고치거나 해석해서 자기들에게 유익하도록 더하거나 제하여서 이용합니다. 또한 많은 목회자들은 성령에 대한 말씀과 요한계시록 말씀을 통째로 제하여 버리는 잘못을 범하고 있습니다.

(목회자들이 성령 충만하지 못하고 체험도 없기 때문) 이러므로 마지막 때에는 성령 충만한 교회 성령 충만한 사역자를 찾아 선택해서 신앙 생활하는 것이 지혜로운 것입니다. 그러나 오늘날 많은 교회의 신자(성도) 들은 사람의 안목을 중요시하고 사람의 체면 때문에 하나님이 기뻐하시지 않는 행동을 하고 있습니다. 그러나 이것은 분명히 인본주의 신앙입니다. 이것은 가인의 신앙이고 가인의 예배입니다. 가인의 예배를 드리면 영이 시들고 예배를 드려도 기쁨이 없고 평안함도 없는 시간낭비의 예배를 드리면서 말씀을 제하여 버리는 교회와 말씀을 제하여 버리는 미혹된 목회자들에게서 떠나지 못하는 자기 자신의 신앙을 냉정하게 점검해 봐야 할 것입니다. 특히 잘못된 목회자들과 이단자들은 많이 더해서 또는 제하여 버리고 요한계시록을 해석하고 전합니다. 이런 것들에게 당하지 말아야 합니다. 사실 앞으로 점점 예수님을 진정으로 믿는 지도자를 찾기가 힘들 것입니다.

<u>20절~21절</u> 이것들을 증거하신 이가 가라사대 내가 진실로 속히 오리라 하시거늘 아멘 주 예수여 어서 오시옵소서 주 예수의 은혜가 모든 자들에게 있을찌어다. 아멘

예수님을 기다리는 믿음을 가지고 항상 주 예수님께서 지금 오시기를 고대하는 신앙으로 승리생활을 하는 우리들이 되어야 합니다. 먼 하늘 이상한 구름만 떠도 주님 오시려나 하는 믿음이 있어야 하며 이 세상 되어지는 징조들을 항상 살피고 주님 뜻대로 살기를 힘써야 예수님의 신부와 같은 자격이 주어지는 것입니다. 아멘 주여 속히 오시옵소서… 주님 속히 오시옵소서 하는 신앙으로 기다려야 하며 주여 그때가 언제인지 우리는 알 수 없습니다. 그러나 환난이 가까이 다가오는 것을 느낄 수는 있습니다. 영의 눈을 뜨지 못하고 영의 귀도 막혀 있는 많은 교인들 하나님의 백성들… 하나님의 말씀 속에 모든 것이 다 기록되어 있는 데도 깨닫지 못하는 사람들을 성령님께서 오셔서 깨닫게 해달라고 계속 기도해야 합니다. 오직 성령 충만 만이 모든 것의 해결의 열쇠인 것입니다. 아멘 주 예수여 오시옵소서….

끝.

그 때가 이때라

진실로 진실로 너희에게 이르노니 죽은 자들이 하나님의 아들의 음성을 들을 때가 오나니 곧 이때라 듣는 자는 살아나리라.(요 5장 25절)

요한계시록 · 천국과 낙원 · 천년왕국 · 신천신지 · 재림과 부활
성령론 · 아홉 가지 은사 · 말세 때에 징조들 · 지옥과 음부
이단과 사이비 · 거짓 선지자 · 사단 · 마귀 · 귀신

대한예수교 장로회 합동개혁 총회
제주 포도원 교회
전 사 옥 목사

그 때가 이때라

인쇄일 | 2018년 5월 31일
발행일 | 2018년 5월 31일

지은이 | 전사옥
펴낸곳 | 도서출판 조은
발행인 | 김화인
편집인 | 김진순
주소 | 서울시 중구 을지로20길 12 대성빌딩(인현동1가, 405호)
전화 | (02)2273-2408
팩스 | (02)2272-1391
출판등록 | 1995년 7월 5일 등록번호 제2-1999호
ISBN | 979-11-88146-23-9
정가 | 15,000원